〈格差〉と〈階級〉の
戦後史

橋本健二
Hashimoto Kenji

河出新書
016

第二版のための序文

本書の初版は二〇〇九年一〇月に出版された。幸いにも好評を得て、数多くの書評にも取り上げられ、短期間で版を重ねた。二〇一〇年六月には、朝日新聞の大型書評企画「ゼロ年代の五〇冊」で、二〇〇〇年から二〇〇九年を代表する書籍五〇冊の一冊に選ばれたが、その選評で日本文学者の石原千秋氏からいただいた「根拠のない格差論議に終止符を打った」というコメントには、とりわけ意を強くした。

二〇〇五年ごろから、格差に対する人々の関心は急速な高まりをみせ、「格差社会」が流行語になるとともに、格差の問題を特集した雑誌や、格差をテーマとする書籍の出版が相次いだ。しかし当時は、「格差は拡大している／本当は拡大していない」「格差拡大は小泉改革が原因だ／小泉改革は原因ではない」などといった、初歩的な事実認識のレベルで論争が続き、また研究者たちの実証的な研究の成果を無視した、ほとんど床屋談義的な言説が飛び交っていた。これに対して本書の初版は、格差拡大は八〇年代に始まった巨大なトレンドであり、紛れもない事実であること、また八〇年代から始まって現在まで続いている以上、「小泉改革」のような短期的要因が主因ではありえないことを示し、こうした初歩的な論争に終止符を打ったと自負している。また経済史、世相史、文化史の要素を取り入れることにより、およそ社会現象を考える際に、格差はつねに考慮されるべき要因であることを示すことができたのではないかとも考えている。

二〇一一年の東日本大震災と、これに続く福島第一原子力発電所の重大事故のあと、人々の関心がもっぱら災害と原発問題に向けられるようになり、格差の問題が後景に退いたような時期もあった。しかし二〇一〇年代も後半に入り、バブル期に非正規労働者となったフリーター第一世代、そしてそのほぼ一〇年後、望まずして登場を余儀なくされた氷河期世代が中年期を迎えるとともに、格差に対する人々の関心が再び高まるようになった。

この間、格差に関する研究は、質量ともに長足の進歩を遂げている。格差の問題に関心をもつ若い研究者が増え、またこれまで格差の問題を取り上げることの少なかった多くの研究分野で、格差に関する研究が進められるようになった。二〇一五年に行なわれたＳＳＭ調査、そして二〇一六年に行なわれた首都圏調査によって収集されたデータの分析が進むと、さらに多くの新しい知見が得られるようになった。

本書は戦後史を、一九四五年からの五年間、そして一九五〇年からは一〇年ごとに区切って論じている。これにはＳＳＭ調査が一〇年ごと、国勢調査が五年ごとに行なわれているという、データ上の理由もないではないが、それ以上に、各章のタイトルをみればおわかりいただけるように、格差の視点からみる限り、一〇年区切りのこの時期区分がしっくりくることによるものである。

　したがって出版から一〇年を経て、新しい一〇年間について加筆した新版を世に問うというのは、ごく自然なことである。しかしこの一〇年の間に、戦後初期から二一世紀初めまでの格差に関する研究も、また戦後史に関する研究も、大きく進歩している。このため第二版の執筆にあたっては、単に二〇一〇年代を扱う一章を加えるだけではなく、初版の内容を全面的に見直して、データを追加し、大幅に加筆することとした。このため紙数は三割ほど増えている。この第二版が、初版以上に多くの読者を得ることができれば幸いである。

目次

序章

舞台装置は階級構造

――「フィガロの結婚」と「天国と地獄」をめぐって

三つの用法

二〇〇五年前後から、格差と貧困の問題がにわかに注目を集めるようになった。その少し前までは、「日本は格差の小さい中流社会だ」というのが大方の常識とされていたから、大きな変化である。それからすでに、十数年。この間に日本人の社会認識は、大きく転換したといっていい。人々は「中流社会」という幻想から目覚め、それを容認するにせよ否定するにせよ、日本の社会には大きな格差が存在するということを意識するようになった。このことは、これまで日本社会の目立たない舞台装置だった「階級」というものの存在が、白日の下にさらされるようになったことを意味する。

ここで階級というのは、人々を、その経済的な地位によっていくつかのグループに分けたものである。その用法には大きく分けて三つがある。

第一の用法は、身分やカーストなど、制度化された、またはその社会で自明とみなされた人々の地位カテゴリーを階級と呼ぶものである。この用法は、前近代社会、あるいは前近代の要素を色濃く残した社会にのみ適用できるものだが、先進国の社会でも部分的に残存している場合がある。

第二の用法は、経済的な豊かさや職業などによって分けられた人々のグループ一般を「階級」と呼ぶものである。この用法によれば、「富裕層」「貧困層」「ホワイトカラー」

「ブルーカラー」などは、いずれも階級ということになる。日本の官庁統計でも、年収の額によって分けられた人々のグループが階級と呼ばれている。

第三の用法は、所得額や職業そのものではなく、経済的な資源の所有に注目して理論的に定義された階級である。このような意味での階級が重要になるのは、近代以降の社会の特徴である。なぜなら、身分や前近代的な特権などが廃止されたため、これにかわって経済的な資源の所有が、人々の間に格差をもたらす基本的な原因となるからである。用いる理論によって多少の違いがあるが、資本や生産手段を所有して企業を経営・支配し、利潤を手にする資本家階級、資本家階級に雇用されて賃金を受けとる労働者階級、さらに両者の性格をあわせもった、ひとつあるいは複数の中間階級を区別するというのが一般的である。

ある社会にどのような階級が存在し、各階級の間にどれくらいの格差があり、どのような利害対立があるか。これを、その社会の階級構造と呼ぶ。階級構造は、いわば社会の骨格であり、その社会の特徴を大づかみに示すものである。さまざまなデータによってとらえられる、社会現象としての格差の背後にある構造が、階級構造だといってもいい。

二つのドラマ

いずれの意味で階級という用語を用いるとしても、どのような階級構造のもとで生を受けるか、またどの階級に所属するかが、その人の人生を大きく決定することに変わりはない。人生を、あるいは多くの人生が交錯し交響する過程の全体をドラマと考えるなら、その舞台装置となるのは、広い意味での階級構造である。このことは、古今東西の無数の芸術作品が、あるときは顕わに、あるときは暗黙に、階級構造と貧富の差、これらが人々にもたらす影響、そしてここから生まれる摩擦や軋轢を描こうとしてきたことをみればよくわかる。

たとえば、モーツァルトのオペラ「フィガロの結婚」（原作：ボーマルシェ）をみてみよう。主人公は、アルマヴィーヴァ伯爵の従者・フィガロ。彼は伯爵の使用人であるスザンナとの結婚を控えているが、伯爵は秘かに、廃止されたはずの初夜権を行使して、スザンナをわがものにしようと企んでいる。

伯爵はいろいろ画策するが、フィガロとスザンナも負けてはいない。あるときは村人たちを集め、公衆の面前で初夜権を廃止したことを確認させようとする。しまいには密会を約束したとみせかけて、かわりにスザンナの衣装を着た伯爵夫人を待ち合わせの場所に行かせ、浮気の動かぬ証拠を暴露する。伯爵は夫人の前にひざまずき、許しを請うて大団円となる。

目にみえる舞台装置は伯爵の館であり庭園なのだが、この舞台装置をさらに取り囲んでいるのは、華麗かつ端正な音楽とともに、身分制度という滅びゆくべき階級構造である。登場人物たちが伯爵の館を歩き回り、口論し、騙しあい、そして許しを請うとき、彼ら・彼女らは同時に、身分制度に沿って振る舞い、これを弥縫しようとし、あるいはこれに立ち向かい、そこにゆらぎを生んでいくのである。その意味で階級構造は、より高次の舞台装置だということができる。演出家は、伯爵の館を現代風にアレンジしたり、抽象的な図形に置き換えたりすることはできても、この高次の舞台装置そのものまで変えてしまうことはできない[1]。

戦後日本の例として、黒澤明監督の映画「天国と地獄」（一九六三年）をあげておこう。主人公の権藤（三船敏郎）は製靴会社の重役で、横浜の高級住宅地・浅間台の丘の上に邸宅を構えている。職人気質のたたき上げで、利益優先の他の重役たちとそりがあわない彼は、自分が追い出されようとしているのを察知すると、全財産をつぎ込み、自宅も抵当に入れて会社の株を買い占め、実権を握ろうとする。

そこに、電話がかかってくる。息子の純をさらった、身代金として三〇〇〇万円を用意しろというのである。実は誘拐されたのは純ではなく、純と一緒に遊んでいたお抱え運転手の息子だったのだが、それでも権藤は、財産のすべてと自宅、それに会社の地位を失うことを承知で、身代金を支払う決意をする。

犯人は、権藤邸のある丘の真下の、どぶ川のそばにある粗末な木造アパートの三畳の部屋に住み、近くの病院に通う貧しいインターン、竹内（山﨑努）である。彼は誘拐によって身代金を手にしただけではなく、共犯者の貧しい夫婦を純度の高い麻薬で毒殺し、また麻薬の効き目を確かめる実験台として、ドヤ街でみつけた麻薬中毒の女をも殺してしまう。逮捕されて死刑判決が確定した竹内は、権藤に面会を求め、犯行の動機を語る。

「私のアパートの部屋は、冬は寒くて寝られない、夏は暑くて寝られない。その三畳の部屋から見上げると、あなたの家は天国みたいにみえましたよ。毎日毎日見上げているうちに、だんだんあなたが憎くなってきた。しまいにはその憎悪が、生き甲斐みたいになってきたんですよ。」

二人のドラマの背景にあるのは、もちろん貧富の格差であり、丘の上と下、巨大な邸宅とみすぼらしいアパートと、視覚的にも歴然とした、階級間の格差である。しかし、それだけではない。竹内は貧しいとはいえ、将来は医師になることが約束されたインターンであり、エリートの一角に位置する人間である。正真正銘の下層階級といえるのは、彼に殺された共犯者夫婦であり、麻薬中毒の女の方だろう。だから背景になっているのは、単に豊かな者と貧しい者がいるということではなく、まずエリートと非エリートがいて、さらにエリートのなかにも貧富の格差があるという、より複雑な階級構造である。

　インターン制度は、一九四六年に導入され、一九六八年に廃止された医学部卒業生の研修制度である。この制度のもとでは、医学部の卒業生は卒業後の一年以上を病院で無給のインターンとして過ごし、その後で医師国家試験を受験することとなっていた。無給だから、生活のためアルバイトに追われることになる。研修といっても、雑用係のように使われることも多かった。医師の世界の最下層であり、最悪の被搾取階級だった。この制度への不満から医学部学生の反対運動が起こり、やがてはこれが、東大闘争などの大学紛争へとつながっていく。

　竹内は、エリートの最下層である。だからこそ、正真正銘のエリートのようにみえる権藤を憎んだのである。おそらく、正真正銘の下層階級のことは蔑視していたに違いない。そうでなければ、利用するだけ利用してあっさり殺すようなことができるはずはない。だから、貧困から生まれた犯罪だとはいっても、映画をみる人々のなかに、彼に対する同情心が生まれるようなことはない。映画の最後のシーンで、彼は死の恐怖に震えだし、ついには大声で叫び始めて看守に連れ出される。権藤は、ひとり面会室に取り残されてうなだれる。誘拐事件と殺人事件があり、三人が殺され、犯人は死刑になり、被害者は地位を失う。しかし、階級構造には何の変化もない。その変化のなさが、みるものの胸を締め付ける。

ほとんどの人は、伯爵でも大企業重役でも、また凶悪犯罪の犯人でも被害者でもない、平凡な人生を送っている。しかし、階級構造から無縁ではありえない。私たちは、目にみえるところでは家族や会社、○○市××町や△△線沿線などというところで生活しているのだが、同時に、目にはみえない階級構造のなかで人生を送っている。そしてこの階級構造こそが、私たちの人生の、もっとも基本的な舞台装置なのである。

日本社会の自画像

高度経済成長が達成されたころからしばらくの間、日本人は階級構造の存在をあまり意識することがなかった。それは、ある意味では空気のようなものだったといっていい。強い風が吹いているとき、極端に暑かったり寒かったりするときなら、人は空気の存在を意識する。しかし、風が弱まったり、暑さや寒さが和らいだりすれば、忘れてしまう。階級構造も同じことである。この時代、日本では経済的な格差が比較的小さくなっていて、しかも目にみえるほどの大きな変化がなかった。だから人々は、階級に気づきにくくなっていたのである。

ところが、格差の急速な拡大という近年の変化が、人々に階級というものの存在を意識させるようになった。もっとも階級という言葉そのものが、常に使われてきたわけではない。むしろ「格差社会」という、日常用語に近くわかりやすい言葉が使われることが多かったが、そこで取り上げられてきた問題は、まさに階級と階級構造の問題だったのである。

さらに重要なのは、階級に関する社会科学的な問題設定の数々が、広く知られるようになってきたことである。

古くから階級研究では、各階級の構成比率や経済的な格差の大きさなどの基本的な問題に加えて、親の所属階級によって子どもの進学率がどの程度違うか（教育機会の不平等）、親の所属階級が子どもの所属階級にどう影響するか（階級所属の世代的な固定化）、地域によって階級の分布がどう違うか（階級の空間的なセグリゲーション）などといった問題が注目されてきた。現代の日本では、これらの問題が社会的な関心を集め、雑誌や新聞などでもよく取り上げられるようになっている。こうした問題に関する研究は、めざましく進んできたし、その結果がマスコミなどで紹介されることも増えた。もちろん、教育の現状に対する危機感をあおったり、高級住宅地をランキングしてみせるなどの卑俗な取り上げ方も多いが、扱われている問題そのものは、専門的な研究者の関心とさほど違わない。つまり人々は、社会の階級構造そのものを問題にし始めたのである。

社会科学とは本来、近代社会の自省作用の産物であり、近代社会の自画像である。社会科学によって近代人は、自分の属する社会を認識の対象とし、さらには操作や改良を加える客体とすることができた。この自画像という性格は、階級研究にもっともよくあてはまる。一握りの特権階級が支配する社会はピラミッド形、上層と下層に両極分解した社会は鉄アレイ形、中間階級が肥大化した社会は紡錘形など。階級理論は、社会の特徴をビジュアライズするのに適している。そして階級が注目を集め、階級に関する社会科学的な問題設定が広く知られるようになったということは、日本人が社会科学的思考に目覚めたことを意味する。たとえ今後、格差の拡大傾向が止まるようなことがあったとしても、人々はもう、階級のことを忘れないだろう。

階級についての研究を、日本の社会学では社会階層論と呼ぶことが多かった。階級という言葉を、主に社会主義を支持する人々が使う政治的な用語として忌避する傾向があったため、階級を階層または社会階層といいかえたのである。立場の相違を超えて総称するなら、階級——社会階層研究と呼ぶこともできる。とはいえ二〇一〇年代も後半に入ると、階級という言葉が理論的立場を超えて使われることも増えたし、マスコミで見かけることも多くなった。若手の研究者も増え、研究のフロンティアは広がってきた。

ただ、新しいフロンティアを開拓することも大切だが、足場を固めるという意味で、やっておくべき作業がある。それは、格差と階級構造の歴史的変遷を明らかにしておくことである。

格差拡大が問題とされ始めたころ、当時の小泉純一郎首相は国会答弁で「どの国にも、またどの時代でも、ある程度格差はある」と述べて、格差解消のための政策をとる必要性を否定した[2]。格差解消政策の必要性については別問題だが、「どの国にも、またどの時代でも、ある程度格差はある」という認識自体は間違っていない。たしかに、どんな時代のどの社会にも、格差はあった。そして、どんな時代のどの社会でも、格差はさまざまな問題を生み出し、人々を苦しめてきたのである。

格差や貧困に注目が集まるようになったころの議論をみると、格差拡大や貧困の増大を強調するあまり、これまでの日本にはさほどの格差がなく、問題もなかったかのように論じる傾向がしばしばみられた。そしてこのような傾向は、格差拡大を「小泉改革」のような短期的要因によるものと理解する傾向とも結びついてきた。それは完全な誤りであり、このような認識では、現代の格差も正確にとらえることはできない。

格差はけっして新しい問題ではない。いつの時代にも一貫して存在してきたものである。

経済の状況や政府の政策などにより、格差は大きくなったり小さくなったりする。しかし同時に、格差の背後には相対的にはゆっくりとしか変化しない階級構造があり、その現象面として格差の変化があったことを忘れてはならない。

本書が目指すのは、現代日本にみられる格差の問題を、戦後日本の歴史的な文脈に位置づけ、評価し直すことである。格差の背後にはつねに階級構造があり、その時々の経済の変化や政策の変化がここに加わることによって、格差の大きさと、それがもたらす問題の質が変化する。いわば格差とは、階級構造という舞台の上で展開されるストーリーのパターンの数々であるにすぎないのである。

なお日本の社会学では、上で述べたような研究史上の理由から、同じような問題を扱いながらも、階級という用語を用いる論者と社会階層という用語を用いる論者がいて、数の上では後者の方が多い。本書では、近代社会科学の伝統的な問題設定を尊重して、基本的には階級という用語を用いていくが、これまでの研究成果について言及する場合などもあり、二つの用語が混在することを、あらかじめ断っておきたい。

第1章

格差をどうとらえるか

1 格差をめぐる問題設定

「格差」とは、ただ単に量的な差異がある状態を示す日常用語であるにすぎない。この言葉には、差異がある状態についての分析的な認識は含まれていないし、良い悪いについての明確な価値判断も含まれていない。これは、格差に関係する他のいくつかの用語と比較してみれば明らかだろう。たとえば「階級構造」という用語には、多くの場合、分析的な認識が含まれている。人々の間にみられる差異が、基本的には経済的な要因から成り立っているものであること、これらの差異がある種の体系性をもち、全体としてひとつの構造をなすものであることなどである。また「不平等」や「不公平」という用語には、これらの差異が何らかの意味で「良くない」面を含むという価値判断が含まれる。これに対して格差という言葉には、こうした分析的な認識や価値判断が希薄である。

だからこそ格差という言葉は、ほとんど無限といっていいくらい多様な量的差異に適用することができる。実際、これまで「経済格差」「資産格差」から始まって、「希望格差」「情報格差」「教育格差」「健康格差」「街間格差」、さらには「結婚格差」「セックス格差」に至るまで、さまざまな使われ方がされてきた。そして「格差」は、格差拡大に批判的な人々だけでなく、これを擁護する人々にも共通に使われる言葉となり、「格差が日本を強くする」「格差を恐れるな」などと論じられることすらある。こんないい方が可能なのも、格差という用語が、基本的に良い悪いの価値判断を含まない概念だからである。

　これほど融通無碍な概念だからこそ、「格差」そして「格差社会」は、流行語になることができた。しかし反面、まったく異なる問題が同じ「格差」「格差社会」という言葉によって語られるため、しばしば議論が混乱する。だから格差について論じる前に、問題を整理しておく必要がある。

「個人間格差」と「カテゴリー間格差」

　まず区別しておかなければならないのは、「個人間格差」（または世帯間格差）と「カテゴリー間格差」である。これは、格差を問題にするときの単位の取り方に関わる区別である。

　経済格差が注目されるようになって、広く知られるようになった統計学上の専門用語に「ジニ係数」がある。この統計値は、人々の間の格差の大きさを簡単な数字で示したもので、最大値が一、格差が小さいほど数字は小さくなり、最小値は〇である。多数の人口がいるひとつの社会で、一人の独裁者がすべての富を独占しているような場合、ジニ係数は一になる。反対に、全員が年収六〇〇万円というようにまったく格差がない場合には、ジニ係数が〇になる。もちろん現実の社会では、ジニ係数が一や〇になることはない。ほとんどの社会では、〇・二から〇・六くらいの範囲に収まっている。

　多くの場合、ジニ係数は個人所得または世帯所得にもとづいて算出される。この両者を比べると、個人所得から算出した方がジニ係数が大きくなる。専業主婦や無職者には個人所得が〇円という人も多いが、世帯員の誰かには所得があるのが普通だから、世帯所得が〇円というケースは非常に少ない。このため、世帯所得の格差より個人所得の格差の方がかなり大きくなり、したがってジニ係数も違ってくるのである。いずれにしてもジニ係数は、個人（または世帯）というミクロな単位の統計にもとづいて算出されるものである。ジニ係数が表現しているのは、その社会に存在するすべての個人（または世帯）の格差の総量だということができる。

　だからジニ係数で示された所得格差の大きさは、学歴間格差、男女間格差、階級間格差など、カテゴリー間の格差の大きさとは、必ずしも結びつかない。「家計調査」（総務省）という統計を使って年間所得のジニ係数を計算すると、約〇・三となる。しかし、格差をもたらす要因は、学歴や性別、階級、さらに純然たる個人差などさまざまだから、ジニ係数が〇・三といっても、学歴間格差が大きい場合と小さい場合、男女間格差が大きい場合と小さい場合、階級間格差が大きい場合と小さい場合など、さまざまなケースがありうる。

このように、全体としての格差が拡大しているということと、カテゴリー間の格差がどう変化しているかというのは、いちおう別の問題である。したがって格差の動向をみるためには、ジニ係数のような個人間格差の総量を表現する指標と同時に、男女間格差や階級間格差など、カテゴリー間の格差にも注目する必要がある。

「結果の格差」と「機会の格差」

次に重要なのは、「結果の格差」と「機会の格差」の区別である。

結果の格差とは、人々が最終的に手にする財の量や種類に格差があることである。ここでいう財には、所得や資産などの財貨だけではなく、社会的地位や権力、名誉、仕事のやりがいや生きがいなど、無形のものも含まれる。社会学では、これらを総称して「社会的資源」と呼ぶから、人々が手に入れる社会的資源の格差といってもいい。そして結果の格差は、先にみたように個人間格差とカテゴリー間格差という二つの視点から分析することができる。

これに対して機会の格差とは、社会的資源を獲得するチャンスの格差のことである。機会の格差にも個人間格差とカテゴリー間格差が考えられるが、一般に問題とされるのはもっぱらカテゴリー間格差で、代表的な機会の格差としては、性別、人種・民族、出身階級

（親の所属階級）など、生まれながらに決まっていて変えられないカテゴリーによって、将来獲得できる社会的資源の量や内容が左右される状態があげられる。こうした格差は、一般的には社会的に好ましくないものとみなされるので、価値判断を含む用語として「機会の不平等」と呼ぶことが多い。

結果の格差と機会の格差は、ひとまず別の問題である。貧富の格差が大きいにもかかわらず、機会の平等が完全に保障されていてカテゴリーによる格差がなく、どんな階級の出身者も、また女性も男性も、まったく同じような確率で富裕層になったり貧困層になったりするという社会、つまり結果の格差はあるのに機会の格差はないという社会も、論理的には存在しうるからである。

しかし現実には、結果の格差と機会の格差は強く関連しあっている。そもそも、結果の格差が存在しない場合、たとえばすべての人の所得が六〇〇万円で一定であるなら、機会の格差は論理的に存在しない。結果の格差があるからこそ、有利な結果をめぐっての機会の格差というものが想定できるのであり、その意味では機会の格差とは、結果の格差の一類型であるにすぎない。つまり、性別や出身階級などのカテゴリーによって生まれる結果の格差のことを、機会の格差＝機会の不平等というのである。

さらに親の所得に格差がある場合、この格差は当然、子どもの将来に影響する。親の所得は、子どもがどのような環境で育つか、進学できるかどうか、どのような財産を親から受け継ぐことができるかに影響するからである。この場合の親の所得格差は、親世代にとっては結果の格差だが、子ども世代にとっては機会の格差を生み出す基盤である。一般化していえば、過去における結果の格差は、未来における機会の格差を生み出す。このように結果の格差と機会の格差は、いちおう別の問題でありながら、密接に関連している。

　この点を突き詰めていくと、機会の格差を含まない純粋な結果の格差などというものは、ほとんど存在しえないことになる。ある人の昨年の社会的地位や収入は、今年の社会的地位や収入の前提となっており、短期間で一足飛びに貧困層から高額所得者へ、派遣労働者から大企業経営者へなどと移動することは不可能に近い。ここには、ある年に貧困層だった人と高額所得者だった人、派遣労働者だった人と大企業経営者だった人の間の、機会の格差が存在している。同じように、人は簡単に自分の学歴を変えたり、勤め先を変わったりすることはできないから、学歴間格差や産業間格差、企業規模間格差などにも、機会の格差という要素は含まれている。

　このように結果の格差と機会の格差の区別は、相対的なものにすぎない。しかし一般に機会の格差といえば、先にあげたように性別、人種・民族、出身階級などのような、本人にはどうすることもできない要因によって生み出された格差のことをいうことが多く、その範囲は、ある程度まで限定される。

ここ二〇年ほどの間の「格差」「格差社会」をめぐるさまざまな議論は、基本的には結果の格差と機会の格差という二つの問題をめぐって展開されてきたといっていい。その出発点になったのは、橘木俊詔の『日本の経済格差』（一九九八年）、そして佐藤俊樹の『不平等社会日本』（二〇〇〇年）という、新書版で出版された二冊の教養書だった。前者は経済学の所得分配論の視点から、所得格差の拡大傾向を指摘した。これに対して後者は、社会階層論の視点から、親の社会階層が子どもが将来において所属する社会階層におよぼす影響力が増大傾向にあると指摘した。つまり近年の日本では、所得の格差つまり結果の格差と、出身階層による格差つまり機会の格差が、いずれも拡大しているというのが結論だった。

この二つの結論をめぐっては、専門的な研究者の間で多くの検証と論争が行なわれ、これまでに結論の一部が、修正されたり補強されたりしている。これについては、あとの章で触れることにしたい。ともかくここで重要なのは、この二つの論点が一貫して、格差をめぐるさまざまな議論の二つの中心であり続けてきたということである。

なお、純然たる個人の間の機会の格差、つまり所属するカテゴリーに違いのない個人の間にみられる機会の格差というものも考えられるが、このような意味での機会の格差は、個人的な事情や運の問題に他ならず、個別の対策や救済の対象とはなりえても、社会的な関心事とはなりにくい。しかし、個人間格差の問題であるかのようにみえても、実はこれまで気づかれなかった共通の要因によって、格差が引き起こされていたということもありうるから、慎重な検討が必要である。実際、親の所属階級によって子どもの進学率や将来の所属階級が大きく左右されるなどという問題は、最近まで日本では、ほとんど忘れ去られていたのである。

格差と貧困

先述のように世紀の変わり目あたりから、橘木の著書などによって、日本の所得格差が一九八〇年代に入ってから拡大を始め、欧米諸国と比較しても小さいとはいえなくなっていることが知られるようになった。これは「日本は格差の小さい中流社会だ」という、従来の常識を覆すもので、大きな驚きをもって受け止められた。

しかし、しばらくすると「格差は悪いことではない」「格差があるから活力が生まれる」などといった格差容認論・肯定論が登場するようになった。また所得格差の問題を機会の格差の問題と関連づけ、「機会の平等」が保障されていれば、格差は公正な競争の結果として生まれるのであり、所得格差が大きくなっても問題はないという、一見したところでは正論とも思える言説も登場した。これらの主張には、現実には親の世代の結果の格差が子どもの世代の機会の格差を生み出しているという点で大きな問題がある。しかし、単に所得格差が拡大していると強調するだけでは、現状に対する批判として不十分であることは否めない。

ここで問題になるのは、格差が拡大した場合、格差の底辺にいる人々の生活がどうなるのかという点である。仮に、機会の平等が保障された公正な競争の結果だとしても、人間としてまともな生活、憲法第二五条の規定でいえば「健康で文化的な最低限度の生活」が不可能なほど貧困な人々が生まれるとしたらどうか。現在のところ、生存権そのものを正面から否定する論者は、インターネット上のブログや掲示板、ごく一部の極端な政治思想の持ち主などを除けば、ほとんどみあたらない。したがって大量の貧困を生み出すほどの格差拡大が許容されないという原則については、社会的合意があると考えていい。これは、仮に格差拡大が許容されるとしても、それは貧困を生み出さない限りにおいてだということである。

だから結果の格差を問題にするといっても、全体としての格差の大きさだけではなく、貧困がどの程度存在しているかにも注目する必要がある。この二つは、いちおう別の問題である。たとえば最低賃金制度や社会保障制度が完備していて、非正規雇用者・失業者や高齢者にも一定の年収が保障されていれば、高額所得者が増えるなどして格差が拡大しても、貧困層が多くなることはない。逆に、所得に大差のない中所得者が人口の大部分を占めていて、全体としての格差はそれほど大きくないのに、非正規雇用者・失業者や高齢者など、そこからこぼれ落ちた貧困層がかなりの数に上る社会というものもありうるのである。

　実際に貧困状態に陥った人々が、どの程度いるかを知るためには、「健康で文化的な最低限度の生活」を送るためにどれくらいの費用がかかるのかを計算し、その上で所得がこの費用に満たない人々の数を調べる必要がある。この基準となる生活費の額を「貧困線」といい、貧困線未満の所得しかない人々の比率を貧困率という。貧困線を具体的に知るためには、生活していくのに必要な食料や日用品、耐久消費財などの量と価格を調べて積み上げ計算するという、地道な作業が必要になる。しかし国が定めている生活保護基準は、もともとこのような考え方で決められたものであり、算定方式に変更はあったものの、現在でもこうした性格をとどめているから、これで代用することが可能である。

　より簡便な方法としては、所得中央値の二分の一を貧困線とみなすという方法がある。所得中央値とは、人々を所得の多い人から少ない人まで並べたとき、ちょうど中央に位置する人の所得額のことである。平均値ではなく中央値を使うのには、理由がある。一般に所得額ごとの人数分布は、所得のない人から始まってかなり金額の低い方に山があり、その後はごく少数の高額所得者に至るまでゆるやかに広がるという、左右非対称の分布になる。このため、平均値はどうしても高い方に引っ張られてしまう。一例として、二〇一七年の『国民生活基礎調査』（厚生労働省）による世帯所得の分布をみてみよう（**図表1・1**）。世帯所得の平均値は五六〇・二万円だが、これより所得の多い世帯は全体の三八・五％にすぎない。これに対して中央値は四四二・〇万円で、これより所得の多い世帯と少ない世帯は同数となる。平均値とは一二〇万円近い差があるが、感覚的にも「人並みの所得水準」に近いのは、中央値の方だろう。これを、貧困線を決定するためのよりどころとするのである。また、その二分の一を貧困線とするのは、これがほぼ実態にあうということが、さまざまな試算から経験的に確かめられているからである。実際にこの方法で算出した貧困率は、生活保護基準を用いて算出した貧困率とかなり近くなる[1]。このように所得中央値との比較によって定められた貧困線は、相対的貧困基準と呼ばれる。これに対して、生活保護基準を用いるなどして最低生活費の絶対額を求めることによって得られた貧困線は、絶対的貧困基準と呼ぶことができる。

　相対的貧困基準には難点もある。「健康で文化的な最低限度の生活」を送るために必要な費用は、耐久消費財が普及したり、生活習慣が変化することによって、長期的には変化

図表1-1　所得階級別にみた世帯数の分布

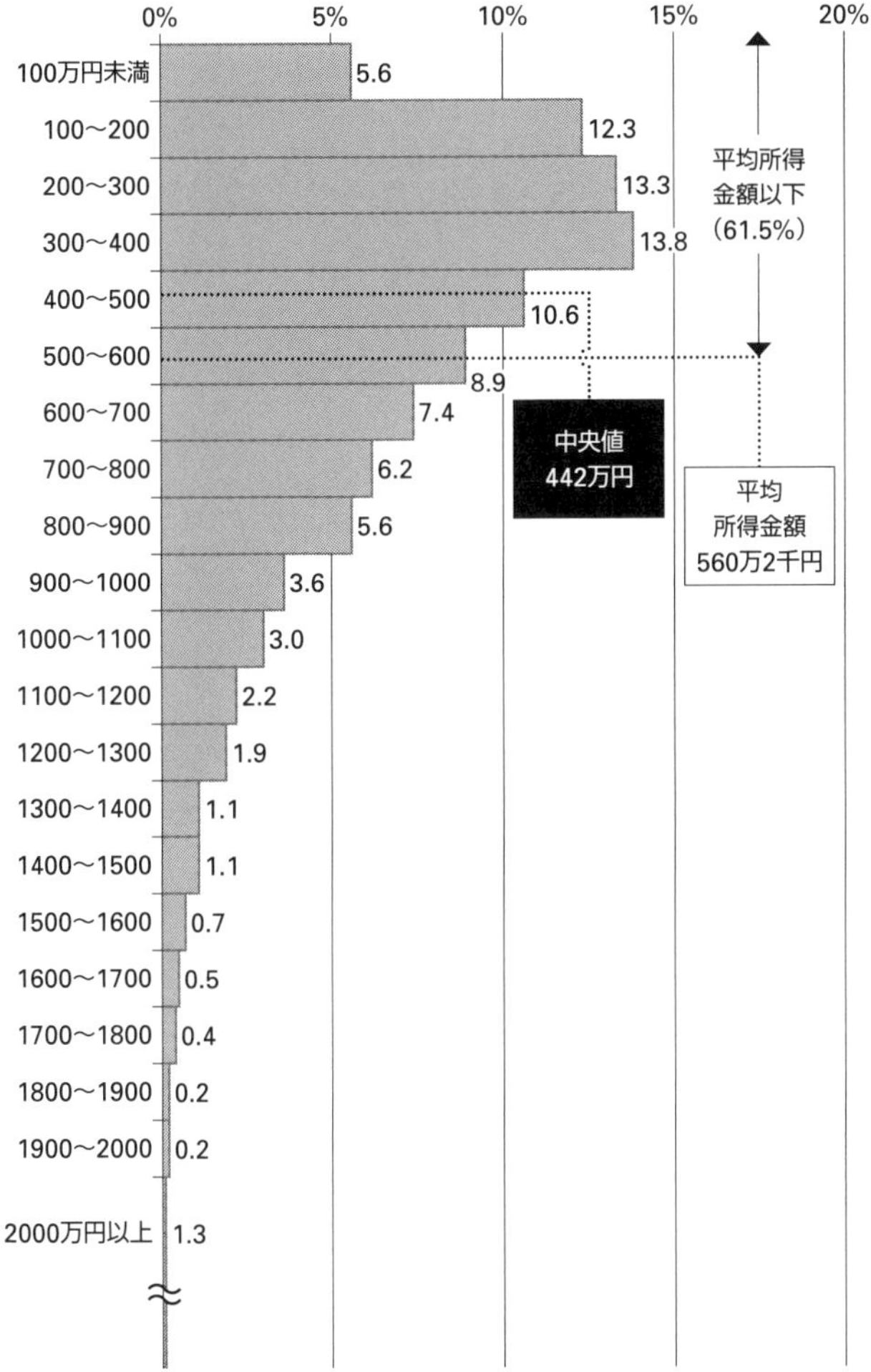

出典：『国民生活基礎調査』（2017年）

していくが、物価水準が大きく変化しない限り、短期的にはあまり変化しないと考えていい。ところが所得中央値は、全体の所得水準が低下すれば、当然ながら低下していく。したがって相対的貧困基準も低下することになり、それまでは貧困線以下で生活していた人々の一部が貧困線より上に浮上してしまう。するとこれらの人々は、生活の苦しさは今までと変わらないのに、貧困層とみなされなくなってしまうのである。とくに日本では、二〇世紀末をピークに所得水準が低下してきたから、相対的貧困基準を用いたのでは、貧困の実態を過小評価してしまう可能性がある。

　さて相対的貧困基準を定める際に用いる所得額だが、世帯所得の金額そのものでは都合が悪い。なぜなら、同じ所得額でも、家族の数が違うと生活水準が大きく違ってくるからである。一人暮らしの場合なら、年収が三〇〇万円でもなんとか生活することができるが、子どもが五人もいるとしたら話は別である。だから所得額は、生計を共にする家族の数で調整しておく必要がある。といっても、家族の数が二倍になっても生活費は二倍にはならないから、家族の人数で割って一人あたりにすればいいわけではない。これも経験的に、世帯所得を家族の数の平方根で割った値が、その家族全体の生活水準の目安になるといわれていて、これを等価所得という。

　それでは現代日本では、貧困線と貧困率はどれくらいの水準になっているのだろうか。

厚生労働省は、政権交代で民主党の長妻昭が厚生労働大臣になった二〇〇九年から、相対的貧困基準にもとづく貧困線と貧困率を公表している。これによると、等価所得でみた二〇一五年の日本の貧困線は一二二万円である。つまり、一人暮らしならこの金額、二人家族なら$\sqrt{2}$倍して一七二・五万円、三人家族なら$\sqrt{3}$倍して二一一・三万円、四人家族なら$\sqrt{4}$倍、つまり二倍して二四四万円が貧困線ということになる。世帯所得がこれ未満の人々の比率、つまり貧困率は、一五・七％だった。

図表1・2は、ＯＥＣＤがインターネット上で公開している「ＯＥＣＤ所得分布データベース」にもとづいて、ＯＥＣＤ加盟諸国のジニ係数と貧困率をみたものである。ここではジニ係数が、貧困率と同様、等価所得にもとづいて算出されているため、次章で示す数値より低めになっている。日本のジニ係数は〇・三三九で、ＯＥＣＤ諸国平均の〇・三一七より大きく、順位でいえば三六カ国中一二番目である。ただし日本よりジニ係数の大きい国には、チリやメキシコ、トルコなど先進国とは言いかねる国が含まれており、北欧・中欧の主要国はすべて日本よりジニ係数が小さい。いわゆる「大国」のなかでは米国、英国、韓国、スペインに次いで五番目に大きい値であり、したがって日本は、主要先進国のなかでは格差のかなり大きい部類の国だということができる。

注目すべきなのは、貧困率の高さである。主要先進国のなかでは、米国の貧困率がずば

図表1·2 OECD諸国のジニ係数と貧困率

ジニ係数		貧困率	
チリ	0.460	イスラエル	0.179
メキシコ	0.458	米国	0.178
トルコ	0.404	韓国	0.174
米国	0.390	トルコ	0.172
リトアニア	0.378	リトアニア	0.169
英国	0.357	ラトビア	0.168
韓国	0.355	メキシコ	0.166
ニュージーランド	0.349	チリ	0.165
ラトビア	0.346	**日本**	**0.157**
イスラエル	0.344	エストニア	0.157
スペイン	0.341	スペイン	0.155
日本	**0.339**	ギリシア	0.144
ギリシア	0.333	イタリア	0.137
ポルトガル	0.331	ポルトガル	0.125
オーストラリア	0.330	オーストラリア	0.121
イタリア	0.328	カナダ	0.121
OECD平均	**0.317**	英国	0.119
エストニア	0.314	**OECD平均**	**0.118**
カナダ	0.310	ルクセンブルク	0.111
アイルランド	0.309	ニュージーランド	0.109
ルクセンブルク	0.304	ドイツ	0.104
スイス	0.296	ポーランド	0.103
ドイツ	0.294	オーストリア	0.098
フランス	0.291	ベルギー	0.097
オランダ	0.285	スウェーデン	0.093
オーストリア	0.284	アイルランド	0.092
ポーランド	0.284	スイス	0.091
スウェーデン	0.282	スロベニア	0.087
ハンガリー	0.282	スロバキア	0.085
フィンランド	0.266	ノルウェー	0.084
ベルギー	0.266	フランス	0.083
ノルウェー	0.262	オランダ	0.083
デンマーク	0.261	ハンガリー	0.078
アイスランド	0.255	フィンランド	0.063
チェコ	0.253	デンマーク	0.058
スロベニア	0.244	チェコ	0.056
スロバキア	0.241	アイスランド	0.054

出典：OECD DATA（https://data.oecd.org）
[注]データの年度は2014年から2017年。最終閲覧日2019年11月20日。

抜けて高いが、日本はこれに次いで二番目である。英国、ニュージーランド、スペインなど、日本よりジニ係数の大きい先進諸国も、貧困率は日本より低い。このように所得格差は「大きい部類」だが、貧困率は最高レベルというのが、日本の特徴である。ここからも、格差と貧困を区別しながら同時に論じていく必要があるということがわかる。

機会の格差と世代間移動

先にも述べたように、一般に機会の格差といえば、性別、人種・民族、出身階級など、本人にはどうすることもできない要因にもとづく格差をいう。このうち日本で研究の蓄積が多いのは、性別と出身階級による機会の格差である。なかでも、出身階級と本人の所属階級を比較した研究は、社会移動研究と呼ばれて膨大な研究蓄積がある。

ここで社会移動というのは、人々がさまざまな社会的地位の間、とくに階級と階級の間を移動することである。これには大きく分けて、二種類がある。ひとつは、一人の人間がその生涯のうちに階級間を移動する、つまり所属階級が変化することで、これを世代内移動という。もうひとつは、出身階級から本人の所属階級への世代を隔てた移動で、これを世代間移動という。出身階級は、父親の所属階級によって代表させることが多い。父親と本人を比較して、所属階級の一致度をみるわけである。二つの社会移動のうち、より多くの関心を集めて研究が蓄積されてきたのは、世代間移動である。

前近代の身分制社会では、世代間移動は制度的に制限されていた。近代社会になると、広範な世代間移動が可能になったが、恵まれた地位の数には限りがあるし、農地やビジネスの世代的な継承はなくならないから、無制限に移動できるわけではない。世代間移動はどれくらい起こっているのか。また世代間移動の量は、時代とともにどのように変化しているのか。これが、これまでの研究でもっとも重視されてきたテーマだった。仮に世代間移動が大きく制限されており、しかも改善されていないとしたら、「機会の平等」を前提として結果の格差を是認する言説は、その論拠を失うことになる。

これに関連して重要なのは、出身階級による教育機会の格差である。近代社会は、多かれ少なかれ学歴社会という性格をもっており、学歴が所属階級を決定する重要な要因になっている。ここで本人の学歴が出身階級によって影響されていて、恵まれた階級の出身者は進学率が高く、そうでない階級の出身者は進学率が低いとすれば、学歴の違いを媒介として、親から子どもへと階級所属が継承される可能性がある。実際、本人が受けることのできる教育の種類には、子どものころの生育環境や親の教育費負担能力が強く作用しており、本人の努力の範囲を超えた部分が大きい。このため教育機会の格差は、出身階級による機会の格差のもっとも重要な構成要素のひとつであり、世代間移動を抑制する要因ということができる。

以上でみてきたような、格差に関するさまざまな問題設定は、**図表1・3**のようにまとめることができよう（図表中のアルファベットは、後出の**図表2・2**に対応している）。

図表1･3　格差のさまざまな側面

	格差の種類	個人間格差	カテゴリー間格差
結果の格差	所得格差	A	B
	貧困	C	D
機会の格差	世代間移動の制限	―	E
	教育機会の格差	―	F

2　階級分類の方法

現代社会の階級構造

格差の基礎には階級構造があるというのが、本書の基本的立場である。このことをデータを使って証明するためには、人々が階級所属にもとづいて分類されていなければならない。これは、簡単な作業ではない。

個人間の格差を問題にする場合は、個人（あるいは世帯）を単位としたデータからジニ係数や貧困率などの指標を計算すればいい。しかしカテゴリー間の格差を問題にする場合には、あらかじめ人々を、いくつかのグループに分類しておく必要がある。性別、年齢、居住地、企業規模など、もともと社会的な共通認識になっているカテゴリーの場合は簡単だが、階級はそうはいかない。まず現実の社会の階級構造を理論的に確定し、次にそれぞれの階級を、職業や地位に関するいくつかの指標から把握する方法を考えなければならない。

　階級理論を初めて確立したのは、カール・マルクスである。彼によると、資本主義社会のもっとも基本的な階級は、資本家階級と労働者階級である。資本主義経済のもっとも重要な特徴は、生産手段が一部の人々に集中所有されていることである。このため人々は、資本や生産手段を所有して企業を経営・支配する資本家階級と、資本家階級に雇用されて賃金を受けとる労働者階級の二つに分けられることになる。ここで資本家階級は、生産手段の所有者という有利な地位にもとづいて労働者階級を搾取し、利潤を手に入れる。これが資本主義社会における経済格差の、もっとも基本的な原因である。マルクスは、現実の社会にはいずれの階級にも属さない自営業者や農民がいることに気づいていたが、これらの人々もいずれは労働者階級に転落していくのであり、階級構造は最終的には資本家階級と労働者階級へ二極化すると考えた。

　マルクスの階級理論に新しい要素を付け加えたのは、マックス・ウェーバーである。彼はマルクスの理論を受け継ぎながら、生産手段の所有だけではなく、資格・能力、地位・権力なども人々の間に経済的な格差を生み出す要因であり、階級の基盤になるものと考えた。これは、管理職や専門職などのホワイトカラーが階級構造に占める位置を理論化する鍵となる、きわめて重要な指摘である。しかし彼自身は、現実に存在する階級の種類とこれらの相互関係について、はっきりした見解を残さず、この点が現代の階級理論の大きな課題となった。

　現代の階級理論は、この二人の理論から出発して、現代社会の階級構造を図式化しようとしてきた。その代表的な理論家としては、フランスの政治学者ニコス・プーランツァスと、米国の社会学者エリック・ライトの二人をあげることができる[2]。

　彼らはまず第一に、現実社会の経済構造は資本主義に一元化されているわけではなく、複合的だと考えた。前資本主義社会では、生産の大部分が農民や商工業者によって担われており、これらの人々は自分たちの生産手段を用いて生産活動を行なう一方で、年貢や賦役などの形で封建領主から搾取されていた。市民革命などによって封建制は崩壊するが、その経済構造は不完全な形で残存する。資本主義社会になっても農民や商工業者の多くは、そのまま独自に商品生産を行なっているのである。これらの人々は資本家階級とも労働者階級とも性格の異なる存在である。生産手段の所有者と生産労働の担い手という両者の性格を兼ね備えているという意味では中間的な階級だが、資本主義の成立以前から存在した古い階級であるため、「旧中間階級」または「伝統的プチ・ブルジョアジー」と呼ぶことができる。

　さらにプーランツァスとライトによると、資本主義経済の内部にも中間階級が存在する。

彼らによると、生産手段の所有形態は多様であり、法律上の所有権をともなわない実質的な支配というものも含まれる。だから資本家階級には、法律上の所有者である古典的な資本家や株主だけでなく、実質的な支配者である経営者も含まれることになる。しかも資本主義の発展とともに、企業規模は拡大し、組織が複雑化するとともに技術水準も上がっていく。こうなると、一握りの資本家階級が、企業のすべてを管理統制するのは不可能である。このためこれらの業務は、一部の特殊な労働者にゆだねられるようになる。これらの労働者は、雇用されて賃金を受けとるという点では労働者階級と同じだが、かつては資本家階級が独占していた各種の権限を部分的に分かちもつという点では、資本家階級とも共通点がある。したがって、これらの労働者も中間階級ということができるが、資本主義の発展にともなって新しく登場してきた人々だから、「新中間階級」または「新しいプチ・ブルジョアジー」と呼ぶ。

　新中間階級については、労働の内容が異なるだけで、あくまでも資本家階級に雇われて賃金を受けとる労働者階級にすぎないという見解もありうる。しかしライトは、米国の経済学者ジョン・ローマーの理論を援用しながら、次のように論じる。組織内の高い地位や専門的な技能・資格は、生産手段と同じように、搾取の基盤となりうる。これらを有する人々は、平均的な労働者を大きく上回る時間あたり報酬を得ているが、これは彼ら・彼女らが、その特権的な立場を利用して労働者階級を搾取しているからである。この見解は、マルクスの搾取理論と、資格や地位が階級の基盤になりうると考えたウェーバーの理論を結びつけたものであり、被雇用者の内部に大きな格差のある現代の階級構造を理解するための有力な手がかりを与えている。

　このように、資本主義社会には二大階級である資本家階級と労働者階級に加えて、新旧二つの中間階級が存在するという四階級図式は、現代の階級理論の最大公約数的見解である。他にもいくつかの階級構造図式が提案されているが、資本家階級と新中間階級を共通点の多いひとつのグループとみなしたり、労働者階級を熟練度によって二つに分けたり、農民と自営業者とを区別するなど、その大部分は四階級図式の変形である。

　四階級図式そのものは、けっして新しいアイデアではない。二〇世紀の前半から、さほど理論的な裏付けもないまま、しばしば慣習的に使われてきた。戦後日本の歴史学者や社会学者のなかにも、同じような四階級図式を使って近現代の日本社会を論じてきた人々がいる。それが社会の現実に合致し、直感的にも理解しやすいからだろう。プーランツァスやライトは、これに明確な理論的裏付けを与えたのである。

階級図式の操作化

四階級図式を使って現実の社会を分析するためには、いくつか解決すべき問題がある。企業の経営者は資本家階級、自営業者は旧中間階級に分類されるとしても、その境界をどこにおくのか。一人でも人を雇っていれば資本家階級といえるのか、それとも一定規模以上の経営者だけを資本家階級とみなすのか。新中間階級と労働者階級はいずれも被雇用者だが、その境界はどこにおくのか。管理職や専門職が新中間階級だというのはいいとしても、事務職はどうするのか。また、役職のあるマニュアル職はどうするのか。このような問題である。

これらの問題に対する、誰もが納得する一義的な解答は存在しない。あくまでも、具体的なデータを使った分析を繰り返すなかで、より適切な解答に近づけていくしかない性格の問題である。たとえば、企業規模別に経営者と労働者の賃金を比較し、両者の格差が急に大きくなる境目のようなものがないか検討する。被雇用者のそれぞれの職種について、賃金額や生活状態などを検討し、性格のよく似た職種をひとつずつグループにまとめていく。役職のあるマニュアル職が、管理職と一般マニュアル職のどちらに近いかを検討していく。こうした作業である。このようにして、理論的な階級構造図式を、実際の分析に使うことのできるカテゴリーへと翻訳していくことを、操作化という。

図表1·4　階級カテゴリーの構成

<table>
<tr><th></th><th>正規雇用者</th><th>非正規雇用者</th><th>経営者·役員
自営業者·家族従業者</th></tr>
<tr><td>専門
管理</td><td colspan="2">新中間階級
（その他の職種の課長以上の役職者を含む）</td><td rowspan="3">従業員規模5人以上は
資本家階級
従業員規模4人以下は
旧中間階級</td></tr>
<tr><td>事務</td><td>男性は新中間階級
女性は労働者階級</td><td>労働者階級</td></tr>
<tr><td>その他</td><td colspan="2">労働者階級
（ただし課長以上の役職者は新中間階級）</td></tr>
<tr><td>不詳</td><td colspan="3">分析から除外</td></tr>
</table>

図表1・4に示したのは、現時点でもっとも適切と考えられる、操作化された階級カテゴリーである[3]。資本家階級と旧中間階級の境界は、従業員規模五人以上と未満の間におくことにする[4]。また新中間階級は管理職と専門職、それに大部分が管理職に昇進する可能性をもつと考えられる男性事務職（ただし、非正規雇用は除外する）とし、他の被雇用者を労働者階級とみなす。ただし課長以上の役職者は、職種に関わらず新中間階級とみなす。実際には、零細企業や自営業者の経営状態も、またそれぞれの職種の労働内容や賃金水準も、時代によって変化する。また女性事務職は、日本では長い間単純事務職に位置づけられてきたが、近年ではかなり昇進ルートが広がっており、若い世代の女性事務職は新中間階級としての性格が強くなっている。したがって、この階級カテゴリーは不変のものではないが、少なくとも一

九五〇年代から今日までの日本の階級構造を全体としてみる場合には、一定の有効性をもつと考える。

なお旧中間階級といっても、農家とその他の自営業ではかなり違う面があるため、分析の目的によっては両者を区別することにする。また近年の日本では、低賃金の非正規労働者が激増しており、これらの人々の生活水準やライフコースは、正規雇用の労働者階級と大きく異なる場合が多い。このため労働者階級を単一の階級、つまり内部が均質のひとつの階級とみなすことができるかどうか、疑問が多くなっている。この点については、第9章以降で論じることにする。

階級分析のためのデータ

一般的な社会調査では、人々の職業について、ごく簡単な質問項目しか用意されておらず、企業規模も役職もわからないことが多い。これでは回答者の階級所属を正確に知ることはできない。このため、階級に注目して格差を分析するためには、周到に設計された特別の調査データが必要になる。

本書で用いるもっとも基本的なデータは、ＳＳＭ調査データである。ＳＳＭ調査は、正式名称を「社会階層と社会移動全国調査」といい、日本の社会階層に関するデータを体系的に集めるため、尾高邦雄を中心とする社会学者のグループによって、一九五五年に開始された。その後、メンバーの新陳代謝を繰り返しながら一〇年おきに調査が実施され、最新の調査は二〇一五年に実施された[5]。この調査は、本人の初職から現職に至るすべての職歴、学歴、世帯所得、個人所得、所有する資産や耐久消費財、階級・階層帰属意識、政党支持など、階級・社会階層研究に不可欠な情報を豊富に含んでおり、格差や階級に関する研究のための、もっとも重要な基礎データを提供している。

しかし残念ながら、格差と階級構造の歴史的変遷を明らかにするという本書の目的からすると、ＳＳＭ調査データには重要な欠点がある。それは、一九七五年までの調査で、調査対象が男性のみとされていたことである。このため七五年までの女性内部の格差については、分析対象とすることができない。ただし年度によっては、妻や家族の職業についての質問項目が設けられていて、部分的には女性についての分析が可能である。とくに六五年の質問項目は詳細にわたっており、家族全員と、回答者の兄弟全員（すでに死亡している人を含む）の学歴や職業についての設問が含まれている。本書の一部には、その分析結果も盛り込まれている。

先述のように、格差の問題が注目を集めるようになってから、研究のフロンティアは広がりをみせている。消費行動、幸福感、健康状態や抑うつ傾向、社会的ネットワークの広がり（社会関係資本と呼ばれることが多い）など、従来のＳＳＭ調査の設問には盛り込まれていなかった問題が、研究対象とされるようになった。このため本書では、こうした格差の諸側面を明らかにするため、新たに設計された調査から得られたデータを用いる。それは二〇一六年に、都心から五〇キロメートル圏に住む住民を対象として実施された「二〇一六年首都圏調査」のデータである[6]。また近年、東京大学社会科学研究所の附属施設である社会調査・データアーカイブ研究センターが、さまざまな社会調査データを収集し、申請すれば学術目的での利用が可能になっている。本書ではこのようなデータも、一部で利用している。

　ただしＳＳＭ調査データをはじめとする社会調査データは、学術研究を目的に周到な設計がされているので、非常に有効性が高いものの、調査サンプル数が数千人から一万数千人程度と少なく、回収率も高くない。このため、各階級の正確な人数や、全人口に占める構成比などを推定するには適さない。この点を補うため本書の分析では、各種の官庁統計を併用することにする。なかでも利用価値の高いのは、「国勢調査」と「就業構造基本調査」である。

　しかし官庁統計で使われる質問紙は、概して簡素なもので、必要な情報をすべて含むわけではない。しかもほとんどの場合、決められた形式の集計表が公表されるだけで、自由にデータを分析できるわけではないため、知ることのできる情報には限界がある。また「国勢調査」の場合、従業員規模についての設問がないため、資本家階級と旧中間階級を正確に区分することができない。

とはいえ「国勢調査」は、日本国内に住むすべての人を調査対象とする唯一の調査であり、各階級の規模の長期的な変化を把握するための基礎資料として欠かすことはできない。ここでは、大まかな動向を知るための次善の策として雇用規模には目をつぶり、「雇人のある業主」は資本家階級、「雇人のない業主」「家族従業者」は旧中間階級に分類することにする。このため「国勢調査」を用いた集計では、四人以下しか雇っていない自営業者も資本家階級に含まれ、資本家階級の規模が過大に評価されることになる[7]。また内職者は、就業実態や労働条件の上では労働者階級に近い存在と思われるが、数字の上で自営業主と区別できない年度が多いため、旧中間階級に含めた。

「就業構造基本調査」はサンプル調査だが、調査対象者が一〇〇万人程度と、ＳＳＭ調査などの社会学的な調査に比べれば格段に多く、また従業員規模や正規雇用・非正規雇用の別についての情報を含むので、階級所属が正確に判断できる。しかも一部の年度では、個票データが研究者向けに限定的に公開されており、これを使った詳細な分析が可能になっている。一九九〇年代から二〇〇〇年代初めについては、このデータを使った分析結果も用いている。[8]

図表1・5に示したのは、「国勢調査」にもとづいて推計した、一九五〇年から二〇一五年までの日本の階級構成である。[9] 旧中間階級は商工業者などの自営業者層と農民層からなるが、両者は変化のようすがかなり異なるので、区別しておいた。

戦後まもない五〇年には、旧中間階級が日本の有業者の六割近く（五八・五％）を占めていた。労働者階級はその半分にも満たない二八・一％で、新中間階級も一一・二％にすぎず、当時の日本が、まだまだ発達した資本主義社会といえる段階になかったことがわかる。しかも旧中間階級の八割近くが農民層で、その規模は有業者全体の四五・二％にも達していた。この時期の日本は、ひとつの巨大な農業国だったのである。

しかし、その後の経済復興と高度成長の始まりにより、農民層は激減する。旧中間階級と労働者階級の数が逆転したのは、おそらく六〇年代の初めである。六五年には、旧中間階級の比率が三五・三％にまで減少し、四四・七％を占める労働者階級に一〇ポイント近くの差をつけられている。新中間階級も、労働者階級とほぼ同じような増加率を示し、九〇年には旧中間階級を上回った。こうして日本の階級構造は、発達した資本主義社会としての特徴を示すようになったのである。資本家階級も九五年まで急速に増加して、有業者全体の一〇％近くを占めるようになった。ただし先に述べた理由から、ここにはわずかな

図表1·5　戦後日本の階級構成

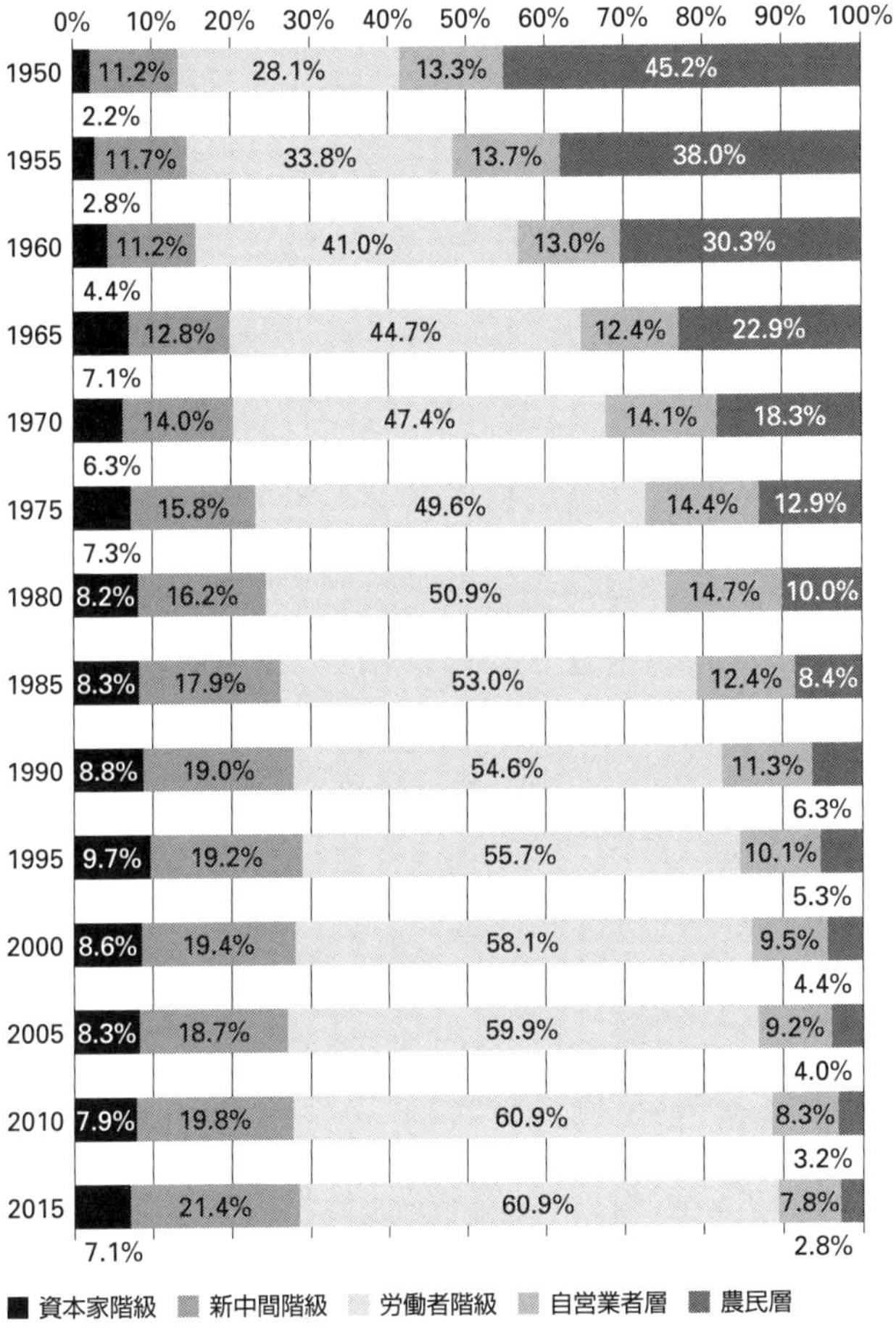

出典:「国勢調査」より算出。農民層には林業·漁業従事者を含む。

数の労働者を雇用する自営業者が含まれており、資本家階級の実際の規模は、これよりやや小さい考えた方がいい。とくに高度経済成長期以降は、ごく小規模な自営業者でもパートやアルバイトを雇うことが多くなったから、注意が必要である。ちなみに九二年の就業構造基本調査個票データによると、資本家階級の比率は六・二%だった。

しかし二〇〇〇年になると、それまで労働者階級とともに増加を続けていた資本家階級の比率が減少に転じ、二〇一五年には七・一%と、一九六五年の水準に逆戻りする。大資本の攻勢によって、廃業を余儀なくされた中小零細企業が多かったことを反映したものと考えられる。一九八〇年代から減少を始めた自営業者層が、最盛期の半分近い七・八%にまで減少したのも、同じ理由によるものだろう。新中間階級は、やや複雑な動きを示している。一九九〇年までは労働者階級と足並みを揃えて増加したが、その後は増加の速度が弱まり、二〇〇五年にいったん減少したあと、二〇一〇年には再び増加に転じ、二〇一五年には二一・四%と二割を超えるのである。ここには、一九九〇年代から正規雇用の縮小、とくに管理職の減少と事務職の非正規雇用への置き換えなど、近年の格差拡大傾向につながる雇用の変化が進行したあと、最近になって福祉・医療分野の下級専門職が増加するという、一連の変化が関わっていると考えられる[10]。

第2章

格差縮小から格差拡大へ——戦後日本のメガトレンド

1　格差のトレンドを知るためのさまざまな指標

近年の日本で、格差が拡大傾向にあることは間違いがない。しかし、格差にはさまざまな側面がある。それぞれの側面で、拡大や縮小のトレンドが違っていたり、拡大が始まる時期が違っている可能性もある。また、格差拡大が始まる前はどうだったのか。戦後七〇数年の間に、どのような格差の拡大や縮小があったのか。そこでまず本章では、戦後日本における格差の全体としてのトレンドを確認することにしたい。そのためには、**図表1・3**にまとめたような格差のさまざまな側面について、指標を設定する必要がある。これは、それぞれの時期の格差について具体的に検討する、次章以下の分析のための基礎固めでもある。

結果の格差に関する指標

結果の格差のなかで、これまでもっとも注目されてきたのは、所得格差である。所得の個人間格差に関する主要な指標は、すでに説明したジニ係数と貧困率である。ただしジニ係数は、税込みの所得総額（これを当初所得という）で計算するか、あるいは税金や社会保険料等を支払い、公的給付を受けとったあとの金額（これを再分配所得という）で計算するかによってかなり違ってくる。当然ながら、再分配所得で計算した方が、ジニ係数は小さい。貧困率は、その社会で貧困状態にある人の比率である。

これに対してカテゴリー間格差を分析する場合は、学歴別、所属階級別、企業規模別、産業別など、各種のカテゴリーごとに平均所得や貧困率を計算し、これらを比較すればよい。

なお同じような所得に関するデータから、性別や出身階級、親の学歴、出身地域など、生まれつき決まっていて本人には動かせないカテゴリーによる所得格差をみた場合には、次に述べる機会の格差の大きさを示す指標として使うこともできる。

機会の格差に関する指標

機会の格差のなかでもっとも重要なのは、世代間移動に対する制限と、出身階級による教育機会の格差である。

世代間移動の量を知るための基礎となるのは、出身階級と所属階級を比較した世代間移動表と呼ばれる集計表である。**図表2・1**は、出身階級別に本人の現在の所属階級をみた、世代間移動表の例である。三五歳から五四歳の男女のうち、父親と本人の所属階級が判明

図表2·1 世代間移動表［2005年・男女計・35-54歳］

父親の所属階級	本人の所属階級 資本家階級	新中間階級	労働者階級	旧中間階級	合計
資本家階級	40 （25.0％）	48 （30.0％）	54 （33.8％）	18 （11.3％）	160 （100.0％）
新中間階級	15 （2.8％）	227 （42.9％）	246 （46.5％）	41 （7.8％）	529 （100.0％）
労働者階級	21 （2.8％）	222 （29.3％）	468 （61.8％）	46 （6.1％）	757 （100.0％）
旧中間階級	38 （6.7％）	158 （27.9％）	285 （50.3％）	86 （15.2％）	567 （100.0％）
合計	114 （5.7％）	655 （32.5％）	1053 （52.3％）	191 （9.5％）	2013 （100.0％）

出典：2015年SSM調査データより算出。

したケースについて、両者の関係をクロス集計したもので、人数の下の括弧内の数字は、横方向を一〇〇％としたパーセンテージである。集計に用いることのできたサンプルは、二〇一三人である。

まず、数字のいちばん上の行に注目しよう。右端の合計欄に一六〇人とあるが、これは父親が資本家階級だった人の人数である。これらの人々が、現在は四つの階級に散らばっているわけだが、それぞれの数は、資本家階級になった人が四〇人、新中間階級になった人が四八人、労働者階級になった人が五四人、旧中間階級になった人が一八人で、それぞれ比率でみれば二五・〇％、三〇・〇％、三三・八％、一一・三％となる。これに対して下の合計欄に目を移すと、本人が資本家階級である人の比率はわずか五・七％なのに対して、新中間階級は三二・五％、労働者階級は五二・三％である。つまり資本家階級になった人は全体では五・七％しかいないのに、資本家階級出身者は二五・○％までが資本家階級になったということになる。他の階級の出身者で資本家階級になった人の比率をみると、新中間階級出身者と労働者階級出身者がいずれも二・八％、旧中間階級出身者でも六・七％にすぎない。資本家階級出身者は、父親と同じ資本家階級に所属しやすいということがわかる。

同じように、父親と同じ階級に所属している人を出身階級ごとにみていくと、新中間階級出身者では二二七人（四二・九％）、労働者階級出身者では四六八人（六一・八％）といずれも多い。旧中間階級だけは、親と同じ階級に所属する人が八六人（二五・二％）と少ないが、これは**図表1・5**でみたように、戦後の日本で旧中間階級が急速に減少してきたことによるものである。見方を変えて、出身階級ごとに旧中間階級になった人の比率をみていくと、資本家階級出身者が一一・三％、新中間階級出身者が七・八％、労働者階級出身者が六・一％といずれも低くなっているから、旧中間階級出身者は他の人々に比べて旧中間階級になりやすいということができる。以上から、全体に人々は父親と同じ階級に所属しやすいということ、つまり機会の格差が存在しているということがわかる。

さて移動しなかった人、つまり父親と同じ階級に所属している人の人数を合計すると、八二一人となる。これを全体の人数二〇一三人で割ると〇・四〇八となるが、これは移動しなかった人の比率だから、非移動率という。逆に移動した人の比率は一から非移動率を引いた〇・五九二で、これを事実移動率という。この二つが世代間移動の量についての、もっとも基本的な指標となる。

ただし非移動率や事実移動率は、全体としての移動・非移動の量を合計したものだから、これだけでは個々の階級の動向がわからない。事実移動率が増加していたとしても、限られた階級の間での移動ばかりが大きく増えていて、他の階級では移動の量が変化していなかったり、むしろ減少しているということもありうる。そこで個々の階級に注目し、それぞれの階級が閉鎖性を強めているかどうかを個別に検討するために、「オッズ比」という指標が使われる。これは、ある階級Aになった人とならなかった人の比を、階級Aの出身者とそれ以外の出身者とで比較し、両者の比をとったもので、式で表現すると次のようになる。

$$\text{階級Aのオッズ比} = \frac{\text{出身Aで所属Aの人の数} \div \text{出身Aで所属A以外の人の数}}{\text{出身A以外で所属Aの人の数} \div \text{出身A以外で所属A以外の人の数}}$$

ややわかりにくいので、別の言葉でいいかえてみよう。オッズ比とは、その名のとおり「オッズとオッズの比」という意味である。オッズとは「勝ち目」「勝算」という意味の言葉だが、オッズ比を計算する基礎になっているのは、いわば「アタリとハズレの比」である。つまり階級Ａに所属できた場合をアタリ、できなかった場合をハズレとして、アタリとハズレの比をとったのがオッズ、オッズが階級Ａの出身者とそれ以外でどれだけ違うかを、比をとって指標化したのがオッズ比である。右の式を書き直してみよう。

$$\text{階級Aのオッズ比} = \frac{\text{出身Aでアタリの人の数} \div \text{出身Aでハズレの人の数}}{\text{出身A以外でアタリの人の数} \div \text{出身A以外でハズレの人の数}}$$

だからオッズ比は、アタリとハズレの比率がＡ出身であるか否かに関わらず等しいときに一となる。そしてＡ出身者の方がアタリになりやすい、つまり階級Ａが閉鎖的なときには一より大きい値をとり、閉鎖性の度合いが強ければ強いほど大きな値をとることになる。

なお以上の指標を用いて、世代間移動について検討しようとする場合には、分析対象とする回答者の年齢幅について留意しなければならない。それは、移動の意味が年齢によって違う場合があるからである。出身階級との比較で世代間移動をみるといっても、回答者が二〇歳代であれば、職に就いてまもない時点の所属階級と比較することになるし、また六〇歳以上になると、再就職で嘱託社員になったあとの所属階級と比較することになってしまう。将来を約束されたエリートでも、最初は平社員から始まるのが普通だし、もとは管理職でも、定年後の再就職ではそれほどの地位は望めない。また幅広い時代を扱う本書の分析では、かつて日本では五五歳定年が一般的だったことも考慮しなければならない。したがって幅広い年齢層のデータをそのまま使うと、移動のようすを正確に把握できなくなる。このため世代間移動の分析では、分析対象を三五歳から五四歳までに限定している。

さて第1章でも述べたように、世代間移動表からみたときの機会の格差には、出身階級による教育機会の格差によってもたらされる部分がある。だからこれも、機会の格差をみるときの重要な手がかりになる。教育機会の格差は、出身階級別の進学率によってとらえることができる。ただし進学率は時代によって大きく異なるため、格差の時代的な変化をみる場合、進学率の差や比そのものを使ったのでは、必ずしも意味のある比較にならない。進学率五%と一〇%の違いは、同じ五%の差といっても四〇%と四五%の違いと同じではないし、同じく二倍だといっても四〇%と八〇%の違いと同じではないからである。比較のための唯一の正しい方法のようなものはないが、今回は世代間移動と同じくオッズ比によって比較することにする。

図表2·2　格差のさまざまな側面と指標

格差の種類	格差の指標	資料·データ
A　個人間所得格差	ジニ係数	所得再分配調査、 就業構造基本調査 など
B　カテゴリー間所得格差	階級間所得格差	SSM調査
	学歴間·産業間· 企業規模間· 男女間所得格差 など	毎月勤労統計調査、 賃金構造基本調査、 就業構造基本調査 など
C　貧困の規模	貧困率·生活保護率	国民生活基礎調査、 就業構造基本調査、 福祉行政報告例、SSM調査 など
D　貧困率の格差	階級別貧困率	SSM調査、就業構造基本調査
	男女別貧困率 など	就業構造基本調査、 国民生活基礎調査
E　世代間移動の制限の格差	事実移動率·非移動率· オッズ比	SSM調査
F　教育機会格差	出身階級別進学率· オッズ比	SSM調査
	男女別進学率· オッズ比 など	学校基本調査

以上のような格差に関する指標を、格差の各側面と対応させてまとめ、さらに利用可能な代表的なデータを示したのが、**図表2・2**である。各項目の先頭のアルファベット記号は、**図表1・3**と対応させてある。

2　所得格差の変化

まずは全体としての所得格差の変化を、ジニ係数で確認してみよう。

ジニ係数はこれまで、「所得再分配調査」「家計調査」「国民生活基礎調査」「賃金構造基本統計調査」など、いくつかの官庁統計にもとづいて算出されてきた。このうちもっとも信頼性が高いと考えられ、また当初所得と再分配所得を明確に区別できることから、今日でもよく使われるのは「所得再分配調査」だが、定期的に実施されるようになったのは比較的最近のことで、一九五二年に実施されたあと[1]、一九六二年、一九六七年に実施され、一九七二年からは三年おきに実施されている。調査されているのは前年の年間の収入と租税、社会保険料、社会保障給付だが、一九五二年だけは一一月の一ヶ月間の収入、社会保険料を含む支出、そしてこの年の納税予定額が調査されている。このため一九五二年とその他の年は直接に比較できないが、当時は自営業者の比率が高く、また一二月の賞与が年収に占める比率も大きくなかったため、こうした調査方法の違いによる影響はあまり大きくないものと思われる。このため、ここでは同一調査から得られた値として扱っている[2]。

　しかし「所得再分配調査」は、一九七〇年代以降の経済的格差の動向をみるのには有用であり、他の統計を必要としないほど信頼性が高いと考えられるものの、戦後初期から一九六〇年代までについては調査の回数が少ないため、他の統計が必要になる。ここでよりどころとするのは、「就業構造基本調査」「家計調査」「賃金構造基本統計調査」である。「就業構造基本調査」は一九五六年から実施されており、近年では調査対象が一〇〇万人を超える大規模な統計調査である。就業状態や職業、就業希望などについて調査することが主目的だが、所得についての設問があるため、一九五〇年代から六〇年代の経済格差を知るために用いられることがある。算出の基礎となる所得は、税と社会保障給付をともに含む総所得である。今回は、石崎唯雄が算出した一九五六年から一九七七年までの数値を用いる[3]。

「家計調査」は戦前から実施されているが、戦後は「消費者価格調査」の名称で再開され、一九五〇年に「消費実態調査」となり、一九五三年から「家計調査」に落ち着いた。調査対象の範囲には変遷がある。最初は人口五万人以上の主要二八都市の住民を対象に実施されたが、一九五〇年に一部の都市を入れ替え、以後一九六二年までほぼ同じ標本設計で実施されたあと、一九六三年に調査対象を主要都市以外にまで広げ、今日に至っている。したがって一九六二年までの戦後初期の格差の動向については、調査対象が都市部に限られるとはいえ、有用な統計といえる。このうち一九五四年から一九六二年までと、一九六二年までと同様の主要二八都市のみについての集計も行なわれた一九六三年については、すでに経済学者の溝口敏行がジニ係数を算出しているので、これを用いる[4]。加えて一九五一年から一九五五年については、一九五六年に総理府統計局がまとめた『戦後10年の家計』にもとづいて、今回新たにジニ係数を算出したが、算出に用いた集計表の集計範囲と形式が異なるため、溝口の算出したジニ係数とは別系列の数値として扱うこととする。集計の対象はいずれも、勤労者世帯（世帯主が被雇用者の世帯）で、税と社会保障給付をともに含む総所得である。

「家計調査」は戦後初期の格差について知るための重要な資料だが、当時は調査対象が限定され、サンプル数も少なく、信頼性についてはやや疑問がある。そこで被雇用者の賃金について正確に知ることができる資料として、「賃金構造基本統計調査」を用いることにする。この調査は、戦後初期には「個人別賃金調査」「職業別賃金調査」などの名称で実施され、何度か名称を変えながら、一九六〇年前後に現在の形に落ち着いた。調査対象は、一定規模以上の常用労働者を雇用する事業所である。ただし、ジニ係数を算出するために必要な、賃金額ごとの人数が記された集計表は、必ずしも毎年公表されていたわけではない。今回入手できたのは、一九四八年、一九四九年、一九五四年と、一九五九年以降の各年（一九六二年を除く）である。今回はこのうち、一九七〇年までの数値を示すこととする。ただし一九四八年、一九四九年と一九五四年以降では、調査対象の企業規模に違いがあり、前者は三〇人以上、後者は一〇人以上である。

図表2・3は、以上のジニ係数を一枚の表にまとめたものである。

まず「所得再分配調査」の当初所得から、長期的な動向を確認しよう。一九五二年のジニ係数は〇・三三二と低い。南亮進の推計によると、戦前日本のジニ係数は、推計が可能

図表2·3 ジニ係数で見る所得格差の推移[1948-2016年]

	所得再分配調査			家計調査		
	A1 所得再分配調査（当初所得）	A2 所得再分配調査（再分配所得）	A3 就業構造基本調査	A4 家計調査（主要28都市a）	A5 家計調査（主要28都市b）	A6 賃金構造基本統計調査
1948						0.327
1949						0.311
1951				0.317		
1952	0.332	0.303		0.306		
1953				0.288		
1954				0.295	0.296	0.333
1955				0.301	0.298	
1956			0.391		0.283	
1957					0.303	
1958					0.301	0.350
1959			0.415		0.302	0.350
1960					0.308	0.347
1961	0.390	0.344			0.312	0.350
1962			0.415		0.299	
1963					0.299	0.336
1964						0.304
1965			0.407			0.293
1966	0.375	0.328				0.288
1967						0.291
1968			0.408			0.285
1969						0.280
1970						0.273
1971	0.354	0.314	0.423			
1974	0.375	0.346	0.402			
1977	0.365	0.338	0.392			
1980	0.349	0.314				
1983	0.398	0.343				
1986	0.405	0.338				
1989	0.433	0.364				
1992	0.439	0.365				
1995	0.441	0.361				
1998	0.472	0.381				
2001	0.498	0.381				
2004	0.526	0.387				
2007	0.532	0.376				
2010	0.554	0.379				
2013	0.570	0.376				
2016	0.559	0.372				

出典：[**A1,2**] 1952年は「社会医療及び所得再配分調査」から算出。1961年以降は「所得再分配調査」による。[**A3**] 石崎唯雄『日本の所得と富の分配』による。[**A4**]「家計調査」より算出。数値は総理府統計局『戦後10年の家計』による。[**A5**] 溝口敏行「戦後日本の所得分布と資産分布」による。[**A6**]「賃金構造基本統計調査」および前身の調査結果より算出。

な一九世紀末から一貫して上昇し、三七年には〇・五四七にまで達していた。したがってジニ係数は、戦争をはさんで大きく低下したといえる[5]。しかし一九六一年になると、大きく上昇して〇・三九〇となる。先述のように「所得再分配調査」は、一九五二年が一一月のみ、一九六一年以降は年間の収入を調査対象としており、賞与を含む後者の方が格差が大きくなると考えられるが、上昇幅が〇・〇五八と大きいので、実際にかなりの格差拡大があったと判断してよいだろう。しかし二つの調査の間に九年が経過しており、上昇に転じたのがいつごろなのかは判断できない。これについては、あとで他の統計によって確認することにする。

　その後、ジニ係数は一九七四年にやや上昇するものの、趨勢的には低下を続け、一九八〇年に〇・三四九と底に達する。ところが一九八三年に〇・三九八と跳ね上がってからは、明らかな上昇トレンドをみせ、一九八九年から一九九五年にかけての停滞期をはさみながら急激な上昇を続けた。二〇一六年にはわずかに低下して〇・五五九となったが、数字の上では戦前期を上回っている。細かな変動に目をつぶって大まかな流れをみるならば、一九五〇年代は格差拡大、一九六〇年代と一九七〇年代の高度成長期は格差縮小、以後は格差拡大ということになる。再分配所得によるジニ係数は、当然ながら低めになるが、一九九八年までは当初所得と同じトレンドを示している。それ以降になると上昇が止まり、

○・三七から○・三八程度で一定となるが、これは年金制度による高齢者への所得再分配が軌道に乗ってきたからと考えられる。

次に「所得再分配調査」からはわからない、戦後初期の動向について検討しよう。

もっとも早い時期からジニ係数が算出できた賃金構造基本統計調査によると、一九四八年のジニ係数は○・三二七で、一年後の一九四九年には○・三一一とやや低下するが、一九五四年には○・三三三、一九五八年には○・三五○と大幅に上昇し、一九六一年までこの水準を維持している。ここから被雇用者の賃金格差は、一九五○年代の初めから拡大を始めたことがうかがえる。五六年度の『経済白書』は、四九年のドッジ・ラインによって自由経済体制が確立したことから、所得分布の不均等化が始まったとしているが、この格差拡大はしばらく続き、一九六○年代初めまで格差が大きい状態が続いたとみることができる。

「家計調査」の二系列の数字は、両者が重なる一九五四年と一九五五年でほぼ一致しており、連続するものとみなしてよさそうだ。途中で上下変動があり、必ずしもはっきりしない部分もあるが、一九五一年には○・三一七だったジニ係数が、やや低下して○・二九前後になったあと、上昇に転じて一九六一年には○・三一二に達している。「賃金構造基本統計調査」とはややタイミングがずれるが、一九五○年ごろからいったん縮小した格差が、一九五〇年代半ばから後半にかけて拡大に転じたとみてよさそうだ。「就業構造基本調査」による一九五六年から一九七七年の数字は、一九七一年の異常値を除けばトレンド上、以上の数字と一致しているとみてよい。

以上を総合すれば、次のように結論することができそうである。ジニ係数から観察できる経済格差は、一九五〇年代前半には低い水準にあり、いくつかの指標は一九四〇年代末から一九五〇年代前半にかけて、若干の格差縮小があったことを示している。ところが一九五〇年代半ばからは格差が拡大を始め、一九六〇年代初めにピークを迎える。ところがその後、格差は縮小に転じ、一九七〇年代に底に達する。しかし一九八〇年代に入ると格差は拡大に転じ、以後、今日に至るまで拡大を続けてきたのである。

次に、カテゴリー間所得格差と貧困の規模についてトレンドを確認してみよう。**図表2・4**は、規模別賃金格差、産業別賃金格差、新中間階級と労働者階級の間の収入格差、男女間賃金格差、生活保護率の推移をみたものである。先にみたように、五〇年代初めに格差拡大が始まったと推測されることから、データが入手できるものについては、一九五五年までの動向を一年おきに、以後は五年おきに示しておいた。新中間階級と労働者階級の収入格差を示す長期的なデータはＳＳＭ調査データだけなので、五五年から始まって一〇年おきとなる。これを補うため、『毎月勤労統計調査』から一九四七年から四九年まで

図表2·4　カテゴリー間所得格差の推移

	B1a 規模別賃金格差（サービス業を除く）	B1b 規模別賃金格差（サービス業を含む）	B2 産業別賃金格差a	B2 産業別賃金格差b	B2 産業別賃金格差c	B3 新中間階級・労働者階級間所得格差	B4 常用労務者と常用職員の賃金格差	B5 管理事務技術労働者と生産労働者の賃金格差	B6 男女間賃金格差	C 生活保護率［%］
1947			1.317				1.439		2.306	
1948			1.286				1.406		2.323	
1949			1.457				1.375		2.224	
1950	1.303		1.555						2.159	
1951	1.352			1.424					2.163	
1952	1.363			1.479				1.602	2.228	
1953	1.333			1.546				1.624	2.270	3.96
1954	1.320			1.559				1.632	2.198	3.80
1955	1.378			1.632		1.444		1.661	2.252	3.49
1960	1.430			1.599				1.717	2.338	2.72
1965	1.278			1.651		1.469		1.572	2.091	2.48
1970	1.313			1.554				1.492	2.073	2.20
1975	1.324	1.244		1.472		1.406		1.394	1.791	2.15
1980		1.293		1.407				1.431	1.858	2.11
1985		1.349		1.566		1.527		1.454	1.929	2.10
1990		1.425		1.671				1.482	2.016	1.55
1995		1.392		1.738		1.525			1.962	1.48
2000		1.484		1.971	2.232				2.040	1.65
2005		1.507			2.484	1.685			2.019	2.21
2010		1.510			3.072				1.940	2.90
2015		1.522			3.004	1.615			1.898	3.24

［**B1**］規模別賃金格差は、500人以上と30-99人の比。1970年まではサービス業を含めた平均が算出されていない。対象は常用労働者。原資料は『毎月勤労統計調査』。［**B2**］産業別賃金格差は3系列。aは産業6分類、bは産業9分類で、月間現金給与総額の最高と最低の比。bは途中から加わる建設業、不動産業、サービス業を除いた最高と最低の比。これら3産業は期間中、最高・最低になったことはない。産業分類の詳細は、時期によって異なる。cは産業16分類で、月間現金給与総額の1位と2位の合計と下から1位と2位の合計の比。原資料は『毎月勤労統計調査』。［**B3**］新中間階級・労働者階級間所得格差は、それぞれの年間収入の比。SSM調査データより算出。20－69歳男性。［**B4**］常用労務者と常用職員の賃金格差は、製造業におけるそれぞれの月間給与総額の比。原資料は『毎月勤労統計調査』。［**B5**］管理事務技術労働者と生産労働者の賃金格差は、製造業におけるそれぞれの月間現金給与総額の比。原資料は『毎月勤労統計調査』。ただし、調査されているのは1989年までのため、1990年には1989年の数値を充てている。［**B6**］男女間賃金格差は、それぞれの月間現金給与総額の年平均の比。対象は30人以上の常用労働者。原資料は『毎月勤労統計調査』。［**C**］生活保護率は世帯保護率。社会保障・人口問題研究所『「生活保護」に関する公的統計データ一覧』による。

の製造業の常用労務者と常用職員の賃金格差と、一九五二年から一九八九年までの製造業の管理事務技術労働者と生産労働者の賃金格差を示しておいた[6]。

規模別賃金格差は、一九五〇年から五二年にかけて拡大し、一九五四年までやや縮小したものの、一九六〇年までおおむね高い水準を維持したあと、一九六五年には縮小し、八〇年代に拡大、一九九五年に縮小したあと、二〇〇〇年から再び拡大に転じている。しかし短期的な変動に目をつぶって全体の流れをみれば、一九五〇年代に拡大したあと、一九六〇年代に縮小して一九八〇年ごろまで低水準を維持し、以後は拡大に転じるというトレンドを認めることができる。また産業別賃金格差は、やはり一九四〇年代末から一九五〇年代前半に拡大したあと、一九六〇年代後半から縮小し、一九八〇年代から拡大するという、規模別賃金格差と共通のトレンドをみることができる。これは、ジニ係数にみられる所得格差の動向と、基本的には一致している。

ＳＳＭ調査データから新中間階級・労働者階級間所得格差[7]をみると、一九五五年から一九六五年にかけて拡大したあと、一九七五年には縮小し、一九八五年以降は拡大傾向にあるが、二〇一五年にはやや縮小した。管理事務技術労働者（職員）と生産労働者（労務者）の比較では、一九四七年から一九四九年の間に格差の縮小が認められるが、統計の取り方が異なるため厳密には比較できないものの、一九五二年には一・六〇二と大きくなり、さらに拡大を続けて一九六〇年にピークに達したあと、格差が縮小して一九七五年に底に達するが、その後は一九八九年まで急速に格差が拡大していく。この結果も、五〇年代は格差拡大、高度経済成長期は格差縮小、以後は格差拡大という、ジニ係数から読み取れた長期的トレンドと一致している。

　男女間賃金格差は、一九五〇年まで縮小するが、以後は一九六〇年まで拡大傾向を示したあと、一九七五年までは縮小を続けるが、その後は反転して二〇〇〇年まで拡大傾向を示す。ただし、近年はやや縮小に転じている。二〇〇〇年まではジニ係数からみた長期的トレンドと一致しているが、その後になって男女平等化がある程度浸透してきたものとみられる[8]。

　貧困率の指標としては、ここでは生活保護率を示しておく。生活保護率は、統計のある最初の年である一九五三年が最高で、以後は減少を続け、七〇年代から一九八五年ごろまで横ばいとなったあと、一九九五年ごろまで減少するが、以後は加速度的ともいえる顕著な上昇を示している。生活保護制度はすべての貧困層を捕捉しているわけではなく、また捕捉率も時期によって違いがあると考えられる。とくに一九九〇年前後の生活保護率の減少には、生活保護への財政支出を抑制しようとする政策的な対応が関わっており、貧困層の減少は、実際にはもっと控えめなものだったはずである。しかしいずれにしても、生活保護率のトレンドには、ジニ係数に示された格差の動向と合致する部分が多いということができる。

3 機会の格差の変化

次に機会の格差の動向を、世代間移動と教育機会格差の変化から確認しよう。これらの推移については、SSM調査データがほぼ唯一の基礎資料だが、一九五五年から一九七五年までは調査対象が男性のみなので、長期的な推移を確認できるのは男性のみである。ただし学歴は二〇歳前後に決まってしまうので、教育機会の格差については、最近のデータから高齢者のサンプルを用いれば、過去にさかのぼって分析することができる。今回は一九九五年から二〇一五年までのSSM調査データを用いて、男女計の大学進学率の格差の推移をみることとした。

図表2・5は、非移動率、各階級のオッズ比と、出身階級による大学進学率格差のオッズ比を示したものである。移動率と各階級のオッズ比については、先に述べた理由から、

図表2·5　世代間移動に関する指標と大学進学率格差の推移

	E1	E2				E3
	非移動率	オッズ比				出身階級による大学進学率格差（オッズ比）
		a 資本家階級	b 新中間階級	c 労働者階級	d 旧中間階級	
1955	0.604	7.465	7.705	4.879	4.153	3.397
1965	0.455	7.251	5.246	3.353	3.416	5.801
1975	0.421	3.479	4.178	2.559	3.327	5.123
1985	0.381	5.955	3.908	1.769	2.607	4.245
1995	0.393	8.978	3.604	2.257	3.381	3.362
2005	0.446	12.748	4.528	2.707	3.377	3.306
2015	0.456	15.407	2.457	2.941	3.319	3.868

[E1] [E2] 非移動率とオッズ比は、それぞれの年度のSSM調査データから算出。
対象は35-54歳男性。
[E3] 出身階級による大学進学率格差は、1995年から2015年までのSSM調査データから、
それぞれの年度に20-29歳だった男女の四年制大学進学率をもとに算出。
「資本家階級出身者＋新中間階級出身者」の「労働者階級出身者＋旧中間階級出身者」に
対するオッズ比を示す。

集計の対象を三五―五四歳のみとしている。大学進学率格差は、一九五五年に二〇歳代だった出生コーホート（同一の期間に生まれた人々の集団）から、二〇一五年に二〇歳代だった出生コーホートまでを対象に、出身階級による四年制大学進学率の格差を、オッズ比で示した。オッズ比は、資本家階級および新中間階級出身者の、労働者階級および旧中間階級出身者に対する比で示したが、これは対象としたすべてのコーホートで、前の二階級出身者の進学率が後の二階級出身者を大きく上回っており、しかも資本家階級出身者と新中間階級出身者、労働者階級出身者と旧中間階級出身者それぞれの間には、

大きな差がないからである。たとえば二〇一五年に二〇歳代だった出生コーホートの進学率を出身階級別にみると、資本家階級が五七・一％、新中間階級が六三・一％、労働者階級が二八・四％、旧中間階級が三三・〇％だった。

　非移動率は一九五五年が〇・六〇四と大きく、一九六五年に〇・四五五と大幅に低下したあと、一九八五年まで低下を続けるが、一九九五年には微増し、二〇〇五年には大きく上昇して〇・四四六となり、二〇一五年はさらに上昇して〇・四五六となった。つまり最近になって、父親と同じ階級に所属する人の比率が大幅に増え、階級所属が固定化する傾向が生まれたことになる。ただし非移動率は、産業構造の変化によって各階級の構成比が大きく変わった時期には、父親と本人の階級構成の差が大きくなることから、必然的に小さくなる傾向がある。二〇〇五年以降の上昇には、父親の世代交代によって、父親と本人の階級構成の差が小さくなったことによる部分もあるはずで、やや慎重な判断が求められる。産業構造の変化の影響を受けにくいとされているオッズ比を用いて、より詳細に変化を検討しておこう。

　まず確認しておきたいのは、オッズ比はすべての年度・すべての階級で一を大きく超えているということである。しかも、唯一の例外（一九八五年の労働者階級）を除けば二以上であり、大部分は三を超えている。これが意味するのは、すべての時期のすべての階級に、多かれ少なかれ閉鎖性が認められるということである。つまりこの六〇年間、たとえ部分的にでも、機会の平等が実現されたことなど一度もないのである。

オッズ比の変化で注目されるのは、資本家階級のオッズ比が一九七五年に低下したあと、二〇一五年まで急上昇を続けて一〇を大きく超えるようになっていることである。資本家階級がこの四〇年間で、きわめて閉鎖的な階級になったことがわかる。そして他の階級でも、資本家階級ほどはっきりはしないものの、二〇〇五年までは同じような変化が認められる。つまり一九七五年まではすべての階級でオッズ比が低下するが、一九八五年にまず資本家階級、一九九五年には労働者階級と旧中間階級、二〇〇五年には新中間階級のオッズ比が上昇するのである。分析対象が五四歳までを含んでいることを考えると、ここでみたオッズ比の変化には、現実の社会における機会の格差の動向と一〇年から二〇年のタイムラグがあってもおかしくない。したがって、高度経済成長期までは格差縮小、それ以後は拡大というトレンドと整合的とみることができる。

ただし二〇一五年にはやや異なる動きがある。資本家階級と労働者階級ではオッズ比が上昇を続けたのに対して、新中間階級ではオッズ比が二・四五七とかなりの低下を示したのである。この理由については、第9章で考えることにしたい。

教育機会の格差は、一九六五年に大幅に拡大したあと、一九七五年から縮小に転じ、一九九五年から二〇〇五年に底に達したが、二〇一五年にはわずかながら拡大したということができる。実はこれは、相反する動きが合成された結果である。男女別にオッズ比を計算すると、一九九五年から二〇〇五年にかけては男性が三・六一四から三・二七四へ、女性が四・六四七から三・七六九へと、いずれもオッズ比が低下し、機会が平等化する傾向を示していたのだが、二〇一五年には女性のオッズ比が二・八六〇と引き続き低下したのに対して、男性のオッズ比は五・八〇九と大幅に上昇したのである。かつて男性に比べて進学率が大幅に低かった女性では、進学率が上昇するにつれて機会の平等化が進んだのに対して、進学率が天井に達した男性の進学率は、格差拡大傾向の影響を受けたのではないかと思われる。

なお、敗戦から一九五五年までの格差の動向については、次章でさらに詳しく検討することにする。

4　格差のメガトレンドと時期区分

以上に取り上げた格差の大きさに関する指標を、おおむね五年ごとに一枚のグラフにまとめたのが**図表2・6**である。指標はそれぞれに単位が異なり、数値の大きさも異なるので、各指標ごとに期間を通じての平均値を一とした指数に変換した。ただしオッズ比は、あらかじめ対数変換した。また数値の変動範囲が他と異なる生活保護率、資本家階級オッズ比、大学進学機会格差オッズ比については、右目盛を使用している。

細部にはさまざまな不規則変動があり、また格差拡大から縮小へ、縮小から拡大へと転じるタイミングは少しずつ違ってはいるものの、ほぼ共通のトレンドを認めることができよう。つまり、一九五〇年代の格差拡大、続く高度経済成長期の格差縮小、そして八〇年ごろから始まる格差拡大である。このトレンドは、太い実線で示した当初所得によるジニ係数によって代表される。他の指標は、ここからの距離をときには広げ、あるいは狭めながらも、全体としては一定範囲の距離を保ちつつ、同じトレンドを描いているのである。タイミングのずれがやや大きいのは、大学進学機会格差のオッズ比と、生活保護率である。前者は格差拡大が一九六五年まで続き、一九七五年から格差縮小が始まり、二〇一五年に

図表2·6　戦後日本における格差のメガトレンド

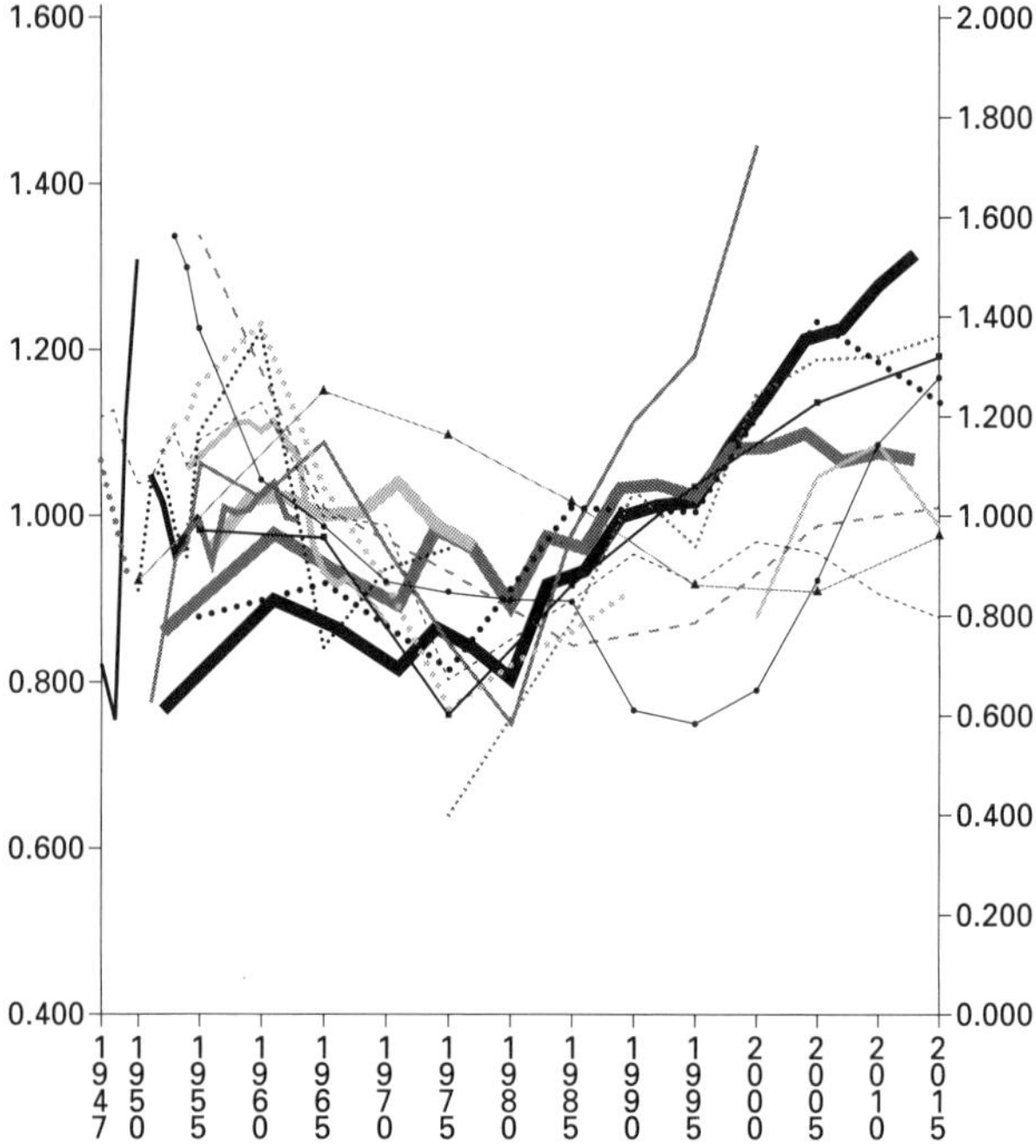

ジニ係数(所得再分配調査・当初所得)　ジニ係数(所得再分配調査・再分配所得)
ジニ係数(就業構造基本調査)　ジニ係数(家計調査a)
ジニ係数(家計調査b)　ジニ係数(賃金構造基本統計調査)
規模別賃金格差(サービス業を除く)　規模別賃金格差(サービス業を含む)
産業別賃金格差a　産業別賃金格差b
産業別賃金格差c　新中間階級・労働者階級間所得格差
常用労務者と常用職員の賃金格差　管理事務職と生産労働者の賃金格差
男女間賃金格差　非移動率
生活保護率[右目盛]　資本家階級オッズ比[右目盛]
大学進学機会格差オッズ比[右目盛]

出典:図表2·3、2·4、2·5と同じ。
[注]各指標の期間を通じての平均値を1とした指数。
ただしオッズ比は対数変換した。

なってようやく拡大に転じる。これは経済格差の変化が若い世代の進学機会の変化をもたらすまでに、一定のタイムラグを必要とするからだろう。生活保護率は二〇〇〇年以降に上昇に転じるが、これは一九九〇年代に生活保護率が人為的に引き下げられていたからと考えられ、その極端なU字型カーブはグロテスクな印象すら与える。

このトレンドは、サイモン・クズネッツが経済成長と所得格差の動向について提唱した、いわゆる「クズネッツ仮説」を、部分的には裏付け、部分的には否定するものとなっている。この仮説は、産業化の初期の段階では所得格差が次第に拡大するが、さらに産業化が進展すると格差の大きさは反転し、所得格差は縮小するというもので、横軸に時間、縦軸に格差の大きさをとれば、最初は上昇し、途中で反転して下降に向かうという逆U字型のグラフで表現されるため、「逆U字型仮説」とも呼ばれている。先述のように戦前日本の経済格差は、一九三〇年代半ばまで拡大傾向にあった。そして戦後は、いったん縮小したものの、すぐに拡大に転じ、高度経済成長期を迎えると縮小を始めた。戦争をはさんだ時期の格差縮小を、経済法則では説明できない制度的変化と戦災によるものとして例外扱いすれば、ここまではクズネッツ仮説どおりとみることも可能である。しかし一九八〇年以降になると格差の動向は反転し、明らかな拡大傾向をみせている。しかも近年のこの格差拡大は、ジニ係数のみならず、ここで取り上げたすべての指標で一様にみられるのだから、否定しようのない事実といわねばならない。

　そして格差のトレンドが大きく転換するのは、一九五〇年、一九六〇年、そして一九八〇年という、一〇年単位の区切りの年だった。しかもバブル経済のピークである一九九〇年、いわゆる就職氷河期が最悪期を迎える二〇〇〇年など、やはり一〇年単位で区切ることには、実質的な意味がある場合が多い。そこで本書では、次のように時期区分を行なうことにしたい。

　第Ⅰ期は、戦争直後の五年間である。この時期には、戦争による破壊と戦後改革などによって、格差の構造は激変した。**図表2・6**に示した一九四七年から五〇年までの数少ない指標からも、格差の大きさが短期間で揺れ動くようすをうかがうことができる。その変化の全体を簡単に把握できるような、信頼できる統計は存在しないが、手がかりはいくつも残されている。

　第Ⅱ期は、一九五〇年代である。この時期、いったん敗戦の衝撃と戦後改革によって縮小していた格差が、経済復興にともなって拡大した。

　第Ⅲ期は、一九六〇年代である。高度経済成長の始まりとともに、格差は縮小に転ずる。ただし縮小に転じる時期には指標によるタイムラグがあり、すべての指標で格差が縮小したといえるようになるのは、一九七〇年ごろである。

第Ⅳ期は、一九七〇年代である。格差に関する多くの指標は底に達し、あるいは底に達したあとの小変動を示している。いわゆる「一億総中流」の時代が始まったのである。

第Ⅴ期は、一九八〇年代である。この時期、格差は全体に小さかったが、一部の指標は上昇に転じ始めた。とくにジニ係数は、鋭い上昇カーブを描き始めている。格差拡大の幕開けである。

第Ⅵ期は、一九九〇年代である。ほぼすべての指標が上昇傾向をみせ、日本は格差拡大の時代に突入した。戦後日本社会は、新たな再編成期を迎えたのである。

二〇〇〇年以降になると、一九八〇年ごろに始まった格差拡大から二〇年以上が経過し、日本社会は大きく変質を始める。変質が始まるのが第Ⅶ期の二〇〇〇年代、変質が広がって巨大な新しい下層階級＝アンダークラスが全貌を現し始めるのが第Ⅷ期の二〇一〇年代である。

以下では、この時期区分にしたがって、各年度のＳＳＭ調査データを中心に、さまざまな統計と資料を用いながら、それぞれの時期の格差の構造と、格差がもたらしたさまざまな社会現象についてみていくことにする。

さて、幕開けは戦後の五年間である。この時期については、信頼できる統計自体が少ない。しかし戦後日本の出発点を明らかにするという意味で重要なので、断片的な統計をつなぎ合わせながら、また当時の世相に関する文書や作品なども援用しながら、他の章よりやや多めのスペースを使って論じることにしたい。

第3章

貧しさからの出発——敗戦から一九五〇年まで

1　戦争被害の格差

戦争は、多くの人命を奪うとともに、莫大な富の破壊をもたらした。しかし、こうした損害の大きさそのものと並んで、重要な問題がある。それは、戦争がすべての人々に同じように損害を与えたわけではないということである。この戦争被害にみられる格差が、戦後日本の格差構造の出発点だった。

空襲で被害を受けたのは、主に都市部の住民たちであり、農村の被害は少なかった。都市の内部でも、被害には地域による濃淡があった。こうして戦争は、破壊によって富の総量を減少させただけではなく、富の分布にも変化をもたらし、格差の構造を変化させたのである。また徴兵されて死地へと赴いたのは、主に限られた年齢層の男性だったが、その職業や学歴によって、徴兵のされ方は一様ではなかった。

少なくともいくつかの側面に関しては、戦争は、多くの災害がそうであるように、貧しい生活基盤しかもたない下層階級に、他の階級以上の大きな損害を与えたといっても間違いではない。このことは、東京における空襲の被害からみても明白である。

東京都民政局が行なった調査によると、東京大空襲直前の一九四五年二月、現在の東京二三区の人口は四九八万六六〇〇人だった。[1] 空襲による死者の数は正確にはわからないが、経済安定本部の推計によれば、東京二三区の戦災による死者は九万五三七四人（ただし東京大空襲以前のものを含む）である。[2] 両者の比率をとれば、死亡率は概算で一・九一％ということになる。ところが死亡率には、地域によって極端な差がある。東京の戦災による死者の大半をもたらした一九四五年三月一〇日の東京大空襲が、ほぼ山手線と江戸川にはさまれた区域にあたる下町を標的としていたからである（**図表3・1**）。とくに都心から隅田川を隔てた東側にある江東区では、二七万七八九六人の人口に対して、死者は判明した分だけで三万九七五二人。死亡率は、一四・三％に達する。次に高い墨田区は八・九％、台東区は四・二％である。住民の多くは、町工場で働く労働者や自営業者、雑多な職業に従

図表3·1
東京23区の戦災による死亡率

千代田	0.76%
中央	1.11%
港	0.49%
新宿	0.38%
文京	0.29%
台東	4.18%
墨田	8.88%
江東	14.30%
品川	0.24%
目黒	0.09%
太田	0.30%
世田谷	0.03%
渋谷	0.50%
中野	0.18%
杉並	0.09%
豊島	0.29%
北	0.56%
荒川	0.32%
板橋	0.29%
足立	0.08%
葛飾	0.08%
江戸川	2.36%
23区合計	1.91%

出典：東京都『東京百年史』、経済安定本部『太平洋戦争による我国の被害総合報告書』
[注]練馬区は1947年に板橋区から分離独立したため、ここでは板橋区に含まれている。

事する職人や労務者とその家族であり、全体に生活水準は低かった。

　これに対して被害が少なかったのは、目黒区、杉並区、世田谷区など、東京の西部の山の手と呼ばれる住宅地域である。この地域は、もともと東京近郊の農村地帯だったが、東京の拡大とともに都心へ通勤する新中間階級の住宅地となり、高学歴の知識人やホワイトカラーが多く住むようになった。その被害はといえば、世田谷区の場合、人口二七万二〇七三人に対し、戦災による死者は八一人[3]で、死亡率はわずか〇・〇三％。同様に目黒区と杉並区でも、死亡率は〇・〇九％にすぎない。東京大空襲は、戦前期からあった下町と山の手の格差を、さらに決定的なものとしたといっていい[4]。

　徴兵にも、格差があった。たとえば吉田裕は、徴兵において身体の強健度が重視された結果、「肉体労働に従事することの少ない地主やブルジョアジーの子弟、あるいは知識人層に属する者は、徴兵検査の段階でふるい落とされ」、「日々の過酷な労働のなかで鍛えられた頑健な肉体を持つ労働者や農民」が徴兵されることが多かった、としている[5]。また、旧制中学卒以上にあたる高校、専門学校、大学の在学者には、徴兵猶予の特権が与えられていた。この特権は四三年一〇月には原則廃止され、一二月から学徒出陣が始まるが、それでも理科系・技術系の在学生は入営延期となったし、幹部候補生制度によって短期間で士官に進む道も残されるなど、一部の特権は継続した。

徴兵の学歴による格差は、人々に傷跡を残した。戦争当時、エリートコースである旧制中学に進学しない多くの男子が進学したのは、青年学校である。ところが青年学校の教育内容のかなりの部分は軍事教練であり、卒業生は最前線を担う兵士となって、多くが戦死した。敗戦後、青年学校の関係者は、中学校と青年学校を一本化し、義務教育年限を延長する学制改革推進の先頭に立った。同様に多くの人々が学制改革を支持し、国会議員に六〇〇万通、ＧＨＱに二〇〇〇万通の嘆願書が寄せられたという。運動を担った関係者の一人は、次のようにいう。

「戦時中、青年学校生徒は次々と兵隊にゆき、まじめなやつほど早く死んでいった。中等学校出身は将校になり、青年学校卒はその弾除けといった複線型の教育の悲しさが、戦後の運動の原動力となった[6]」

それでは現実に、徴兵や戦争による死には、どの程度の格差があったのだろうか。ＳＳＭ調査には職歴を詳細に尋ねる設問があり、いったん職に就いたあとで兵役に就いた場合には、これが職歴に記録されるから、徴兵の格差について分析することができる。死んだ人は調査に回答することができないから、調査データから死亡率の格差を直接に検証する

図表3·2　1935年時の所属階級と兵役経験率

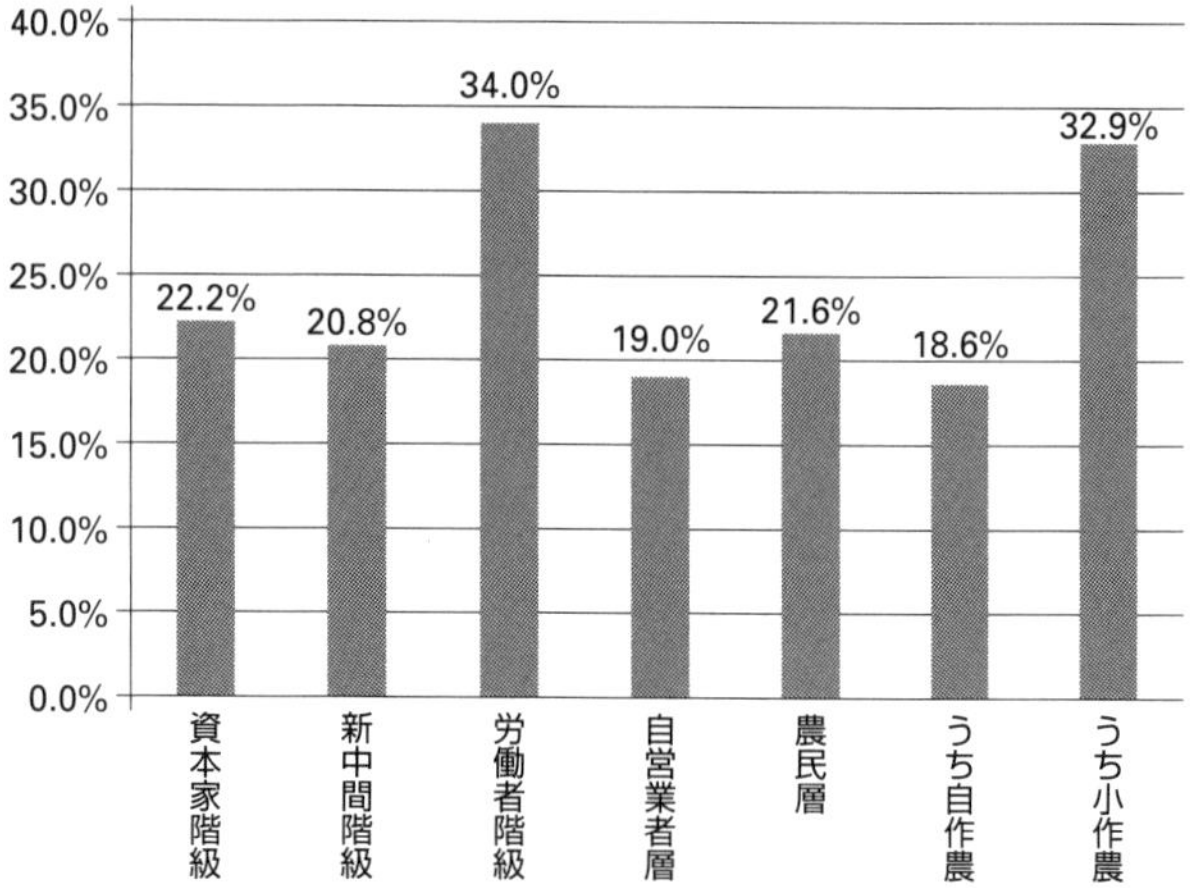

出典：1955年SSM調査データより算出。
［注］兵役経験率は、1935年以降に兵役を経験した人の比率。農民層の農地所有形態は、父親の農地所有形態から判断した。集計の対象は1955年時点で35-59歳だった者。

ことはできないが、手がかりはある。というのは一九六五年ＳＳＭ調査には、回答者の兄弟について、その生死に関わらず職業を尋ねる設問があるからである。

図表３・２は、一九五五年ＳＳＭ調査データにもとづいて、一九三五年以降に兵役を経験した人の比率を一九三五年時点の所属階級別にみたものである。集計の対象としたのは、調査時点で三五歳から五九歳、つまり一九三五年時点で一五歳から三九歳だった者である。兵役経験率は、所属階級によってかなり異なる。もっとも高いのは労働者階級で、三四・〇％までが兵役を経験している

図表3·3　兄弟の所属階級と死亡状況[%]

	生存	戦前死	戦中死	戦後死	合計
資本家階級	92.3%	0.0%	0.0%	7.7%	100.0%
新中間階級	89.7%	2.4%	5.6%	2.4%	100.0%
労働者階級	74.9%	6.4%	14.6%	4.1%	100.0%
自営業者層	88.2%	0.8%	4.2%	6.7%	100.0%
農民層	83.7%	2.2%	7.8%	6.3%	100.0%
合計	84.2%	2.8%	7.7%	5.3%	100.0%

出典：1965年SSM調査兄弟家族データより算出。
[注]分析対象は1965年時点で45-64歳の兄弟。戦中死は1937年から1947年の間の死亡。

のに対して、資本家階級、新中間階級、自営業者層は二〇%前後しか経験していない。農民層も二一・六%と低いが、小作農に限ってみれば、三二・九%までが兵役を経験している。

　学歴による徴兵率の違いについては、すでにSSM調査データを用いた研究がある。佐藤香は、一九六五年SSM調査データから、調査時点で四〇歳代の人々の兵役率が、初等・前期中等学歴で三七%であるのに対して、後期中等学歴では二一%、高等教育学歴では一一%と、学歴による明確な違いがあることを指摘している[7]。同様に渡邊勉もSSM調査データから、徴兵率には学歴・職業による差があり、高学歴者や上層ホワイトカラーは徴兵されにくい傾向があったが、戦争末期になると差がみられなくなると指摘している[8]。

　それでは、戦死・戦災死を含めて、戦争による死にはどの程度の格差があっただろうか。**図表3・3**は、一九六五年ＳＳＭ調査データから、回答者の兄弟の所属階級と死亡状況をみたものである。死亡時期は、回答者と兄弟の年齢差から推定したが、一―二年程度の誤差があるとみられること、また終戦直後の死亡は戦争と関連している可能性が高いことから、一九三六年までを戦前死、一九三七年から一九四七年までを戦中死、一九四八年以降を戦後死と分類した。分析対象は一九六五年に生存していた場合に四五歳から六四歳まで（つまり終戦時に二五―四四歳）となる兄弟である[9]。

　結果は明らかだろう。全体では戦中死の比率が七・七％だが、労働者階級に限れば二倍近い一四・六％である。資本家階級ではデータ上、戦中死が存在しない。新中間階級と自営業者層は戦中死の比率が低く、農民層は低いとはいえないものの労働者階級とはかなり差がある。このため戦争前後を含めた死亡率も、労働者階級は二五・一％と高い。戦争には階級的性格があり、とくに犠牲を強いられたのは労働者階級だったのである。

　だが逆に、戦時中に格差が縮小した側面もあった。なかでも重要なのは、都市と農村の格差が縮小したことである。

　二〇年代末から始まる恐慌は、とくに農村に大きな打撃を与えた。他の商品に比べて、農産物の価格下落が極端に大きかったからである。二六年には二・九六七円だった一〇キログラムあたりの米の小売価格は、二九年から急落して、三一年には約半分の一・五四三

図表3·4 男女間賃金格差の推移[製造業・男性＝100]

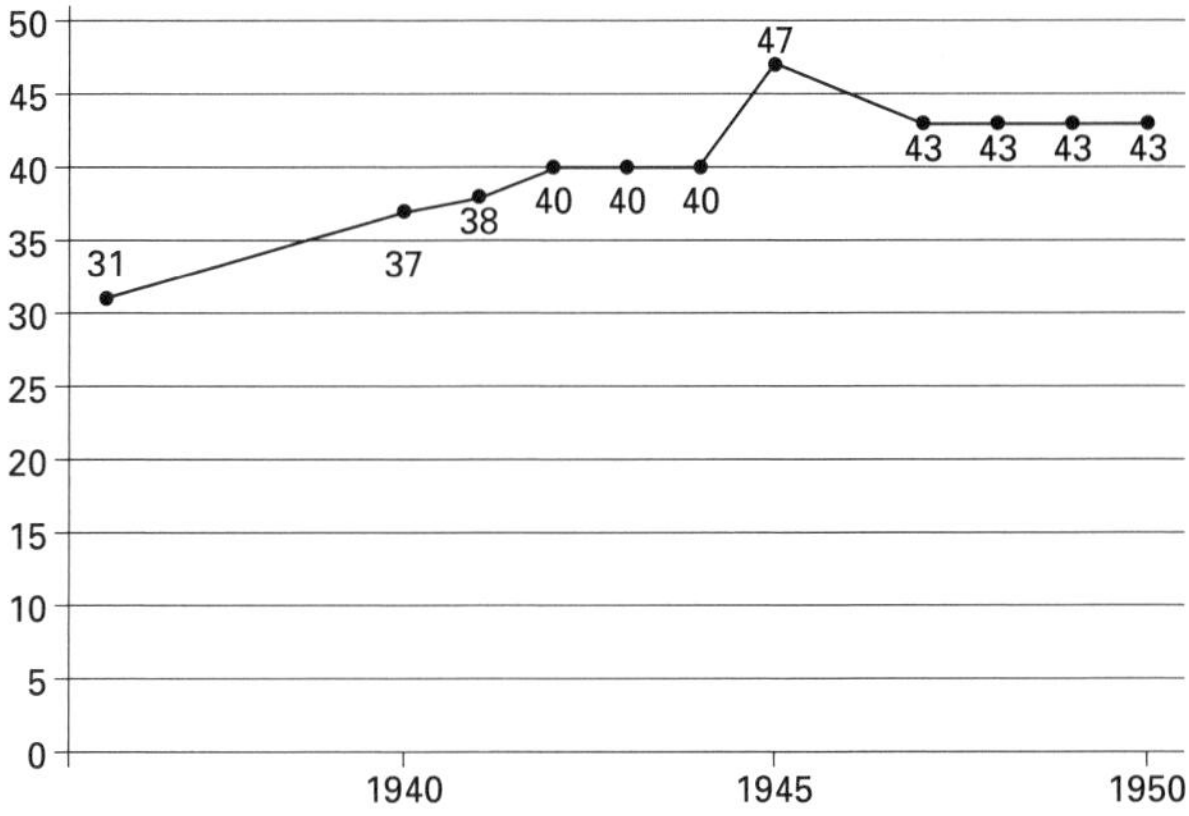

出典：1936-45年は法政大学大原社会問題研究所
『日本労働年鑑特集版 太平洋戦争下の労働者状態』による。原資料は、内閣統計局。
ただし、37-39年はデータがない。1946年以降は『昭和27年 労働経済の分析』による。
原資料は『毎月勤労統計調査』

円にまで下落する。[10] 麦や繭など他の主要な農産物価格も、五割前後下落し、農家経済は急速に悪化した。農家の農業所得は、二六年には自作が一三一二円、小作でも一〇二二円だったが、三一年には、それぞれ五一四円、二八七円へと激減した。[11] こうして戦時を迎える前に、都市と農村の間の格差は極大にまで達していた。

　ところが日中戦争が始まる三七年には、農産物価格はほぼ恐慌前の水準に戻り、しかも軍需工業の発展により、兼業によって収入を得る機会も増えたため、農家の収入は増加し、恐慌前を上回るようになった。さらに四〇年代になると、政府が食糧確保のため生産者米価を引上げたことから、経済状態はさらに好転した[12]。そして、空襲は都市の住民に大きな被害を与えたが、農村は大きな被害を受けることがなかった。こうして戦時下においては、全体としては物資の欠乏と貧困化が進行しながらも、都市と農村の格差は縮小に向かっていたのである。

また戦時体制のもとで、都市の内部でも格差の縮小がみられた。三八年の国家総動員法制定以後、政府による大規模な賃金統制が行なわれた上に、戦時下の労働力不足の結果として、賃金の職種間格差や企業規模間格差が、大幅に縮小していたからである[13]。さらに、男女間賃金格差も縮小傾向にあった（**図表3・4**）。男性を一〇〇としたときの女性の賃金は、三六年にはわずか三一だったが、四五年には四七にまで上昇した。これは、戦地へ赴いた男性の空白を埋めるため、女性労働者への需要が増加するとともに、より高度な職種への進出も進んだからである[14]。

2　戦争直後における格差の縮小

都市と農村の逆転

敗戦後も、都市と農村の間の格差は縮小を続け、部分的には逆転さえするようになる。それは、近代産業の生産力がなかなか回復しなかったのに対して、農業生産力の低下は、相対的に小さかったからである。

一九四四年の春ごろ以降、戦況の悪化にともなって日本の近代産業の生産活動は縮小し、しまいにはほとんど停止状態に陥る。三五―三七年の平均を一〇〇とした鉱工業部門の生産指数は、戦争直後には一割未満にまで低下した。生産設備のすべてが破壊されたわけではないし、復員と海外からの引揚げによって労働力はむしろ過剰になったが、原料と石炭、電力の不足により、生産活動の再開は困難だった。生産指数は徐々に上向き、四六年秋には三割程度にまで回復するが、その後は再び低迷する[15]。この状態は、もっとも基本的な生産財である石炭と鉄鋼の供給に最優先で資源を投入して生産力の回復をはかろうとする、傾斜生産方式が軌道に乗るまで続いた。このため労働者の実質賃金は、同じく三四―三六年平均を一〇〇として、四七年には三〇にまで低下し、家計の状況は極端に悪化していた[16]。

これに対して農業生産力は、肥料・飼料や農機具の不足などがあって、戦前に比べれば低下していたものの、その低下の程度は鉱工業に比べるとはるかに穏やかで、大凶作といわれた四五年でも戦前の六割程度、四六年と四七年も八割程度の水準を維持していた。[17] このため農家は、復員したり従来の職を失って、実家に身を寄せるようになった人々を受け入れても、なお都市の多くの人々に比べれば、まともな生活が可能だった。

さらに農家に余裕を与えたのは、食料のヤミ取引が拡大したことだった。当時は戦時体制の延長で、一部を除いて主要な食料のすべてが政府によって買い取られ、公定価格によって国民に配給されることになっていたが、実際には欠配・遅配が多く、食料の確保は困難を窮めた。このため、農家に直接出向くなどして農産物を違法に入手し、自家消費にあてたり、あるいはヤミ市で売りさばいたりするヤミ取引が横行した。政府はヤミ取引を取り締まったが、現実に多くの国民の生活がヤミ取引によって支えられているのは事実だったから、その大部分は黙認されていた。ヤミで取引される物資の価格や、ヤミ物資に対する家計支出についての統計も作成され、『経済白書』[18] にも再三にわたってヤミ価格、そして公定価格で購入される物資の価格とヤミ価格を総合した「実効価格」に関する分析が掲載されている。たとえば一九四七年一月から二月にかけて行なわれた調査によると、主食の消費量は一人一日あたり、わずか一二八二カロリーだったが、このうち公定価格で購入されたのは七二五カロリーで、生存水準をはるかに下回っていた。ヤミで購入されたのは五五七カロリーで、それぞれの価格は米換算の一キロあたりで、三・六四円と四三・一二円。両者の間には一一・九倍もの価格差があり、両者を総合した平均価格は一三・九〇円だったという。ちなみに支出額でみれば、公定が四八円、ヤミが二七七円で、ヤミへの支出が全体の八五％に達していた[19]。

　ヤミ取引では、農家と消費者の間に入って利益を得るブローカーが介在するケースも多かったが、直接に農家へ買い出しに出かける消費者も多かった。いずれにしても、ヤミでの取引価格は、公定価格よりはるかに高かったから、これによって農家は潤った。このように農家に余裕があったことは、統計からも裏付けられる。「農家経済調査」をもとに算出された数字にしたがえば、三四―三六年平均を一〇〇とした場合の四六年の農家所得は一〇九で、むしろ戦前期を上回っていた。農外所得は六〇と大幅に低下していたが、農業所得が一二二と大きく増えたからである。家計費は八二にとどまったが、おそらくこれは、買いたくても商品が手に入らなかったからであり、農家余剰は二三八と戦前の二倍以上に増加している[20]（後出の**図表3・6**参照）。物々交換で取引されることも多く、これによって農家は、衣料品や日用品なども手に入れた。当時、国民学校の五年生で東北地方の農村に住んでいた井上ひさしの回想によると、「都会から盆地へ買い出しの人たちがどっと繰り込んで来て、米や芋や南瓜や大豆と引き換えにとっておきの衣服をおいていく」ので、「農家の子どもの服装がにわかによくなった」という。[21]

漫画と映画にみるヤミ取引

こうしたヤミ取引や物々交換のようすは、当時の漫画や映画からもうかがえる。一九四六年から七四年まで新聞に連載された長谷川町子の漫画『サザエさん』は、戦後庶民生活誌ともいうべき貴重な記録だが、ここにも何度かヤミ取引に関する場面が登場する。ある日、サザエが道を歩いていると、先を歩く二人の男が、「ひきあげしゃは　ないとる！」「なっちょらん！」「せんじりとくしゃを　たたくべきだ！」「どうぎ　ちにおちた！」などと、戦争直後の社会の混乱や不正に憤っている。サザエは共感して微笑むのだが、二人の行き先は農家。そこで二人は、現金や電球と引き換えに米を入手しようとする。ヤミ取引の現場を目撃したサザエは、そこで「なっちょらん！」と憤慨するのである。[22]

とはいえサザエが、ヤミ取引はよくないという形式的な正義感に、いつまでもとらわれているわけではない。しばらく後のある日、サザエはカツオを連れて外出する。すると道ばたで大道芸人が、ハンカチをリンゴに変えてみせる手品を披露していて、カツオは不思議がるのだが、これに対してサザエは、「みておいで　そんなことネーちゃんにだってできるよ」と豪語する。二人の行き先はやはり農家で、サザエは風呂敷包みから着物を取りだし、引き換えに米を受けとって得意げな顔をしてみせるのだった[23]。

当時のヤミ取引やヤミ市についての新聞記事を検討した松平誠によると、戦中から戦後の早い時期には、こうした不正な取引が「闇」と呼ばれて否定的にとらえられていたが、後には庶民の生活に欠かせないものとみなされるようになり、「ヤミ」というカタカナ表記が定着していったという[24]。サザエのヤミ取引に対する態度の変化には、最初は不正なヤミ取引に義憤を感じながら、後にはこれを受け入れるようになっていった作者自身の、そして世論全体の変化が、反映されているとみることができる。

映画の例を、ひとつ取り上げよう。戦争直後に制作され、四五年暮れに公開された戦後最初期の映画「東京五人男」（本木荘二郎制作・斎藤寅次郎演出）は、占領軍の指導の下で作られた「民主主義啓蒙映画[25]」のひとつだが、撮影時期が時期だけに、復興どころかまだ一面の焼け野原にバラックが建ち並ぶ東京の姿がリアルに映し出され、コメディ仕立てながら配給所や国民酒場のようすもうかがえる貴重な記録である。ここにも、買い出しの場面が出てくる。

主人公を演じる古川ロッパ（緑波）は、食料を手に入れようと農家へと出向く。すると、向こうから紙飛行機が飛んでくる。よくみると、紙飛行機はなんと百円札で折られたものだ。金のあまった農家の子どもが、飛ばして遊んでいるのである。目当ての農家に着くと、娘は振り袖を着ており、息子はピアノの鍵盤を足蹴に鳴らして遊んでいる。ロッパが、おずおずと「何か食べるものはないでしょうか」と尋ねると、農家の主は高慢な態度で「あんたはなんぞをもって来なすったかな」という。「家内の形見なんですが」と着物を差し出すのだが、呼ばれた妻は「なんだこれ、綿製品でないけ。寝間着はちりめんに限る。こんなのぞうきんにしかならねぇよ」と言い放つ。次に腕時計を差し出すと、主は黙ったまま足下の行李を取りだし、腕時計が何十個も入っているのをみせる。しかたなく「これはどうでしょうか」と、自分の着ているスーツを示すと、主は畑を指さすが、その先にはモーニングを着せられた案山子が立っているのだった。そこへ娘がやってきて、グランドピアノを買ってくれとせがむので、主は「大きなピアノをもってきたら、何でも売ってあげる」と言い出すが、こうなるとロッパは、すごすご引き下がる他はない。

　もちろん喜劇映画らしい誇張表現なのだが、まったく現実離れしているというわけではない。というのも、これに類する証言は多いからである。敗戦当時、国民学校の五年生だった鴨下信一は、親に連れられていった買い出しについて、次のように書いている。

買い出しに連れて行かれるのはほんとうにイヤだった。農家の人たちは、僕はあえて書くのだが、これまで散々都会の人間に馬鹿にされてきたのだから、うんとこらしめてやろうという悪意に満ちていた。こちらから頼んでいるのだから、売れる売れないはたしかに向こうさま次第だが、あんなに侮辱しなくてもいいだろう、侮辱を我慢しなければ何も分けてもらえなかった。[26]

これに対して戦地から実家の農家に帰っていた渡辺清は、これまで「どん百姓」と馬鹿にされてきた恨みを、この機会に晴らしてやろうとする農民の言葉を、次のように記録している。

> 前にゃよ、真っ昼間から、白粉を塗りたくって、金目の長い着物きこんで、チャラチャラしてけつかって、おれらんことをどん百姓だ、田舎っぺえだんて、あたまからさんざんばかにしやがってよ。……。ところが、どうだいこの節、町場から買い出しにきやがるやつらの顔ったらざまはねえぞ。どいつもこいつも、青菜に熱湯でもぶっかけたみてえに青しょんぼくれて、空きっ腹かかえて、餓鬼みてえに泣きっつらこいてぺこぺこしやがって……やつらぁ、ここへ来て今までの罰が当ったんだ。ふん、いい気味さ。[27]

都市は、農村の憎悪に取り囲まれていたのである。

その他の格差縮小

戦災で職を失ったり、復員しても行き場のない人々のなかには、ヤミ取引で生計を立てる人々も多かった。消費者側の需要も多かったから、ヤミ取引はもうかった。こうして都市の駅前や広場・大通りには、農産物を始め、さまざまな生活物資を売る露店、つまりヤミ市が林立するようになった。露店や露店商を営む人々の数は正確にはわからないが、有力な手がかりになるのは東京露店商同業組合の組合員数で、一九四六年四月には六万三九〇五人、一日あたりの出店数は九〇九八店だった[28]。具体的な数字はわからないものの、実際にピークに達したのはこの年の二月で、このときの組合員数は七万人を超えていたといわれる[29]。ただし、これらの数字はあくまでも露店商同業組合加入者数であり、加盟しない「モグリ」や、朝鮮人・中国人・台湾省民（いわゆる「第三国人」）は含まれていないから、実際の出店数はさらに多かった。『東京百年史』は、この時期にはヤミ業者の露店が「本来の卸・小売店数を上回るほどになった」としている[30]。

ヤミ市を販売ルートとして、いち早く生産活動を再開したのは、中小零細企業だった。

大企業の多くは、軍需に全面的に依存していたために大きな打撃を受けた上、占領軍から賠償工場の指定を受けて操業再開が不可能になるケースも多かった。これに対して中小零細企業は、早い時期から生産を再開したり、民需への転換を果たし、大企業に先んじて活動を始めたのである。四五年一〇月一〇日現在の調査によると、操業している工場の割合は、従業員一〇人未満では五九・八％、一〇人から九九人では六三・三％だったのに対し、一〇〇〇人以上では四四・六％にすぎなかった[31]。さらに新規参入する中小企業も多かったから、製造業における中小企業の比重は高まった。四六年の製造業生産総額に占める従業員九九人未満の工場の生産額の比率は六七・五％で、戦前の二倍近くにも達していた[32]。

このことは、賃金にも反映された。全国的な統計ではないが、大阪で行なわれた調査によると、大工場（二〇〇人以上）を一〇〇とする中小工場（三〇―九九人）の賃金水準は、四六年一一月には一五一にも達している。これはやや例外的な時期とみられるが、翌四七年は年間を通じてほぼ一〇〇前後の水準にあり、大企業と中小企業の賃金格差は消失していたと考えられる[33]。

同様に産業別賃金格差の構造も、この時期は例外的な様相を示していた。ヤミ物資とともに、中小企業で生産された物資を扱う卸売・小売業が、相対的に活況を示したからである。四七年の産業別賃金（製造業＝一〇〇）をみると、傾斜生産方式で優遇されていた鉱業が一四四・四、ガス・電気・水道業が一三六・三と高かったのは当然だが、卸売・小売業がこれに次ぐ一三二・八となっていた[34]。賃金が高かったというのは、それだけ労働力をひきつけたということで、四七年の『経済實相報告書』（経済白書）はこうした現状について、「骨の折れる生産的な職場はきらわれ、安易な職場や商品売買の部面に労働力が集中し、生産の不振に拍車をかけ、経済の回復をますます遅らせることになる[35]」と、いらだちを隠していない。五〇年以降の産業別賃金格差は、金融・保険業の賃金水準が急上昇し、逆に卸売・小売業が急落する形で、全体として拡大していくのだが、この時期はその前の、もっとも格差の小さい時期にあたっていた。

さらに男女間賃金格差（男性＝一〇〇）は、すでに**図表3・4**で示したとおり、戦争末期の一九四五年に比べればやや拡大したものの、一九四四年までに比べれば縮小したままの水準で推移している。このように戦争直後の日本では、戦後改革による格差の縮小をまつまでもなく、すでに格差が小さくなっていたのである。

3　戦後改革と格差の縮小

農地改革

とはいえ、戦後行なわれたさまざまな改革と、これに関連して実行された多くの政策が、格差を縮小させるのに貢献したことは間違いない。なかでも第一にあげなければならないのは、農地改革だろう。戦後まもない一九四五年一一月、すでに農林省は自主的に農地改革案を作成していたが、占領軍の勧告によりさらに徹底したものに改められ、これにもとづく法案が四六年一〇月に成立、ただちに手続きが開始された。その主要な内容は、①すべての不在地主（小作地と同一市町村に居住していない所有者）の農地と、在村地主の一ｈａ（全国平均、北海道は四ｈａ）を超える小作地を強制買収の対象とし、小作農に売り渡す、②買収価格を、水田は賃貸価格の四〇倍、畑地は同じく四八倍とし、同じ価格で小作農に売り渡す、というものだった。そして激しいインフレの最中だったにもかかわらず、この買収価格は固定されたままだったから、小作農はきわめて安い価格で農地を手に入れることができた。水田の例でいうと、その価格は四六年の場合、同じ面積の水田から一年に収穫できる米の価格の六割程度、四七年では二割弱にすぎなかったという[36]。しかも、年利三・

二%、最大三〇年の年賦で支払うことも可能だったので、小作農の負担はきわめて軽かった。

　農地改革の効果は、劇的だった。農地改革前の四五年と五〇年を比較すると、全国に二三六・八万ｈａあった小作地は五一・五万ｈａ、農地総面積に占める比率でいえば四五・九%から九・九%にまで激減した。[37] 農家戸数は四六年と五〇年の比較になるが、小作農は一六三・七万戸（全農家戸数の二八・七%）から三一・二万戸（五・一%）に激減、部分的に自作を行なう小自作農を含めても七二・三万戸（一一・八%）にまで減少した。自作農は一八六・九万戸（三二・八%）から三八二・二万戸（六二・三%）に増え、部分的にのみ小作を行なう自小作農を加えれば五四一・二万戸で、全体の八八・二%を占めるに至った。[38] 農地の売り渡しはその後も続き、小作農は一九五五年には二三・九万戸、一九六〇年には一七・八万戸にまで減少する。

　農地改革が、農業の生産性そのものに貢献したかについては、見解が分かれる。ロナルド・ドーアは『日本の農地改革』（五九年）で、「自明の要因であるが、自作農は小作農よりも、進歩を取り入れ、土地の肥沃度を保つのに熱心である」とし、農地改革が農業生産性の向上に貢献したと結論した。[39] 同じような見解は、今日でもしばしば見受けられる。これに対し、戦前期の自作農と小作農を比べた場合、両者の生産性には差がなかったことか

図表3·5　戦前と戦後の農家諸負担

	1934-36年		1953年	
支払小作料	168円	(16.7%)	633円	(0.2%)
租税公課	58円	(5.8%)	24,874円	(8.2%)
計	226円	(22.4%)	25,507円	(8.4%)
農家所得	1,008円	(100.0%)	302,663円	(100.0%)

出典:『年次経済報告』(1955年)より。

ら、農業生産性そのものには影響がなかったとする見解もある。[40]

しかし、いずれにしても、小作から自作に転換した農民たちは豊かになった。小作料の重い負担を免れたからである。**図表3・5**は、戦前と戦後の農家の経済状態を比較したものである。戦前の農家は、自作と小作が合算されているにもかかわらず、所得の一六・七%までを小作料として支払っていた。税の負担は戦後よりやや軽く五・八%だったが、合計すると二二・四%で、負担はきわめて重かった。これに対して農地改革が完了したあとの五三年では、支払小作料はわずか〇・二%で、税を含めた負担は八・四%にすぎない。このため農業の生産性にかかわらず、農家の経済状態は大幅に改善したのである。

図表3・6は、敗戦から五三年までの戦後の都市と農村、あるいは労働者世帯と農家の経済状態の推移を、三四―三六年と比較する形で示したものである。鉱工業生産の回復とともに、製造業の実質賃金も回復するが、それでも戦前水準を超えるのは五二年になってからで、五三年でも一〇七にすぎない。このため都市世

図表3·6　戦後復興のあゆみ

	農業生産	鉱工業生産	実質賃金（製造業）	実質農家所得	消費水準（全国）	消費水準（都市）	消費水準（農村）	実質農家家計費
1934−36年平均	100	100	100	100	100	100	100	100
1946年				109				82
1947年	75	35	30	110		55		97
1948年	86	46	49	113		61		98
1949年	93	60	66	79		65		93
1950年	99	73	85	96		70		100
1951年	99	101	92	105	84	69	107	109
1952年	111	108	102	117	95	80	118	121
1953年	97	132	107	125	106	94	125	129

出典：労働省労働統計調査部『戦後労働経済史（資料編）』。
農業生産のみ1933-35年を100としている。
実質農家所得・実質農家家計費は『年次経済報告』（1955年）より。

帯の家計費（消費支出）の回復も遅く、五三年になっても、まだ戦前の水準に達しない。これに対して農家の家計費は、五〇年にはもう戦前の水準を回復し、五三年には戦前の三割増しに達する。もちろん、戦前期の農家の所得は都市世帯を大きく下回っていたし、当時の都市世帯と農家では、家族の数も、また消費の内容も大きく異なっていたから、生活水準の比較は難しい。しかし五二年の『経済白書』は、戦前農村の消費水準は都市の六―七割程度と推定されることから、都市と農村消費水準はほぼ同等になったとの判断を示し、翌年の『経済白書』も、これを再確認している。

　農地改革は、農地という経済的資産の配分を劇的に変化させ、さらに所得分布も大幅に平等化する効果をもったが、日本社会の格差構造に与えた影響は、これだけではない。というのは、日本の階級構造を大きく変化させるとともに、階級構造のその後の変化に重要な条件をつくり出したからである。

第一に農地改革は、「半封建的」とも呼ばれる前近代的な支配関係のもとにあった小作農という下層階級を、ほぼ根こそぎにして独立した農民層、つまり近代資本主義社会の構成要素としての旧中間階級へと移動させた。近代資本主義社会に典型的な、資本家階級と労働者階級の二大階級に新旧二つの中間階級を加えた、四階級図式が無条件で日本社会に適用できるのは、これ以降のことである。

第二に農地改革は、その後の日本の経済発展と、これにともなう階級構造の変化のための、重要な前提条件をつくり出した。農家世帯の生活水準は向上し、耐久消費財の普及やマスメディアの浸透、学校教育の普及などの変化に、農民たちは都市の住民たちから大幅に遅れることなく、対応できるようになった。こうして農家世帯の内部から、近代的な労働者階級の担い手としての資質をもつ多数の労働力、とくに若者たちが育ってくる条件が整えられたのである。

ただし、農地改革の限界についても触れておく必要がある。一ｈａまでの小作地の所有が認められたこと、山林が対象外とされたことなど、不徹底の部分に対する批判はこれまでも多かったが、それ以上に深刻な問題があった。それは、地主・自作・小作の間に長年にわたって維持されてきた格差は、農地改革後もその後の世代に大きな影響を与え続けたということである。詳細は次章に譲るが、一九五五年SSM調査データによれば、農民層の学歴や年収は、父親の農地所有形態によって大きく異なっていた。また農民層から流出して他の階級に所属するようになった人々の間にも、父親の農地所有形態による大きな格差があった。このように地主―小作関係は、戦後になっても依然として、格差の重要な基盤であり続けたのである。

華族制度の廃止と財産税

農地改革と同様に、政策的かつ強権的に格差の縮小をもたらしたのは、華族制度の廃止と財産税の導入だった。

華族は、明治維新直後の一八六九年、従来の公卿と大名を、士族や平民より上の貴族的階級に位置づけるものとして設置され、さまざまな政治的・経済的特権を与えられていた。士族が早い時期に特権を失い、単なる戸籍上の呼称となっていたのに対し、華族は貴族院議員の議席の大部分を占めたなど、実質を備えた特権階級として存在していたが、日本国憲法の施行によって消滅した。こうして日本には、皇室は別として、経済的資源の所有によってではなく、法令によって定められて成立する特権階級は、存在しなくなった。

華族制度の廃止は、制度的な特権階級の消滅という意味で大きな変化ではあったが、社会全体の格差構造を変化させたという意味で、より影響が大きかったのは財産税の徴収である。財産税は、四六年一一月一一日に公布された財産税法にもとづいて、同年三月三日午前〇時の時点で所有していた財産について、一回限りで徴収された臨時財産税である。課税対象とされたのは、預貯金、債権、土地・家屋などはもちろんのこと、年金保険、書画・骨董や家財道具にまでおよび、課税最低限は一〇万円で最低税率は二五％、最高税率は一五〇〇万円以上の九〇％だった。当時と現在の資産価値の比較は難しい。国家公務員初任給は約三〇〇倍、米価は約一〇〇倍になっているなど、賃金と消費財の価格は二〇〇倍程度の上昇と思われるが、地価や家賃はそれ以上に値上がりしており、たとえば東京駅前にある丸ビルの賃料は、四六年当時三・三平方メートルあたり三一円だったというから、現在とは約三〇〇〇倍の差がある。[41] 仮に資産価値の差を五〇〇倍とすれば、一〇万円の課税最低限は、現在の五〇〇〇万円相当となる。

図表3·7は、財産税の課税状況を示したものである。財産税は、申告漏れや修正のため四八年以降に課税された部分が全体の一・五％程度あるが、ここでは四六―四七年分のみを示した。納税者は四六万六七七八人だが、これは世帯を代表して納税した人の数だか

図表3·7 財産税の課税状況［1946-47年分］

	税率	納税者数［人］	課税価格［100万円］	税額［100万円］	実効税率
10万円−11万円以下	25%	55,951	5,884	72	1.2%
12万円以下	30%	49,135	5,658	199	3.5%
13万円以下	35%	41,366	5,179	303	5.8%
15万円以下	40%	63,984	8,956	831	9.3%
17万円以下	45%	46,039	7,354	984	13.4%
20万円以下	50%	48,572	8,963	1,616	18.0%
30万円以下	55%	77,964	18,937	5,036	26.6%
50万円以下	60%	49,409	18,756	7,103	37.9%
100万円以下	65%	24,796	16,729	8,171	48.8%
150万円以下	70%	5,179	6,233	3,539	56.8%
300万円以下	75%	3,239	6,473	4,097	63.3%
500万円以下	80%	722	2,732	1,908	69.9%
1500万円以下	85%	375	2,834	2,172	76.6%
1500万円超	90%	47	5,147	4,567	88.7%
合計		466,778 (1,658,827)	119,836	40,599	33.9%

出典：大蔵省財政史室編『昭和財政史 第19巻』より算出。納税者合計の括弧内は同居家族数。
軽減免除税額・加算税額・追徴税額を含まない。

ら、ほぼ納税世帯数とみなしていい。当時の世帯数は約一六五九万だったから、納税世帯の比率は約二・九五%である。この他に同居家族が約一六六万人おり、合計して約二一三万人が財産税の影響を直接に受けたことになる。課税ベースになった資産は約一一九八億円、課税額は約四〇六億円で、実効税率は三三・九%だが、一五〇〇万円超の超富裕層では八八・七%に達した。財産評価から納税までには約一年の期間があったから、インフレで実際の負担率が低くなる場合もあったが、財産の多くは換金することの難しい土地・家屋や有価証券だったために物納された。

参考までに、広い意味では財産税の一種である相続税と比較してみよう。二〇一七年の場合、相続税の発生した被相続人は一一万一七二八人で、課税価格が一五兆五八八四億円だったのに対し、納付税額は二兆一八五億円で、実効税率は一二・九％である。財産税の納税世帯数は約四倍、実効税率は約三倍である。財産税の効果が、いかに大きかったかがわかる。

財産税によって没落した富裕層の姿は、いくつかの文学作品にも残された。もっともよく知られているのは、太宰治の小説『斜陽』（四七年）で、「斜陽族」は流行語にもなった。主人公は三〇歳間近の女性・かず子。華族の家柄ではあるが、父親は他界し、弟は戦地から帰らず、東京・山の手のお屋敷町で母親と二人で暮らしている。父親の残した財産で生活を続けていたのだが、預金の封鎖と財産税で財産が尽き、やむを得ず屋敷を手放して、伊豆の山荘に移り住む。やがて弟が戦地から帰ってくるのだが、母親に金をねだって東京へ出かけては、遊んでいるばかりだ。かず子も、まともな職業になど就いたことはないし、務まりそうにもない。少しずつ着物を米に換えて暮らす他はない。

お昼すこしすぎ、雨の中を下の農家の娘さんが、お米を背負って持って来ました。そうして私の方から、約束どおりの衣類を差し上げました。娘さんは、食堂で私と向かい合って腰掛けてお茶を飲みながら、じつに、リアルな口調で、

「あなた、ものを売って、これから先、どのくらい生活して行けるの？」

と言いました。

「半歳か、一年くらい。」

と私は答えました[42]。


そしてしばらく後、母親は結核で亡くなり、弟は「姉さん。僕は貴族です」という遺書を残して自殺するのだった。ちなみに太宰の生家は青森県の大地主・津島家で、父親は華族ではないものの多額納税者代表として貴族院議員を務めたことがある。

映画作品では、「安城家の舞踏會」（吉村公三郎監督・四七年）が知られる。主人公の安城敦子（原節子）は、かつて四三万石を誇った大名の流れをくむ華族・安城家の次女。しかし安城家は、華族制度の廃止と農地改革、財産税によってすべてを失い、長年住み続けた洋館も、人手に渡ろうとしている。そこで当主の忠彦（滝沢修）は、安城家の最後を飾るため、華やかな舞踏会を催した。集まったのは、同じような没落貴族たち、令嬢や友人たち、そして戦後の混乱で成り上がった二人の経営者、新川（清水将夫）と遠山（神田隆）で

ある。来客を前にして、この家から嫁いでいった叔母が、かつてここで舞踏会が開かれ、西園寺首相と内閣の面々、伊藤博文などが踊ったのだなどと過去の栄華を懐かしんでいるのをよそに、忠彦は別室で、借金相手の新川に援助を懇願するのだが、新川は、今夜限りでこの屋敷はいただく、この屋敷はダンスホールにするつもりだと、冷たく言い放つ。

別の場所では、もとは安城家で運転手をしていた遠山が、長女の昭子（入江たか子）に愛を告白する。しかし、昭子の態度は冷たい。

「華族が廃止になりゃあ、私もあなたと同じ人間なんですよ。もう差別はないじゃありませんか。」

「華族はなくなったわ。だけど、やはり昭子の心は貴族よ。」

「昭子さま、その心をお捨てになってください。お願いします。」

昭子は、遠山をその場に残して走り去る。

泥酔して荒れた遠山は、トランク一杯分の現金を敦子にもたせて新川にたたきつけ、あっけにとられる客人たちを前に演説する。

「俺は遠山庫吉だ。たった今、この家を買ったんだ。お上品な皆さん、下品で汚いこのわしが、この家を買ったんだぞ。あなた方のお仲間に入れてもらえない運転手風情が、この家を買ったんだ。」

「昭子さま、どうぞ、お幸せに」と言い残して、その場を去った遠山を、昭子が追いかける。途中で足をとられ、海岸の坂を転げ落ちるが、倒れた場所に真珠のネックレスと脱げた靴を残し、立ち上がって遠山のあとをついていく。一方、屋敷では舞踏会のすべてが終わり、「生涯はもう今夜で終わったんだ。もう生きていく元気がすっかりなくなったんだよ」という父親に、敦子は「これからみんなで新しい出発をしようじゃございませんか」と語りかけるのである。

ちなみに監督の吉村公三郎は、実際に邸宅を占領軍に接収されることになった鎌倉の華族が、名残りに開いた舞踏会に招かれたことがあり、その経験からこの作品を着想したのだという[43]。

工職間身分撤廃

農地改革や財産税のような上からの改革ではないが、さらに重要だったのは、労働組合による経営民主化闘争、とくに身分差別撤廃闘争である。

労働組合の結成と組織拡大は、戦争直後から急速に進み、一九四六年末にはすでに組合数一万七二六五、組合員数四八四万九三二九人に達していた[44]。当時の労働組合がもっとも重視したのは、生活保障のための要求と並んで、工員と職員の処遇格差、つまり差別をなくすことだった。ここでいう工員と職員は、それぞれブルーカラーとホワイトカラーのことだが、当時は戦前から続いていたさまざまな差別のため、独特のニュアンスをもつ身分的な呼称の性格が強かった。たとえば、工員が時給・日給制あるいは出来高給であるのに対して社員は月給制と、給与体系がまったく異なっている上、賞与の算出基準もまったく異なっていたため、両者の間にはきわめて大きな賃金格差があった。また、提供される住宅の種類がまったく異なっていたり、工員には身体検査や所持品検査に応じる義務があるなど、差別的な処遇がはっきりしていた[45]。

実際に、工員と職員の間にはどの程度の格差があったのか。石田光男によると、一九三〇年代のある製紙会社では、男性普通工の年収が六二六円だったのに対して、正社員の年収は二四六三円で、両者の間には三・九三倍の格差があった[46]。また田中慎一郎によると、王子製紙における一九三四年の男性正社員の平均月給は一三二円、賞与は八〜一〇ヶ月分だったのに対して、男性普通工の平均日給は一・六七円、賞与は半期で二四・五日分だった。正社員の賞与を九ヶ月分、工員の勤務日数を年間三〇〇日とすれば、それぞれの年収は一八四〇円、五八三円となり、格差は四・七六倍である[47]。

　これに対して多くの組合は、工員と職員の平等な処遇を要求した。このときの労働組合が、工員と職員が同一組織に同じ資格で加入するものだったということは重要である。戦前の労働組合は、基本的に工員だけの組織だったし、また世界的にみてもホワイトカラーとブルーカラーが同じ労働組合に組織される例は多くない。ところが戦後日本では両者が同じ労働組合を組織し、しかも職員が組合員のかなりの割合を占め、指導的立場を担うことも多かったのである[48]。工員と職員の平等な処遇を要求することは、これまで優遇されていた職員にとっては不利のようにも思える。ところが身分制度撤廃を求める声は強く、「優遇されている社員層においてもこの点を強く支持しており、逆に工員層より強い、という感すらあった」という[49]。こうして工員と職員は、いずれも「社員」という、少なくとも建前上は対等な身分にあるものとされるようになった。

　この結果、工員と職員の賃金格差は縮小した。『毎月勤労統計調査』から、製造業で働いていた男性の管理事務職と生産労働者の賃金（月額）をみると、一九四七年にはそれぞれ二五九〇円と一九五五円で、格差は一・三二倍、一九五二年には二万二一一〇円と一万五〇〇八円で、格差は一・四七倍だった。この統計は、多数の企業のさまざまな役職の平均値なので単純には比較できないが、格差が大幅に縮小したことがわかる。

　この結果、日本の企業ではブルーカラーとホワイトカラーの間の経済的・社会的格差が小さくなり、職種や資格に差はあっても、同じような身分保障と福利厚生を享受するようになった。この経営民主化が社会全体の格差縮小をもたらしたこと、また社会全体にある種の平等意識を広げる役割を果たしたことは間違いない。もっとも、このように格差が小さい待遇のもとにおかれるのは、主に一定規模以上の企業の男性正社員に限られ、ほとんどの女性と非正規労働者は除外されていた。この、ある程度まで平等な男性正社員たちと、それ以外の人々という構造は、その後の日本の経済格差に大きな影を落とすことになる。

4　戦争をはさんだ社会移動

一年単位でみた社会移動

　戦争は、平時にはない大量の社会移動を引き起こした。戦時体制の成立、軍需産業への動員、兵役、そして戦災による破壊、軍需産業の崩壊などの外的な要因により、多くの人々は社会的地位を失い、別の地位への移動を余儀なくされたからである。上でみたような格差の縮小を、人々は必ずしも戦前と同じ社会的地位で経験したわけではない。職を失った労働者が生まれ育った農村に戻り、そこで農地改革を経験したり、除隊して復職した職員が、そこで工職間の身分差別撤廃を経験するなど、多くの人々は、移動先の新しい地位で、戦後の新たな格差の構造に組み込まれたのである。ここで、戦争をはさんだ社会移動のようすについてみておこう。

ＳＳＭ調査では、これまでのすべての職歴を尋ねている。いったん職に就いたあとならば、兵役や無職の期間も把握できる。だから人々の社会的地位を一年単位でとらえ、人々の社会移動のようすを、一年ごとの移動量で把握することができる。その基礎となるのは、一年単位の世代内移動表である。**図表3・8**はその例で、一九四四年時点と一九四五年時点の階級所属の関係を示したものである[50]。表頭に示した一九四五年時点の階級所属は、階級五分類に兵役を加えたものである。表側の一九四四年時点では、初職入職者の動向を含めるため、さらに職業経験のない若年者だったことを示す「生徒・学生等」というカテゴリーを追加してある。就業経験のない若者が直接に応召した場合の兵役は職歴に含まれないので、「生徒・学生等×兵役」の部分には、論理的にケースが存在しない。また生徒・学生等は、移動元にはなっても、移動先になることがない。通常の移動表とは少し異なる

図表3·8　1944年から45年の1年間移動表

1944年時点の階級所属	1945年時点の階級所属：資本家階級	新中間階級	労働者階級	自営業者層	農民層	兵役	合計
資本家階級	52	0	0	2	1	0	55
新中間階級	4	168	7	6	7	5	197
労働者階級	4	7	260	21	32	10	334
自営業者層	1	2	4	176	5	1	189
農民層	0	0	0	0	465	3	468
兵役	1	12	18	17	33	157	238
生徒・学生等	3	12	15	2	23	−	55
合計	65	201	304	224	566	176	1536

出典：1955年SSM調査データから算出。全年齢層。

ので、ここでの移動指標の計算の仕方を確認しておこう。

総数は、一五三六人である。このうち移動のなかった人、つまり両時点で同じ階級に所属するか、ともに兵役だった人の総数は一二七八人である。これに対して移動があった人は、初職に参入した人々を含め二五八人で、これを全体の一五三六人で割ると、〇・一六八となる。つまりわずか一年間に、六人に一人以上が移動したということになる。これは移動した人の比率だが、生徒・学生等からの参入を含み、通常の事実移動率とは異なるので、全移動率と呼ぶことにしよう。

この全移動率の内訳を、次のように分割して示すことにしよう。移動先に注目して、それぞれのカテゴリーへ、生徒・学生等も含めて他のカテゴリーから移動してきた人々の数に注目する。一九四五年は戦争が終わった年だが、終戦までの間に召集され、そのまま復員できなかった人々がいるから、兵役へ移動した人が、新中間階級から五人、労働者階級から一〇人、自営業者層から一人、農民層から三人、合計一九人いる。これを全体の一五三六人で割った〇・〇一二四を「応召率」と呼ぶことにする。

五つの階級については、それぞれの階級へ他から移動してきた人々の数を全体で割り、これをそれぞれの階級の「入移動率」と呼ぶことにする。たとえば新中間階級についてみれば、労働者階級から七人、自営業者層から二人、兵役から一二人、生徒・学生等から一二人、合計三三人が加わっている。したがって新中間階級入移動率は三三÷一五三六＝〇・〇二一五となる。同様に他の階級についても入移動率を計算すれば、応召率と合わせて、全移動率の内訳を示したことになる。

これを各年ごとに計算し、面グラフで示したのが**図表3・9**である。合計にあたる面グラフのいちばん上の縁が全移動率を示し、内部を色分けしたそれぞれの部分が、応召率と各階級への入移動率を示している(51)。

全移動率は、日中戦争が始まった一九三七年に急上昇し、太平洋戦争の始まった一九四一年にはさらに上昇して、一九四五年にピークを迎えるが、以後は急速に低下していく。内訳をみると、まず一九三七年に応召率、一九三七年から三八年に労働者階級入移動率が

図表3·9　1936-50年の1年間入移動率とその構成要因
[学校等から初職への移動を含む]

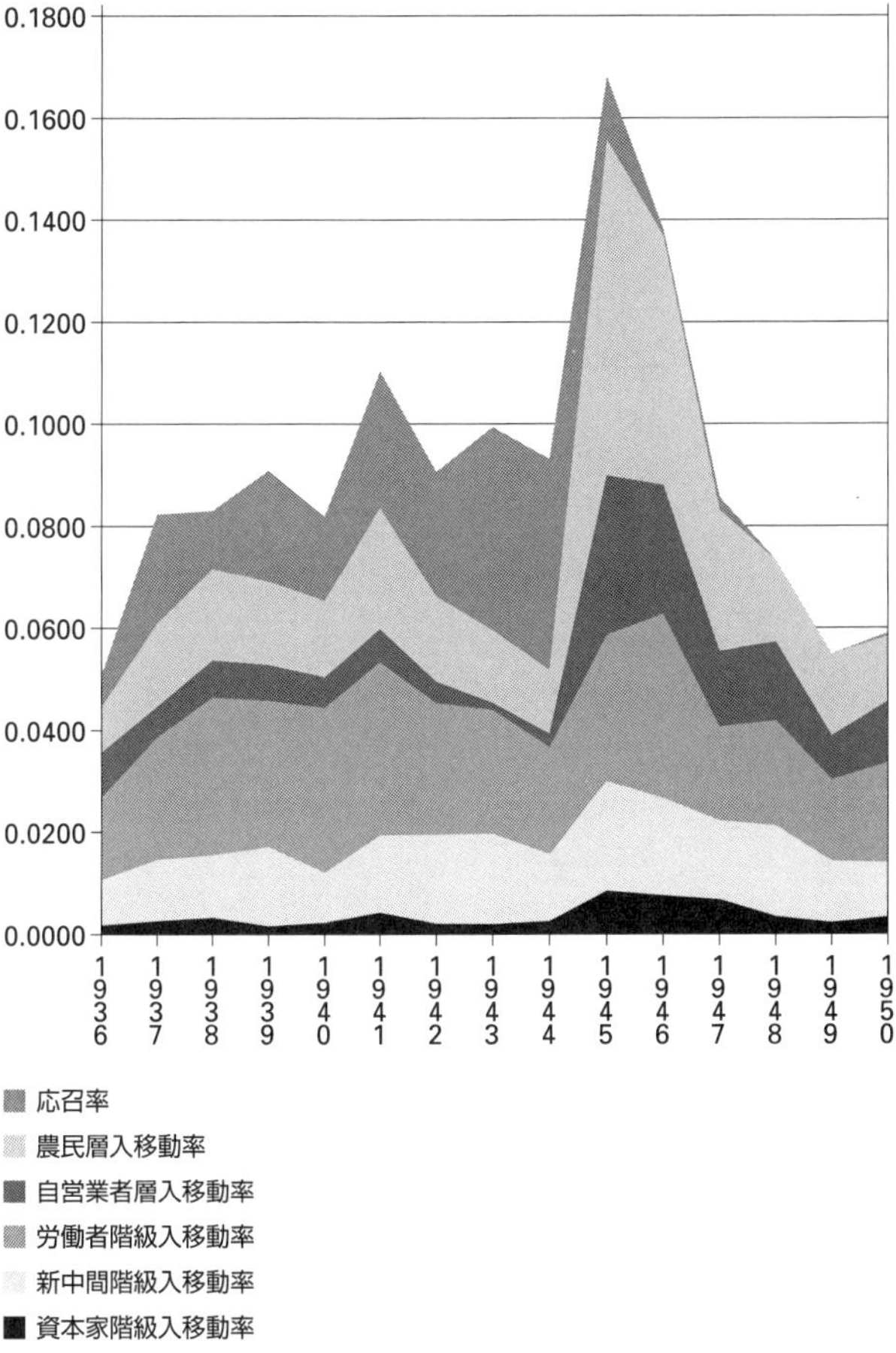

出典：1955年SSM調査データより算出。全年齢層。

急上昇し、いずれも一九四二年まで高水準を保つ。しかし一九四三年と四四年には応召率が極端に上昇し、そのあおりで労働者階級入移動率など各階級の入移動率が低下して、自営業者層入移動率はほぼゼロとなる。そして四五年になると復員のため各階級の入移動率、とくに農民層入移動率と自営業者層入移動率が急上昇する。労働者階級入移動率もかなり大きくなるが、そのかなりの部分は兵役からの移動である。資本家階級入移動率は、絶対数は多くないものの急増しており、戦後の混乱のなかで起業した人々が多かったことをうかがわせる。一九四九年になると各階級への入移動が沈静化して、ほぼ日中戦争開戦前の水準に戻る。戦争とその後の混乱が、いかに多くの社会移動をもたらしたかが、よくわかる。

　とりわけ多かったのは、出身地の農村に戻り、農業に従事した人々である。戦前期の日本の農業は、三〇年ごろまで規模の上ではきわめて安定しており、農家戸数は五五〇万戸、農業従事者数は一四〇〇万人前後で、ほとんど変動がなかった。戦争が始まると、動員などによって農業従事者数がわずかながら減少し、四〇年の農家戸数は約五四八万戸、農業従事者数は一三五六万人になった。ところが敗戦後の農業従事者数は、四六年が一八四九万人、五〇年が一九三二万人と激増する。職を失った人々や、復員者・海外引揚者が、実家の農家などに身を寄せて農業に従事するようになったからである。農地の分割によって新しく生まれた農家も多く、五〇年には農家戸数が六一八万戸にまで増加した（後出の**図表5・6**参照）。これらの人々はもともと農民層出身で、そのかなりの部分は、戦争による破壊がなければ他の階級へ移動していたはずの人々である。

ヤミ市を通じた自営業者層への参入

「安城家の舞踏會」に登場する新川や遠山ほどの成功者は、ごく一握りだったが、戦後の混乱期に新しい事業を始め、転身した人々は多かった。ヤミ市に露店を開くなどすれば、簡単に開業できたからである。

先に述べたとおり、一九四六年二月前後のピーク時には、東京露店商同業組合の組合員だけで七万を超える露店の出店があった。同じ年の七月に行なわれた調査から、出店者の社会的属性をみたのが、**図表3・10**である。出店者のうち、親分子分の関係によって組織された職業的な露店商である的屋（テキヤ）は一九・五％にすぎず、しかもその大部分は戦災者および復員軍人である。その他は、さまざまな経歴をもつ「素人露店商」だが、そのなかでももともと商業者だったのは一割程度（露店商全体の八・八％）にすぎず、大部分は失業者、復員軍人、戦災者および遺族だった。ここから露店商が、戦争および敗戦によって経済的基盤を奪われた人々が転身して生活を立てるための重要なルートになっていたことがうかがえる。
　ヤミ市は都市の経済復興の立役者だったが、もともと駅の敷地や駅前広場、公道などを不法に占拠して開かれたものだったから、復興とともに次第に厳しく統制されるようになる。その多くは撤去されたり、強制的に移転させられ、多くの人は廃業したが、他の一部の人々はそのまま商店主になり、都市商業の担い手となっていった。今日でも東京の副都心や近郊都市、地方都市などの駅周辺には、狭小な商店が集まった地下街や商店街、雑居ビルが少なくないが、これらの多くは、ヤミ市を起源として発達したものである。その意味でヤミ市は、今日の都市の商業を形成する揺りかごだったといっても過言ではない。東京都が編纂した『東京百年史』もその役割を認め、池袋、新宿、渋谷などについて「敗戦直後からヤミ市の成立とその発達を契機に、現在の副都心と呼ばれているような機能を備えるに至った」

図表3·10
東京露店商同業組合組合員の前職

的屋総数	994	19.5%
戦災者	613	12.0%
復員軍人	275	5.4%
その他	106	2.1%
素人露店商総数	4069	79.8%
失業者	1015	19.9%
商業者	451	8.8%
工業者	192	3.8%
復員軍人	423	8.3%
軍人戦災遺家族	511	10.0%
戦災者	1334	26.1%
その他	133	2.6%
不具廃疾者	39	0.8%
合計	5102	100.0%

出典：大河内一男編『戦後社会の實態分析』より。
東京露店商同業組合本部調査による。
［注］調査時点の組合員数は5万9655人で、
調査対象者の比率は8.55%。
合計は一致しないが、原資料のまま。

と評価している。[52]

　戦後商業の担い手たちが、さまざまな階級・階層から集まってきたようすを、データによって確かめてみよう。ＳＳＭ調査データを使えば、終戦直後に商業へ参入した人々を抜き出して、その職業的キャリアを知ることができる。もっとも、その際の店舗がヤミ市にあったかどうかはわからない。しかし商業が衰退していたこの時期、店舗もなく資本も乏しいなかで商業に参入したわけだから、可能性は高いといっていい。そこで一九五五年ＳＳＭ調査の回答者から、一九四五年から一九四七年の間に、他の職業や兵役から、小売店主、卸売店主、飲食店主、販売店員、行商人・呼売り人・露天商人、再生資源卸売人・回収人、商品仲立人に参入した人を抜き出すと、全部で五五名となった。これらの人々を、ここで「戦後混乱期商業参入者」と呼ぶことにしよう。**図表３・11**は、これらの人々の職歴をみたものである。これらの人々の商売には、不安定なものも多かっただろうから、期間は一九五五年までと長めにとっておいた。

　戦後混乱期商業参入者のうち、一九三五年時点で販売職に従事していた人は一七人で、全体の三割程度を占めるにすぎない。これらの人々は戦時体制の確立とともに、急速に他の階級・階層へと移動していった。移動先でもっとも多いのはマニュアル職、次いで兵役、そして事務職である。終戦とともに販売職へと移動したこれらの人々の一部は、まもなく

図表3·11　戦後混乱期商業参入者の職業経歴

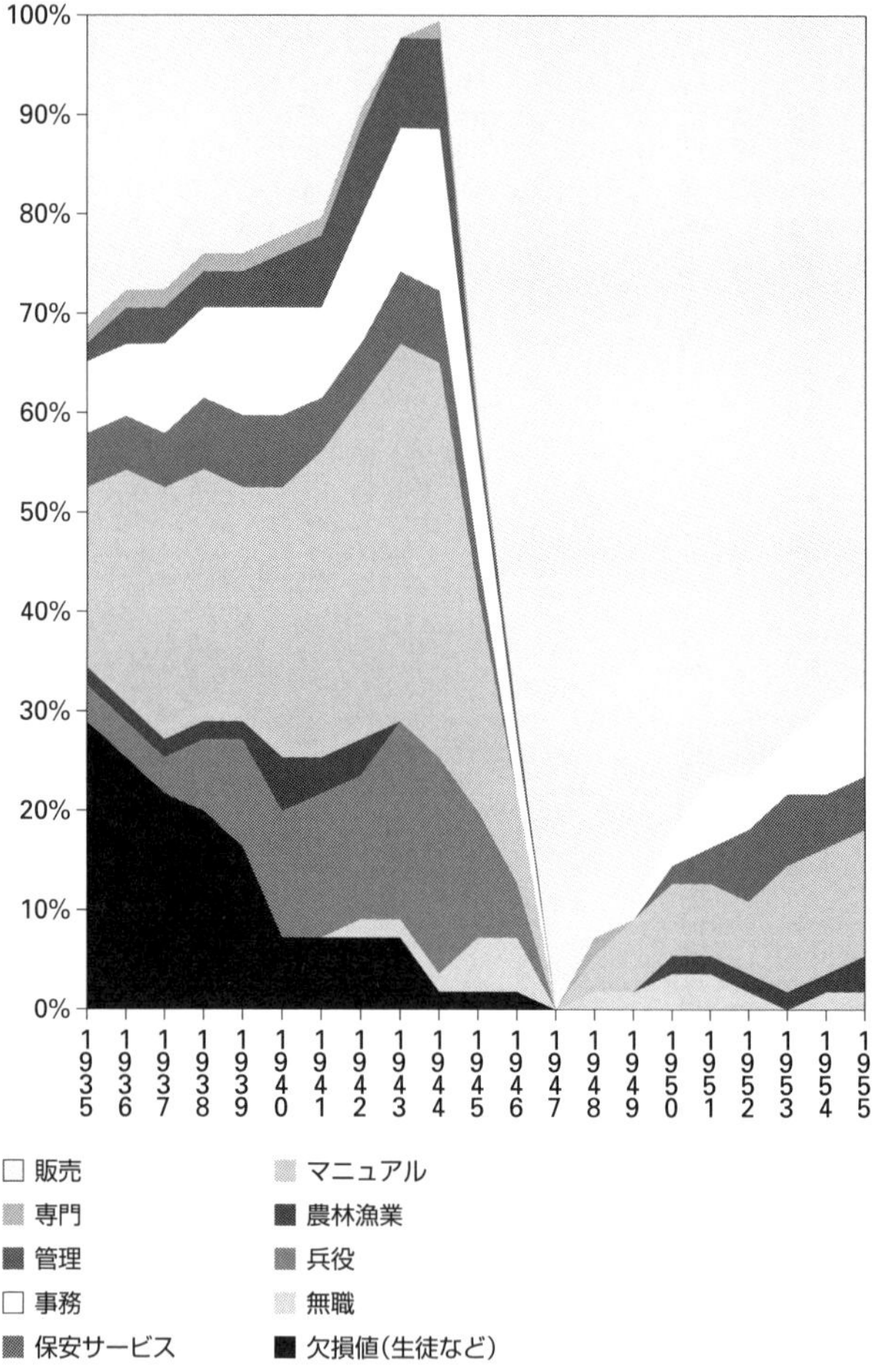

出典:1955年SSM調査データより算出。

他の職業へと流出するが、一九五五年時点でも、三分の二を超える三七人が販売職にとどまっている。うち三人は被雇用者で労働者階級だが、残りの三四人は資本家階級または自営業者で、商店主とみることができる。調査対象者全体では、販売職に従事する資本家階級および自営業者は一四八人なので、戦後混乱期商業参入者は、その二三%を占めることになる。

反面、終戦直後に商業に参入したこれらの人々のうち、一九五〇年までに一〇人、一九五五年までに一八人が流出している。流出先の職種はマニュアル職が多い。これらは、どのような人々だったのか。代表的とまでいえるかどうかわからないが、興味深い証言をひとつ紹介しておこう。労働経済学者の氏原正治郎を中心とする研究グループは、一九五一年に京浜工業地帯で工場労働者を対象とする大規模調査（京浜工業地帯調査）を行なった。調査は、質問紙調査とインタビュー調査からなり、質問紙調査は対象者が約二万二三一八人、回収数が一万四五九四人という大規模なもので[53]、インタビュー調査も対象者が五一名、面接記録も文字に書き起こして一六万字分という膨大なものである[54]。そのなかに、日本鋼管の工場で職長を務めていた人物による次のような証言がある[55]。

> 終戦後人員整理が行なわれたといったが、私からいわせればむしろ〝整理された〟と

いうべきだ。長期欠勤者を主として整理した。しかしそのため、残った者たちが非常に困った。工場が全然稼働出来なくなってしまったのだ。終戦後、多くの者たちは会社の給料が安いので会社をそっちのけにして、もうかるヤミ屋などに走った。そうなった人には、古くからいた人も多い。残った人と、出て行った人とでは残った人の方が（働きぶりが）よい。食物がなく、飲料水がなくても工場を死守せねばならぬ。黙々と働いたため、はたからは馬鹿らしく見えた。毎日毎日まっくろになって働いて、動かなかった工場が稼働してもホウビもくれない。終戦後、最も早く稼働したのはこの大型工場だ。そして前に出て行った者たちは鋼管の煙突から煙が出るようになると、使ってくれといってたのみこんできた。自分達はさんざんヤミ屋でもうけたくせに。しかし会社はやはり技能のある者がほしいので帰って来た人を入れるようになった。

質問紙調査には、学校を出てからの職歴に関する設問があるが、これを集計すると、たしかに終戦後に工場を離れ、失業状態を経験したり、他の職に就いたりしたあと、数年後に復職した工員が多数見受けられた。証言には、ヤミ商売に走った者たちへの憤りから誇張されている部分もあるかもしれないが、こうした移動パターンがある程度までみられたのは事実なのだろう。

図表3·12　兵役経験と1950年時点の階級所属
［1935年時点の所属階級別］

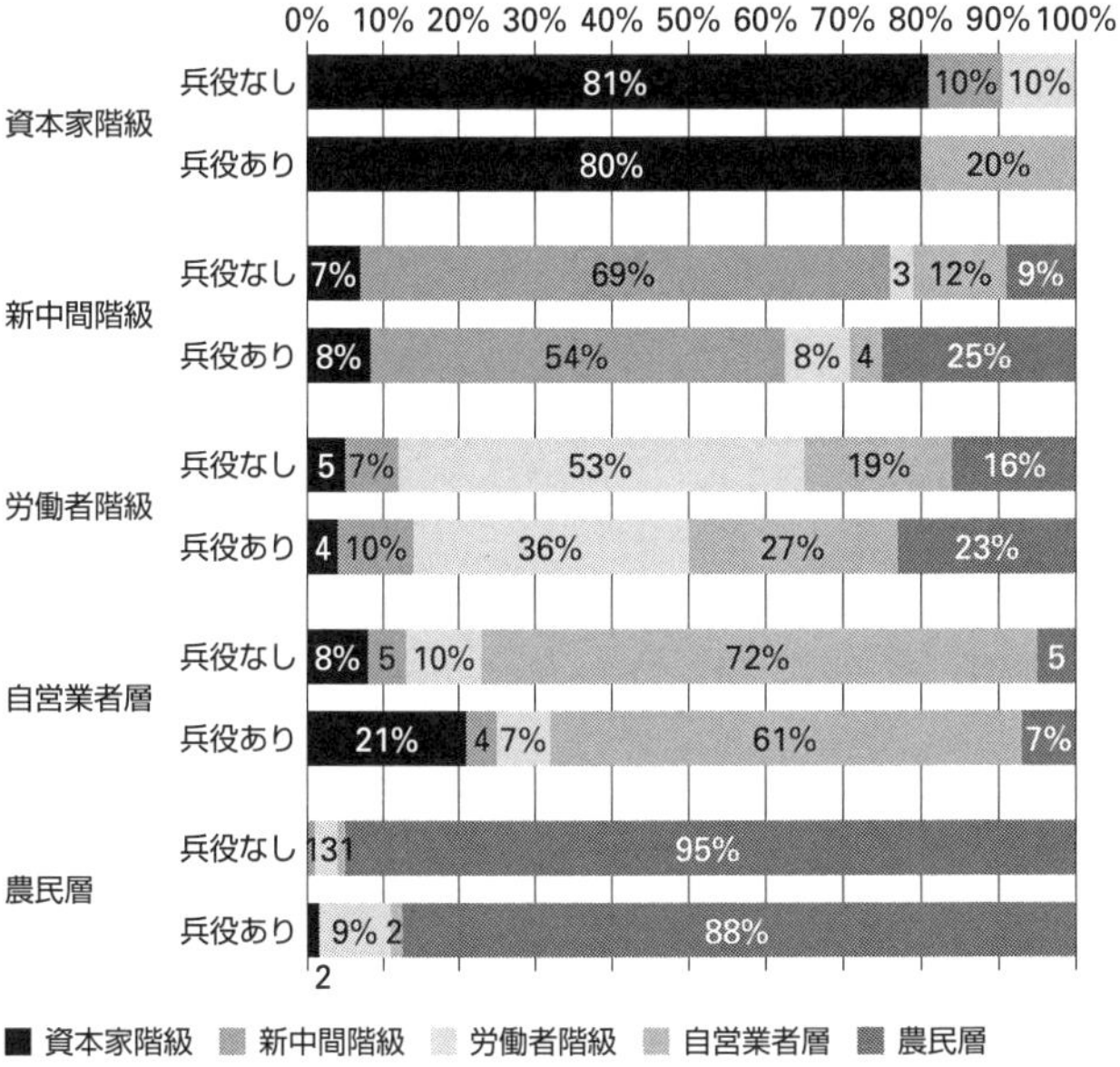

出典：1955年SSM調査データから算出。1955年時点で35-59歳の男性。

兵役が変えた人生

　このように戦争、そして敗戦は、一方では新たな移動を引き起こし、他方では移動を困難にすることにより、人々の人生を大きく変えた。とりわけ兵役は、人々の職業的キャリアを中断させ、多くの人々の人生を狂わせた。その具体的なようすを、一九五五年SSM調査データからみておこう。

図表3・12は、一九三五年時点と一九五〇年時点の所属階級を、兵役経験

の有無別にみたものである。集計の対象は、**図表3・2**と同じく、一九五五年時点で三五歳から五九歳だった人々である。

資本家階級はサンプル数がわずか二七人なので結論には慎重であるべきだが、資本家階級にとどまっている人々の比率（持続率）はいずれも約八割で、兵役の影響を受けていない。農民層では、持続率が兵役経験のない場合で九五％と非常に高いのに対し、兵役経験者では八八％とやや低い。流出先は労働者階級が多い。兵役経験と、そこで形成された人脈が、彼らを労働者階級に向かわせた場合もあっただろう。しかし兵役経験の有無による差は、大きいものではない。

もっとも影響を受けたと考えられるのは、労働者階級である。持続率は、兵役経験者では三六％にすぎず、約半数が自営業者層と農民層に流出している。しかし兵役経験がない場合でも、持続率は五三％にすぎない。たとえ兵役を免れたとしても、労働者階級は産業の破壊によって大きな影響を受けたのである。新中間階級が受けた影響も小さいとはいえないが、それでも兵役経験者の五四％、資本家階級に移動した人々を含めれば六割以上が新中間階級としてのキャリアを継続しているとみることができる。兵役経験者の流出先では、やはり農民層の比率が二五％と高く、労働者階級の兵役経験者とほぼ同じである。

自営業者層は、兵役経験の影響が比較的小さい。持続率は兵役経験者の方が一割程度低いが、逆に資本家階級へ移動した人の比率は二一％と高くなっており、両者をともに零細商工業者と考えて合計すれば、比率は約八割で差がない。自営業者層では、兵役経験やそこで培われた人脈が、より規模の大きい事業を営む契機となった場合もあるのかもしれない。しかし同じく旧中間階級である農民層に比べて、いずれの場合でも持続率が低くなっているのは、戦時体制下で軍需産業に動員されたり、戦災で家業を破壊されるなどして、廃業を余儀なくされたケースが多かったからだろう。

5　戦争直後の「格差」イメージ

このように敗戦後の五年間は、経済的な格差が比較的小さかった時代である。おそらく、この事実を意外に感じる人は少なくないだろう。戦争直後の混乱期は格差が大きかったというイメージが、かなりの程度に定着しているからである。

代表的な例としては、戦後民主主義とナショナリズムを中心に、戦争直後から一九六〇年代までの日本の思想と言説の構造と変容を解き明かした小熊英二の労作『〈民主〉と

〈愛国〉』があげられる。ここで小熊は、ある時期までの日本で、日本共産党が神にも等しい権威をもっていたこと、また「単一民族」神話を含むナショナリズム言説が強い影響力をもったことを取り上げ、その背景には「高度経済成長以前の日本における、圧倒的な貧富の格差」「国民共同体のイメージに比べ、現実の社会における格差が目についた」ことがあったとしている[56]。これは、四〇年代後半の経済指標から観察される格差に関する限り、事実に反する。

　しかし、現実の格差の絶対的な大きさに関わらず、人々が格差の存在を強く意識していたというのは、まぎれもない事実だろう。当時の人々の格差に対する感覚について、鴨下信一は次のように表現している。

> ぼくは戦後日本の、とくに終戦直後の日本の基調音となったものの重要なひとつは、〈不公平〉という感覚だったと思う。この感覚が、戦後の不安感、危機感、あるいはイライラ感や暴力衝動の根本にあった。……。
>
> 　戦死した人間と無事で帰った人間、抑留された人間と帰国できた人間、戦犯に指定された人間と逃れた人間、闇で儲けた人間と儲けられなかった人間、……何もかもが公平でなかった。飢えている人間とたらふく食べている人間、着るものがなく震えて

いる人間とぬくぬく着ぶくれている人間……そして焼け出された人間と焼け残った人間。[57]

日本全体が貧しく、都市部では平均しても飢餓水準すれすれという状況下にあって、必要最低限の食料があるかないかという違いは、仮に金額でいえば数百円程度の差であったとしても、きわめて大きく感じられただろう。しかも、戦災被害を受けたかどうか、生き延びることができたかどうか、住む家があるかどうかというのは、偶然か、そうでなくても本人には責任のないところで決まったことであり、強い不公平感を生み出したことは想像に難くない。

ここから直接に生み出された犯罪は、枚挙にいとまがない。四六年三月には、歌舞伎俳優の片岡仁左衛門一家ら五人が殺される事件があった。犯人は住み込んでいた二二歳の座付き作者で、主人たちと食事の内容があまりに違うこと、配給分の米の上前をはねられているのではないかと恨みに思っていたことによる犯行だった。[58]また同じ年の四月には、東京で六〇代の男性が息子に殺される事件があったが、そのきっかけは、父親が家族に内緒で一〇〇円を使って外食した（と息子が疑っていた）ことだった。[59]幼稚園へ行く子どもが弁当を奪われる事件も頻発したという。この時代に幼稚園へ通うのは裕福な家庭の子どもだけだったから、狙われたのである。[60] 警視庁の統計でも、主食の欠配が多かった月には犯罪が増える傾向があり、犯罪件数は最大で、欠配のなかった月の二倍以上だったことが示されている。[61] 経済指標で測られる格差は小さくても、貧しいなかでの小さな格差は、人々には十分大きな問題だったのである。

しかし、この誰もが貧しい時代は長続きしなかった。四〇年代も終わりに近づくと、インフレは収束し、ヤミ価格が伸び悩んで公定価格に接近したため、中小企業の活況は終わった。農家もヤミ取引による収入に期待できなくなった上に、近代産業の生産性の上昇から取り残され、農業収入だけで生活することは困難になっていく。これにかわって大企業の生産活動は軌道に乗り、経済は復興に向かう。こうして格差は、拡大に転じるのである。

第4章

「もはや戦後ではない」——一九五〇年代

1 「戦後」とは何か

一九五六年の『経済白書』は、「もはや『戦後』ではない」という名文句で広く知られている。当時をリアルタイムで経験していない世代にとっては、このフレーズに違和感がないではない。少なくとも昭和が終わるころまで、同時代を「戦後」と呼ぶ習慣は根強かった。今日でも、「戦後〇〇史」という類の記事や出版物では、一九四五年から現代までを「戦後」と一括する用法が健在である。日本では政治体制や国際関係、社会構造や家族制度、さらには衣食住の習慣に至るまで、第二次世界大戦までとそれ以後の違いがきわめて大きかったから、戦争直後から数十年を隔てた同時代までをひと続きのものととらえることが、ごく自然と思われてきたのである。もちろん『経済白書』のいう「戦後」は、これとは意味がまったく異なる。

『経済白書』の発表はこの年の七月だったが、この約半年前、中野好夫が「もはや『戦後』ではない」と題するエッセイを書いている。彼はここで、一九五五年までが「戦後十年」であり、一九五六年は次の区切りに足を踏み出す年だという。人間世界の動きというものが、おおむね一〇年くらいを一区切りにする傾向があるというのが理由のひとつだが、それだけではない。これまでの一〇年間、人々は社会のさまざまな混乱や問題を「戦後」という便利な言葉で説明し、戦後の混乱が生んだ特殊現象として片付けてきた。つまり「戦後」という言葉に甘えてきたのではないか。そろそろ、こうした「戦後」意識から抜け出して、未来へと向かうべきではないか。中野はこのように主張するのである[1]。

『経済白書』の執筆者が、どの程度まで意識的だったかは定かでないが、「もはや『戦後』ではない」という言葉の意味は、中野の呼びかけに対する応答だったと考えればはっきりする。白書が一九五五年を「戦後」の終わりと判断したのは、この年に日本経済が、さまざまな指標において戦前の水準を上回ったからである。一人あたり実質国民所得、鉱工業生産指数、生産設備の蓄積が、いずれも戦前のピーク時を超えた。家財の購入を含む家計の消費水準は、すでに一九五三年から戦前を上回っていたが、一九五五年になると、戦時中および戦後に食いつぶした家財の充足がほぼ終わり、生活水準そのものが戦前を上回るようになった。しかし白書は、戦争によるブランクを取り戻したことを無邪気に喜んでいるのではない。むしろ、反対である。これまで日本経済は、予想外のスピードで回復してきたが、これは敗戦によって落ち込んだ谷が、あまりに深かったからである。しかし、回復を通じての成長は終わった。これからは、「戦後」であるがゆえの成長は期待できないし、ましてや経済の混乱を「戦後」のせいにすることはできない。この意味で「戦後」

図表4·1　戦前·戦争直後·1955年の階層帰属意識

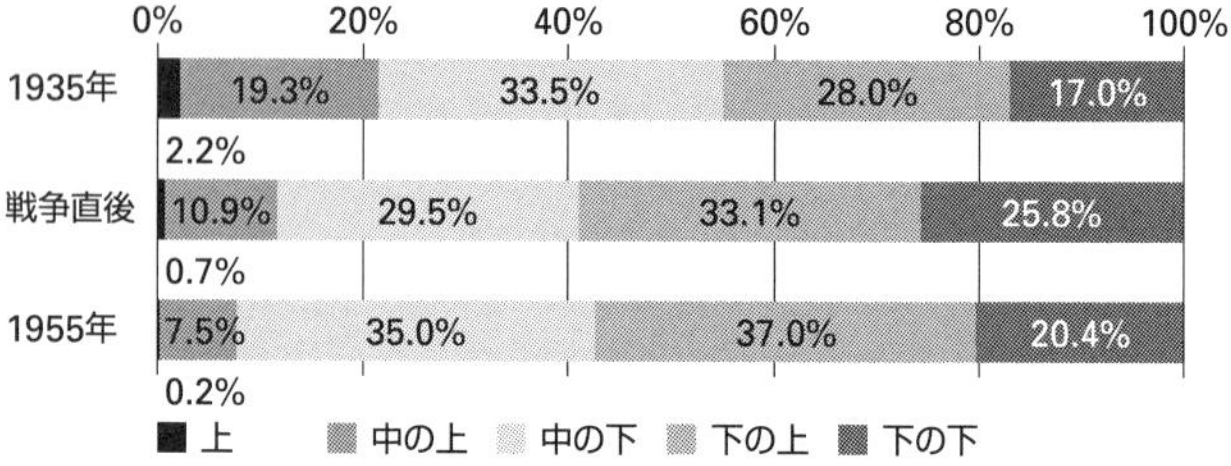

出典：1955年SSM調査データから算出。35歳以上の男性のみ。
[注]「日本の社会全体を5つの層に分けるとすれば、
あなたご自身は、そのどれにはいると思いますか」という設問への回答。

は終わった、というのである。

それでは「戦後」が終わったというこの年、人々は自分の生活水準をどのようにとらえていたのだろうか。一九五五年SSM調査データから、その手がかりになる集計結果を示しておこう。**図表4・1**は、一九三五年ごろ、戦争直後、調査の行なわれた一九五五年という、ほぼ一〇年間隔の三時点のそれぞれにおいて、自分がどの階層に属していたと考えるかを尋ねたものである。このような設問によって測定される人々の意識は「階層帰属意識」と呼ばれ、実際に行なわれている調査としては、内閣府の「国民生活に関する世論調査」が有名である。ただし、内閣府の調査では選択肢が「上」「中の上」「中の中」「中の下」「下」と、五つの選択肢のうち「中」が三つになっているため、「中」という回答が極端に多くなる傾向がある。

このことが、いわゆる「一億総中流」論の疑わしさの大きな原因になっているのだが、この点については第6章で論じることにしよう。これに対してＳＳＭ調査では、選択肢が「上」「中の上」「中の下」「下の上」「下の下」と、「中」と「下」の区別に重きをおいた形になっている。いずれの場合でも、ここでいう階層帰属は、あくまでも本人の認識であり、日本社会全体に占める自分の位置についての冷静な判断だけでなく、自分の生活程度に対する漠然とした評価などが含まれたものと理解すべきである。なお集計対象は、一九三五年の時点で物心がついていたと考えられる三五歳以上のサンプルに限定した。

　三時点の変化から読み取れるのは、戦争直後における階層帰属意識の「全面的な低落」、そして一九五五年における、「遅い回復と低位平準化」である。「下の上」「下の下」という回答は、戦争直後にはそれぞれ急増し、全体の六割近くの人々が自分を「下」と意識するようになった。これに対して「上」「中の上」というように、自分が「まん中より上」にあると考える人は、ほぼ半減している。多くの人々が、戦前と比較して自分たちの状態が悪化したと考えていたことがわかる。ところが一九五五年になっても、階層帰属意識は戦前の状態には戻らない。「下の下」はさすがに減ったものの、ほぼその分だけ「下の上」が増え、「下」全体の比率はわずかに減っただけである。他方、どういうわけか「中の上」も比率が減り、「中の下」が上位へ食い込むように増加している。「戦後」が終わったとされたこの時期になっても、人々は戦前の生活水準が回復されたとは考えず、「中の下」「下の上」への集中が進んでいるのである。「中」と「下」のボーダーラインあたりへ向かっての、階層帰属意識の低位平準化ともいうべき動きである。

2　拡大する格差

戦後の終わりを宣言した『経済白書』の五ヶ月後、一九五六年一二月に初めて発行された『厚生白書』は、第一章冒頭の項目に「果して『戦後』は終ったか」という挑発的なタイトルを掲げた。もはや「戦後」ではない、というのが流行語になっているが、果たしてそうなのか。エンゲル係数は、依然として戦前を大きく上回っている。日雇労働者や家内労働者などの低所得者は、増加傾向をみせている。一九五〇年には生活保護を受けている世帯が年平均で六六万世帯、人員にして一九三万人いたが、この他に保護は受けていないものの生活保護基準と同等、またはすれすれの貧困状態にある人々は、一九二万世帯、九七二万人にも上っている。このようにして『厚生白書』は、「復興の背後に取り残された人々」の存在に注意を呼びかけたのである。『厚生白書』は、それ以後も格差と貧困の問題を取り上げ続け、一九五八年には「わが国の低所得階層人口のふくれあがりの結果する際涯は、国民生活の前進に黒黒として立ちはだかっている鉄の壁——と見るよりほかに考えようがない」とまで書いた。

とはいえ『経済白書』が、格差や貧困を無視していたわけではない。たしかに「もはや『戦後』ではない」という名文句が人々を舞い上がらせ、結果的に現実の暗い面を忘れさせる効果を生んだという部分はあったかもしれない。しかし一九五六年版を含めて、この時期の『経済白書』が毎年のように多くのページを割いて論じたのは、当時の日本の深刻な格差拡大傾向だった。

とくに重視されたのは、企業規模間の賃金格差である。一九五六年の白書によると、「我が国の賃金構造の第一の特徴は、諸外国にみられない規模別賃金格差の異常な幅である」。規模別賃金格差は、戦後の一時期は縮小していたが、傾斜生産方式によって大企業が立ち直ったこと、ドッジ・ラインによって自由経済体制が確立したことなどから、拡大に転じたのである。この年の白書は、とくに第三次産業の零細企業にみられる極端な低賃金に注目している。卸売小売業の場合、企業規模三〇人以上の賃金を一〇〇としたとき、一～四人規模の賃金はわずか三三・九にすぎない。戦争直後、卸売小売業者はヤミ取引などにより活況を示していたが、インフレの収束とともに経営は厳しくなった。サービス業も状況はほぼ同じで、しかも徒弟的な性格をもつなど前近代的な労使関係のもと、住み込みで長時間労働に従事する場合も多いから、時間あたり賃金の格差は、これ以上に大きいと思われる。そして、雇用者になることのできない零細な露天商、行商、家内工業などの低所得層が、多数存在している。白書は、こうした格差と貧困の存在をも視野に入れながら「もはや『戦後』ではない」と論じたのだった。

翌一九五七年の白書は、こうした構造を「二重構造」として正面から取り上げ、日本経済の後進性を厳しく指摘した。日本の完全失業率は二％を下回っており[2]、数字の上では完全雇用ということになる。しかし日本の雇用には、「一方に近代的大企業、他方に前近代的な労資関係に立つ小企業及び家族経営による零細企業と農業が両極に対立し、中間の比重が著しく少ない」という特徴があり、後者には低生産性・低所得の不完全な就業が大量に存在している。多くの人々が、ともかく生きていくため、どんなに所得が低くてもいちおう就業の形をとっているので、失業が顕在化しにくい。これは完全雇用ではなく「全部雇用」である。「いわば一国のうちに、先進国と後進国の二重構造が存在」し、労働市場もこれに対応した「二重構造的封鎖性」をもっている、というのである。

ここで「全部雇用」というのは、ほぼすべての人々が働いてはいるものの、「完全雇用」と区別される状態を指す概念として東畑精一が提案したもので、[3] このような状態のもとで不完全な就業を余儀なくされている人々は、不完全就業者あるいは潜在的失業者と呼ばれる。一九五〇年代の日本では、大量の潜在的失業者の存在が、大きな問題を引き起こしていた。数字の上では失業者がわずかしかいないのに就職難は深刻で、たとえば一九五五年の場合、一二八万人の求職者に対して求人は三割未満の三五万人しかなく、実際に就職できたのは一六万人にも満たなかった。新規学卒の場合ですら就職難は深刻で、一九五二年ごろまでは求職件数が大幅に超過していたため、新卒者の多くが農業の手伝いなどの形で第一次産業に就職し、潜在的失業者として滞留していた。一九五五年には中卒の求人倍率が一・〇を超えたが、高卒の求人倍率は〇・七倍にとどまり、一九五七年になってようやく一・一倍に達したのである。[4]

潜在的失業者は、先にみたように零細企業の極端な低賃金労働者として働いていたほか、自営業セクターに大量に集積していた。多くの人々が、外部に就業機会がないため、わずかな所得しか生み出さない自営業にしがみついていたのである。先にみたように一九五〇年代前半、農村と都市の家計消費はほぼ同水準だったが、これはあくまでも総額でみた場合である。農家は一家総出で働いていたから、世帯の総労働時間は六〇〇〇―七〇〇〇時間と都市被雇用者世帯のほぼ二倍で、時間あたり所得は半分程度だった。[5] 農業以外の自営業世帯でも、事情はさほど変わらない。被雇用者世帯と比較した場合、世帯あたりの消費水準はほぼ同水準だが、有業者一人あたりでみると八割強程度にすぎず、とくに商人・職人世帯の支出は、職員世帯（ホワイトカラー世帯）の五八%、常用労務者世帯（ブルーカラー世帯）の八四%にすぎなかった。[6] 政府の報告書によると、こうした潜在的失業者は五二年の段階で六九六万人に上っていた。[7]

　さらに一九五八年の白書は、このような格差拡大が、個人消費を減退させて経済成長の桎梏になりかねないと警告し、かなり突っ込んだ政策提言を行なっている。白書によると、格差拡大をもたらしたのは、所得構造に生じた次のような三つの変化だった。

　第一に、個人所得の増加が法人所得の増加を大きく下回っていることである。一九五五年以降、個人所得が三二%しか増加していないのに対して、法人所得は八九%も増加している。法人所得は、主に企業の内部留保と株式配当にあてられるが、株式配当の大部分は貯蓄に向けられ、個人消費には回らないと考えられる。第二に、個人所得のなかで賃貸料、利子所得など財産所得の比重が増加している。一九五五年以降でみると、前者は六六%、後者は八三%の増加で、勤労所得や農業所得を大きく上回った。財産所得の多くは、やはり資本として蓄積されるので、個人消費支出には回らない。第三に、企業規模間・従業の地位間・職業間など、階層間の格差が拡大している。このため所得額によって全世帯を五等分した所得五分位階級別にみると、一九五三年からの四年間で、もっとも豊かな階級の可処分所得が四二％上昇しているのに対して、最低の階級では二五％の上昇にとどまっている。このような階層差の拡大は、社会的緊張を高める可能性がある。

　以上のような現状分析の上で、白書はいう。所得格差の拡大は、国内消費市場の拡大にブレーキをかけ、戦後経済成長の原動力のひとつを弱めている。したがって、「中小企業就業者あるいは零細農家など低所得階層に対しその所得を引上げ、購買力の補給をはかることは、単なる社会正義の観点からのみではなくて、十分な経済的理由をもっているといわなければならない」。したがって、農業・零細企業など前近代部門の所得水準を引上げること、租税と社会保障を通じての所得再配分が必要である、と。この現状診断と提言は、かなりの危機感に満ちており、説得力がある。しかもその多くは、格差が拡大する一方で消費は拡大せず、不況から抜け出すことのできない二一世紀の日本にも通ずるものである。「もはや『戦後』ではない」から始まる、これら一連の白書は、『経済白書』が明確な歴史認識のもと、庶民の立場から書かれ、庶民のための政策を提言した時代の記録である。同時にそれは、深刻化する格差と貧困が、けっして戦後復興という自動的プロセスによっては解決できない問題であることを明らかにしたのだった。経済の成長と安定とともに、格差の縮小と貧困の解消を掲げた一九五七年の「新長期計画」も、この流れで作成されたといっていい。当初は多くの不備や未完成の部分を抱えていたとはいえ、最低賃金制度と国民年金制度が創設されたのは、この直後の一九五九年だった。

3　一九五〇年代の格差と貧困

実際、この時期の格差と貧困は深刻だった。先にもみたように、企業規模間・産業間の賃金格差は急速に拡大し、ジニ係数でみても格差は拡大しつつあった。全体としての所得水準が低かったなかで、格差が拡大したというのは、『厚生白書』が「復興の背後に取り残された人々」と呼んだように、生活状態が戦争直後の貧困状態からほとんど改善しない人々を大量に残したまま、一部の人々だけが生活水準の上昇を果たしたということを意味していた。

図表4・2は、一九五五年の経済格差の構造を、階級別、被雇用者についてはさらに企業規模別の平均年収で示したものである。個人年収は、資本家階級が四七・六万円、労働者階級は一七・八万円で、両者の間には二・六七倍の格差がある。ただし労働者階級では

企業規模間格差が大きく、一―二九人の小零細企業労働者の個人年収は、一二・二万円にすぎない。世帯年収が二一・七万円と、三〇―九九九人の中小企業労働者並みを確保しているのは、妻や子どもを含めた一家総出の就業によるものだろう。新中間階級の個人年収は、労働者階級の一・四四倍で、企業規模間格差は労働者階級ほど大きくない。この時期、新中間階級は就業人口の一割を少し超える程度で、男性に限っても一六―七％程度にすぎなかったが、戦後の工職間身分撤廃を経てもなお、労働者階級とは明らかに収入水準の異なる階級として存在していたといえる。自営業者層の年収は、ほぼ大企業労働者並みだったが、あとでみるように内部の格差が大きい。一九五五年ＳＳＭ調査では、職種が農業の場合には個人年収を尋ねていないが、世帯年収は二〇・八万円と小零細企業労働者に近い水準だった。現金収入の他に自家消費用の農作物があるから、

図表4·2　1955年の経済格差　[万円]

		個人年収	世帯年収
資本家階級		47.6	55.3
新中間階級	全体	25.7	36.7
	1-29人	18.5	29.8
	30-999人	26.2	38.8
	大企業·官公庁	27.1	37.7
労働者階級	全体	17.8	24.4
	1-29人	12.2	21.7
	30-999人	18.1	22.9
	大企業·官公庁	22.9	28.2
自営業者層		21.3	29.6
農民層		−	20.8

出典：1955年SSM調査データより算出。
[注]職種が農業の場合は、個人年収を尋ねていない。ちなみに農民層に分類されたもののうち林業·漁業従事者が21人おり、その平均個人年収は9.8万円だった。

生活水準はもう少し高かったはずだが、一家総出でなんとか生活を維持するという構造は同じだろう。

次に、階級別の貧困率を推定してみよう。第1章で述べたように、貧困率の算出方法には、最低必要生活費をもとにする方法と、所得中央値の半分を基準とする方法がある。ただし、当時にこれらの方法を機械的にあてはめると、貧困線が極端に低くなり、貧困率を過小評価する危険がある。ＯＥＣＤの試算による最近の日本の貧困率は、一五・七％だった（**図表1・2**）。これに対して、先にも引用したように一九五六年の『厚生白書』は、生活保護基準並みまたはすれすれの貧困層を、一九二万世帯、九七二万人としていた。これに生活保護受給者六六万世帯、一九三万人を加えた二五八万世帯、一一六五万人を一九五五年の総世帯数一七九六万と、総人口八九二八万人にあてはめれば、貧困率は世帯数ベースで一四・三％、人口ベースで一三・〇％となり、現在の日本より低い。[8] ここには当時の生活保護基準が、都市勤労者の平均的生活水準の四割程度とされ、朝日訴訟でも問われたように、最低限の生活すら困難な状態にあったことが関係している。

所得中央値を用いた場合も、問題が生じる。当時と現在では、貧困線の基準となる所得中央値の水準自体が大きく異なるからである。試しに一九五五年ＳＳＭ調査データから当時の貧困率を推定してみると一三・九％となり、やはり現代の貧困率より低い。[9]

図表4·3 1955年の貧困率

全体		20.8%
資本家階級		5.8%
新中間階級	全体	2.1%
	1-29人	0.0%
	30-999人	3.7%
	大企業·官公庁	2.2%
労働者階級	全体	13.0%
	1-29人	21.6%
	30-999人	9.8%
	大企業·官公庁	6.3%
自営業者層		19.1%
農民層		34.1%
無職		28.2%

出典：1955年SSM調査データより算出。

そこで今回は、貧困線を次のように設定することにしたい。一九五五年の生活保護基準の全国平均は、五人家族で月額七八二八円だった[10]。これが都市勤労者の平均的生活水準の四割だというのだから、都市勤労者の平均は一万九五七〇円と想定されていたことになる。これを五の平方根で割って等価所得に換算し、その五割を貧困線とみなすのである。この方法だと、貧困線は年額五・二五万円で、貧困率は二〇・八%となる。これは、一九五二年の貧困率を二〇%以上、二五%以下とした有澤廣巳の推定値[11]、また一九五〇年代後半の貧困率を「二〇%に近い」とした労働科学研究所の推定値[12]と整合的である。

この貧困線にしたがって、所属階級別、被雇用者についてはさらに企業規模別に貧困率を示したのが、**図表4・3**である。資本家階級にも五・八%の貧困層がいるが、これらはすべて企業規模二九人以下の小零細企業の経営者たちだった。新中間階級の貧困率はきわめて低く、わずか二・一%である。労働者階級の貧困率は、全体では一三・〇%である。

しかし平均年収と同様に企業規模によって大きく異なり、一―二九人では二割以上が貧困層だが、大企業・官公庁では六・三％と低い。自営業者層は平均年収では中間的だったが、貧困率は労働者階級以上に高い。これは内部の格差がきわめて大きいことの反映である。農民層の貧困率は三四・一％ときわめて高く、人数では有職の貧困層全体の約三分の二を占める。

　無職者の貧困率は二八・二％で、全体的な貧困率の高さを考えると、意外に低いといっていいだろう。貧困層全体に占める比率も六・一％にすぎない。全体として貧しい時代だから、生活のために年をとっても働くのは当たり前で、病弱などの事情もなく無職になることのできるのは、一部の恵まれた人々だけだったのだろう。つまりこの時期、貧困層の大部分は、働いても貧困から抜け出せない、あるいは貧困ゆえに年をとっても働き続けるワーキングプアだったのである。

図表4·4 父親の農地所有形態別にみた農民層の特徴[1955年]

	父親の農地所有形態		
	地主	自作	小作
高卒程度以上の比率[%]	28.6	11.9	2.5
平均世帯年収[万円]	30.8	21.1	18.0
貧困率[%]	18.5	32.2	38.5
ミシン所有率[%]	60.7	45.4	25.8
風呂所有率[%]	96.4	91.6	85.3
日本社会全体で自分を「下層」と考える人の比率[%]	50.0	56.5	73.0
保守政党支持率[%]	85.2	53.9	44.8
革新・中道政党支持率[%]	7.4	22.6	34.4

出典：1955年SSM調査データより算出。大卒者は旧制高専を含む。
[注]貧困率は、等価所得5.25万円未満の比率。
自分を「下層」と考える人の比率は、「下の上」「下の下」の合計。
保守政党支持率は民主党、自由党の合計。
革新・中道政党支持率は、社会党、左派社会党、右派社会党、労農党、共産党の合計。

4　地主―小作制度の影

前章で述べたように、農地改革は格差を大きく縮小させた。しかし、だからといって地主出身者、自作農出身者、小作農出身者の間で格差がなかったわけではない。格差は依然として、存在し続けたのである。そのようすを、一九五五年SSM調査データからみていこう。

図表4・4は農民層の特徴を、父親の農地所有形態別にみたものである。まず学歴が大きく異なり、地主出身者では高卒程度以上の学歴をもつものが二八・六％いるのに対して、自作農出身者では一一・九％にとどまり、小作農出身者ではわずか二・五％にすぎない。

世帯年収では、三〇・八万円を得ている地主出身者とそれ以外の差が大きく、自作農出身者（二一・一万円）と小作農出身者（一八・〇万円）の間の差はさほど大きいとはいえない。貧困率も同様で、自作農出身者（三二・二％）と小作農出身者（三八・五％）の間の差は、六％程度である。

しかし所有する家財の内容をみると、両者の間にかなりの格差があったことがみえてくる。当時急速に普及しつつあったミシンの所有率は、地主出身者が六〇・七％、自作農出身者が四五・四％なのに対して、小作農出身者はわずか二五・八％なのである。毎年入ってくる収入の差は大きくないとしても、資産には大きな差があり、生活実態は大きく異なっていたものと考えられる。風呂の所有率も、注目に値する。銭湯が十分にあるとも思えない農村部にあって、小作農出身者では自家風呂のない世帯が一四・七％にも上っているのである。これは戦前から変わらない、貧しい住環境の反映だろう。

このことを反映して、日本社会全体のなかで自分は「下層」に位置すると考える人の比率は、地主出身者では五〇・〇％、自作農出身者では五六・五％にとどまるが、小作農出身者では七三・〇％にも上っている。政治的立場にも違いがあり、地主出身者は圧倒的に保守政党支持者が多いのに対して、小作農では四四・八％にとどまり、社会党、労農党など革新・中道政党の支持者が三四・四％にも上っていた。

図表4·5 父親の農地所有形態別にみた非農民層の特徴［1955年］

	父親の農地所有形態			
	非農民	地主	自作	小作
高卒程度以上の比率［%］	48.0	72.0	30.9	13.6
平均個人年収［万円］	25.1	34.0	21.1	18.4
平均世帯年収［万円］	34.4	45.4	29.2	22.2
貧困率［%］	10.3	0.0	10.8	18.1
ミシン所有率［%］	57.1	64.0	54.9	34.1
持家所有率［%］	63.0	80.0	69.5	55.7
日本社会全体で自分を「下層」と考える人の比率［%］	51.2	44.0	55.9	68.6

出典：1955年SSM調査データより算出。
［注］高卒程度以上は旧制中学、新制高校、旧制高専、新制大学、旧制大学の合計。
貧困率は、等価所得5.25万円未満の比率。
自分を「下層」と考える人の比率は、「下の上」「下の下」の合計。

それでは、農外に流出した人々はどうだっただろうか。**図表4・5**は、農民層以外の人々の特徴を、父親の農地所有形態別にみたものである。比較のため、非農民層出身者の特徴も示しておいた。

　まず、学歴にはきわめて大きな差がある。地主出身者は高卒程度以上の比率が七二・〇％ときわだって高く、非農民層出身者をも大幅に上回っているのに対して、自作農出身者は三〇・九％、小作農出身者はわずか一三・六％である。地主出身者以外の農民層出身者の大多数が、学歴を身につけることなく農外流出したことがわかる。平均年収にも大きな差がある。地主出身者は個人年収で三四・〇万円、世帯年収で四五・四万円と高く、やはり非農民層出身者を大幅に上回っている。これに対して、他の農民層出身者は非農民層出身者を大幅に下回っており、その差は個人年収で四・〇万円と六・七万円、世帯年収では五・二万円と一二・二万円にも達している。とくに小作農出身者の世帯年収は非農民層出身者の六割にすぎず、貧困率は一八・一％で、農民層にとどまった人々に比べれば低いとはいえ、自作農出身者を大幅に上回っている。このような小作農出身者の下層的性格は、ミシンや持家の所有率（それぞれ三四・一％、五五・七％）が低いこと、そして自分を「下層」と考える人の比率が六八・六％と高いことにも示されている。

　このように地主以外の農民層出身者は、全体に下層階級に所属することが多く、下層階級の担い手の供給源となっていた。そしてこの傾向は、とくに小作農出身者で顕著だった。これは学歴とも関係がある。地主以外の農民層出身者、とくに小作農出身者には義務教育のみしか受けずに農外流出する人々が多く、これらの人々が労働者階級および自営業者層の最下層を形成していた。このように地主・自作・小作という農地所有形態の違いによる格差は、農民層にとどまった人々のみならず、農外流出した人々にまで継承され、戦後日本社会の格差構造の基礎のひとつとなった。長年にわたって続いた小作制度は、このように戦後日本社会に深い影を落としていたのである。

　ここで、ひとつのシミュレーションを行なってみよう。親の農地所有形態は、本人の学歴に大きな影響を与える。そして本人の学歴は、子どもの学歴に大きな影響を与える。だとすれば以上でみたような農地所有形態の影響は、子どもから孫へ、さらにひ孫へと影響し続けているはずである。その影響力は、現代においても教育の格差をもたらし続けているかもしれない。そこで、次のような手順で、その影響力を推定してみよう。一九六五年SSM調査には、家族全員の学歴と職業を尋ねる設問がある。だから、回答者の子どもの学歴がわかる。ただし一九六五年の調査だから、農民層出身の回答者のほとんどが、親の農地所有形態を自作と回答している。しかし好都合にも、この年の調査では祖父の農地所有形態を尋ねている。だからこのデータを用いると、回答者の祖父の農地所有形態が、三世代後にあたる回答者の子どもにどのように影響しているかがわかるのである。**図表4・6**の上半分は、これを示したものである。

回答者の息子、つまり曾祖父が地主だった男性の大学進学率は三五・七％であり、曾祖父が自作の場合は一七・〇％、小作の場合は一一・一％である。同じことを女性についてみると、大学進学率はそれぞれ三六・四％、一四・六％、四・三％である。農地所有形態は、一九六五年の若者たちの学歴に、明らかな影響を与えていた。

それでは、その子どもたちはどうなっただろうか。当時、回答者の子どもたちの平均年齢は、男性が二五・二歳、女性が二二・六歳だったから、このころから子育てに入り、一九八〇年代に自分の子どもを進学させたと考えられる。そこで一九八五年SSM調査デー

図表4·6 3世代後および4世代後における農地所有形態の影響力

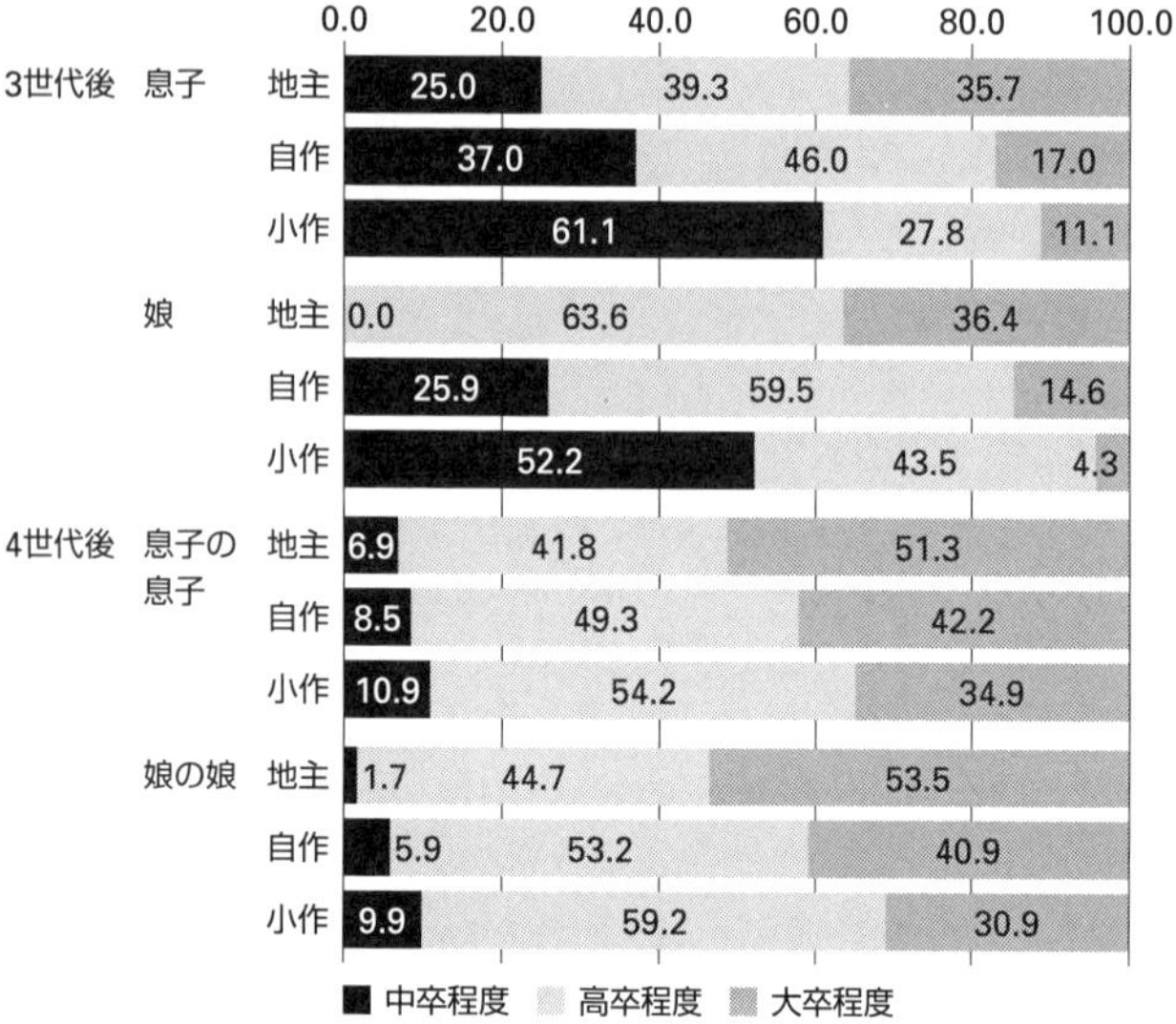

出典：1965年および1985年SSM調査データより算出。
［注］集計対象は18歳以上の子ども。4世代後はシミュレーションにより算出。
シミュレーションの基礎としたのは、
1985年SSM調査の40歳未満のサンプルの本人と親の学歴の関係で、
親の学歴は男性については父親、女性については母親を用いた。数値は、以下の通りである。

		息子学歴			
		中卒程度	高卒程度	大卒程度	合計
父親学歴	中卒程度	0.148	0.627	0.225	1.000
	高卒程度	0.055	0.500	0.445	1.000
	大卒程度	0.029	0.181	0.790	1.000

		娘学歴			
		中卒程度	高卒程度	大卒程度	合計
母親学歴	中卒程度	0.167	0.673	0.160	1.000
	高卒程度	0.027	0.523	0.450	1.000
	大卒程度	0.000	0.316	0.684	1.000

タを用い、この時点での親の学歴と子どもの学歴の関係が、これら一九六五年の回答者の子どもたちと孫たちにそっくりそのままあてはまると仮定して、孫たちの学歴を推定してみよう。**図表4・6**の下半分は、その結果である。四世代前の農地所有形態は、依然として大学進学率に大きな影響を与えている。男の子の場合は、地主出身者の進学率五一・三%に対して、小作出身は三四・九%。女の子の場合はそれぞれ五三・五%と三〇・九%。両者の差は一六・四%と二二・六%である。

　この回答者の孫たちは、おそらくは現在四〇歳代から五〇歳代で、子どもを進学させる時期にあたっている。親の学歴がこれほど違えば、子どもの進学率も違うはずだ。何ということだろう、地主―小作制度は現代の若者たちにまで、教育格差を生み出し続けているのである。

図表4·7 1951年の年齢賃金カーブ
［金属·機械·化学の男性常用労務者·企業規模500人以上］

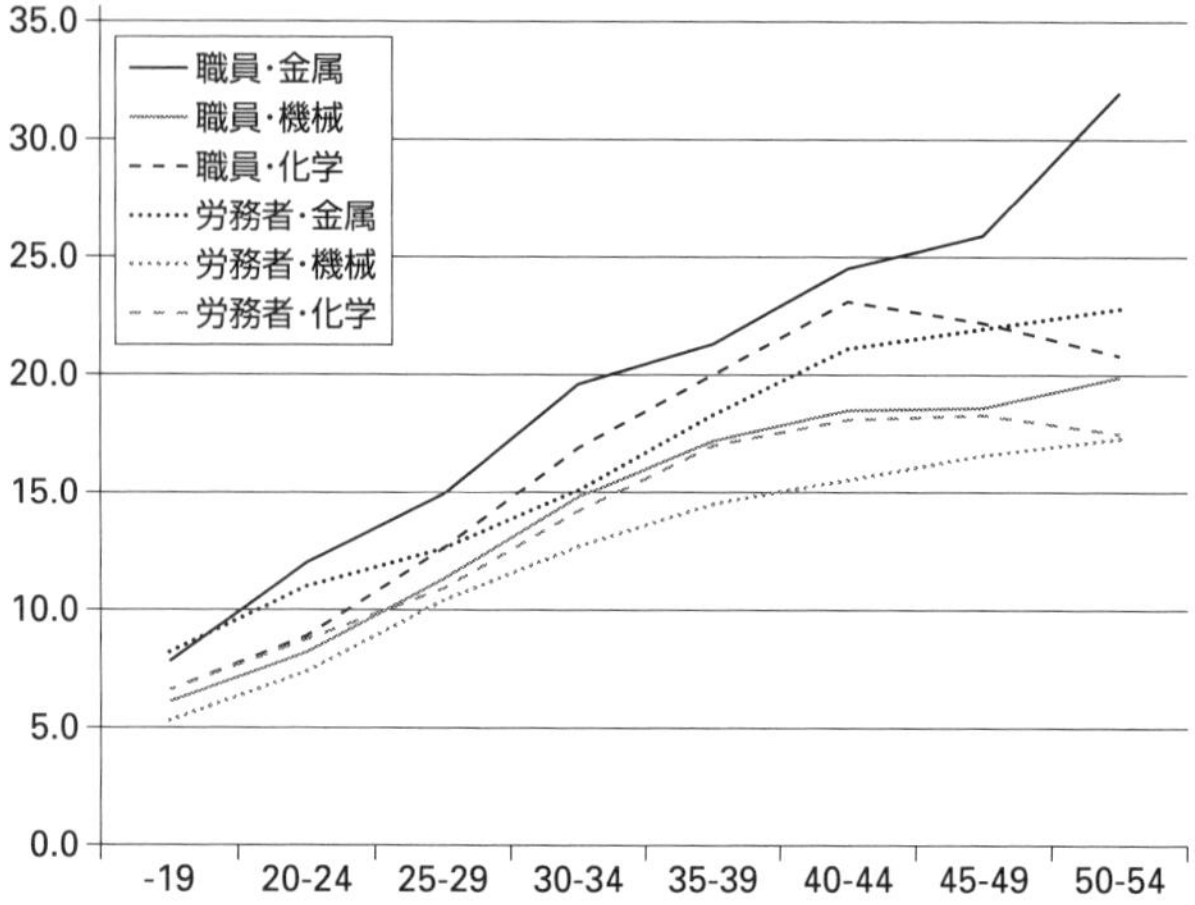

出典：「京浜工業地帯調査（従業員調査）」データより算出。
［注］職員·金属の45-49歳と50-54歳の回答者は5人未満。

5 戦後労働者階級の形成

長期雇用と年功制

戦後のかなり早い時期に、職員と工員の間にあった身分差別の撤廃が行なわれたことから、職員と工員の間の格差は縮小した。そのようすを年齢賃金カーブからみたのが**図表4・7**である。用いたデータは、氏原正治郎を中心とする研究グループが一九五一年に行なった京浜工業地帯調査の調査票原票の記入内容をデータ化したもので、「京浜工業地帯調査データ」と呼ぶことにする。[13] 集計の対象としたのは、氏原らが主な分析対象にしたのと同じ、金属・機械・化学の三産業の、従業員規模五〇〇人以上の工場に勤める常用の男性である。正確にいえば、調査されているのは賃金以外の収入を含む月収だが、ほぼ賃金月額と考えていいだろう。

すべての年齢を合計した平均額は、職員は金属工業が一万七八六一円、機械工業が一万三五三六円、化学工業が一万五六四一円、労務者は金属工業が一万五〇九一円、機械工業が一万二三六〇円、化学工業が一万三八八二円である。産業による賃金水準の違いがかなり大きいが、同じ産業で比較すれば、職員の賃金は二〇歳代前半までは一倍前後から一・一倍程度、以後は一・一倍から一・二倍程度である。もちろん両者の間には、職員は旧制の中学・高校・大学あるいは新制高校、労務者は旧制の尋常小学校・高等小学校あるいは新制中学という、明らかな学歴の違いがあり、これに応じたキャリアの違いがあった。しかし少なくともこの時点では、賃金格差は小さいといっていい。そしていずれの産業でも、年齢とともに賃金は順調に上昇し、四〇歳代後半には一九歳以下の三倍程度に達する。これをみる限り、京浜工業地帯調査のあった一九五一年までには、正規雇用のブルーカラー労働者にも、学校を出てすぐに就職し、長期にわたって勤続するうちに昇給していくという、長期雇用と年功制の慣行が確立していたようにも思える。実は京浜工業地帯調査を行なった氏原正治郎こそが、日本のブルーカラー労働者に長期雇用と年功制の慣行がみられることを最初に発見した人物であり、その発見をもたらしたのがこの調査だったのである。

氏原によると、工場労働者はそれぞれの職場で、勤続年数の長い役付工を頂点とし、勤続年数にもとづいて序列化される形で組織されている。勤続が長くなるとともに労働者は熟練を形成していく。だから労働者は勤続年数によって序列化され、賃金もこの序列に対応している。このような序列の構造を、氏原は「年功序列」または「年功的職場秩序」、勤続年数によって決まる賃金を「年功給」と呼んだ。

さらに氏原によると、大企業の工場に求められる熟練は、その企業に特殊なものであり、その企業でしか通用しない。だから自営業や農業を営む人々や、他の企業で働いた経験をもつ中高年の労働者を雇っても、技能をもった労働者を大量かつ安定的に確保することはできない。このため大企業は、新規学卒を中心とする若年労働者を採用し、長期にわたって雇用しながら基幹工に育て上げようとする。このような労務管理政策のもとでは、企業と労働者の間に強い結びつきが生まれる。熟練はその企業でのみ通用する企業特殊的なものだから、解雇されたり退職してしまえば意味がなくなる。「退職は、特権の放棄であり、解雇は、既得権の剥奪」なのである。だから基幹工たちは退職を望まず、永年勤続し、企業の従業員としての意識を強くもつようになる。

このように氏原は、京浜工業地帯調査を通じて、のちに日本的雇用慣行と呼ばれるようになる雇用慣行の存在と、その意義について論じたのである。そして氏原は、このような慣行が形成された時期について、明確な根拠を示さずに「大胆すぎる推測」と断りながらも、「第一次大戦後の合理化の時代と戦時中の生産力増強の時代」だったのではないか、と指摘した。

この指摘は、のちに労働経済学者の兵藤釗が、膨大な一次資料の検討から、一九二〇年代に重工業の大企業で、若年者を採用して育成し、勤続年数に応じて昇給させる制度が導入され、大企業労働者の定着性が高まったことを明らかにしたことから、[14]今日でも有力な仮説となっている。しかし、これ以外にも前近代の封建制の時代に起源を求める説（ジェームス・C・アベグレン[15]）、アジア・太平洋戦争の戦時体制下で生まれたとする説（孫田良平[16]）、高度経済成長期に確立したとする説（菅山真次[17]）などがあり、定説はないといっていい。

京浜工業地帯調査の質問紙には、学校を卒業した年やこれまでの職歴についての、詳細な設問が設けられている。氏原自身は、おそらく当時のデータ分析の技術的な限界から、これらの設問への回答についての詳しい分析は行っていない。しかし、今回作成したデータを用いれば、さまざまな分析が可能である。氏原のいうように若年労働者として就職し、長期にわたって勤続してきた人々がどれくらいいたのか、確かめてみよう。

図表4・8は、新卒就職者（学校を卒業した年と就職した年の差が一年以内）の比率を、入社

図表4·8 入社時期別・産業別にみた新卒就職者比率

［金属・機械・化学の男性常用労務者・企業規模500人以上］

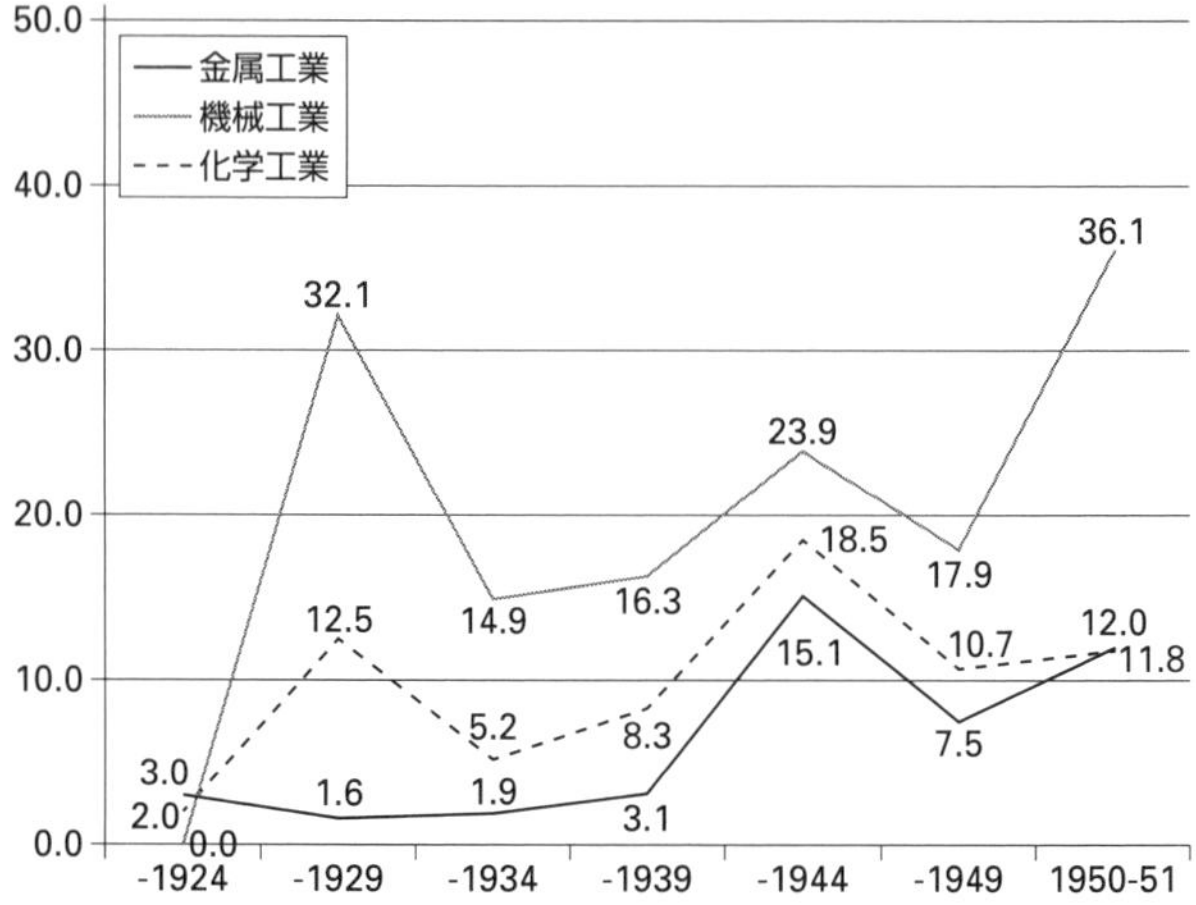

出典：「京浜工業地帯調査（従業員調査）」データより算出。

時期別・産業別にみたものである。時期を通じた全体でみると、新卒就職者の比率はもっとも高い機械工業でも二〇・五％にすぎず、金属工業では七・八％、化学工業でも一〇・七％にとどまっている。したがって長期雇用慣行を「大多数の労働者が新規学卒で就職して長期勤続する」という狭い意味でとらえる限り、これが成立していたとはいえない。しかし、より詳しくみていくと、長期雇用慣行が部分的とはいえ成立し、広がっていったようすを確認することができる。

とくに注目されるのは、機械工業である。新卒就職者の比率は、一九二〇年代前半には皆無だったが、一九二〇年代後半になると三二・一%と跳ね上がっている。たしかにこの時期、機械工業において新卒採用が拡大したのは事実のようである。したがって機械工業に関する限り、氏原の「大胆な仮説」はある程度まで実証されるといっていい。化学工業でも一九二〇年代後半に一二・五%と比率は高くないものの、新卒就職の増加が認められる。

ただしこの動きが、のちの長期雇用へと直接につながっていくわけではない。新卒就職者の比率は、機械工業でも一九三〇年代になると一〇%台半ばと低迷し、戦時下の一九四〇年代前半に二三・九%とやや持ち直したものの、一九四〇年代後半にはまた低下するからである。しかし一九五〇年代に入ると三六・一%にまで上昇している。ただし金属工業、化学工業で新卒就職が一般化するのは、さらに後のことである。

新卒就職者の入職経路を、その他の就職者と比較したのが、**図表4・9**である。非新卒就職者では、一九四〇年代以降は職業安定所が一定の重要性をもつものの、一貫して縁故採用が多い。これに対して新卒就職者では、一九三〇年代前半までは縁故採用が中心だが、一九三〇年代後半になると学校紹介が増え、終戦直後の混乱期を除いて、これが主流になっていく。そして一九五〇年代に急増した新卒就職者では、三分の二までが学校紹介で就職している。学校紹介の新規学卒者を中心に採用して長期にわたって雇用するという、高

図表4·9 新卒就職者と非新卒就職者の入職経路
［機械産業の男性常用労務者・500人以上］

	新卒就職者			非新卒就職者		
	職業安定所	縁故	学校紹介	職業安定所	縁故	学校紹介
入社時期						
-1924	―	―	―	0.0%	75.0%	0.0%
-1929	0.0%	100.0%	5.9%	0.0%	97.2%	0.0%
-1934	7.7%	92.3%	0.0%	0.0%	89.2%	1.4%
-1939	17.1%	32.9%	47.6%	8.6%	81.0%	1.2%
-1944	19.7%	16.4%	63.9%	20.1%	65.5%	2.6%
-1949	6.7%	46.7%	41.5%	15.4%	64.4%	1.8%
1950-51	8.9%	26.6%	67.1%	19.3%	76.4%	0.7%

出典：「京浜工業地帯調査（従業員調査）」データより算出。
［注］回答者には1924年以前に入社した新卒就職者がいなかった。
入職経路は他に「門前募集」「新聞広告」などがあり、
複数回答のため、合計が100％を越える場合がある。

度経済成長期の大企業で一般化した雇用慣行は、一九二〇年代後半の機械工業に、いわば前触れ的に現れたものの、直接にはこの戦後初期の機械工業を起点としているとみるべきだろう。

もちろん、この時期の工場労働者の経歴はまだまだ多様であり、機械工業においても新卒就職者の比率は三人に一人をやや上回る程度にすぎない。しかし、その後日本の大企業で主流となる、新規学卒で就職して長期にわたって勤続する男性労働者階級が、この時期までに姿を現したということは間違いがないように思われる。

取り残された女性と非正規労働者

しかし第3章でも触れたように、以上のこ

図表4·10　1951年の職種別·性別·雇用形態別賃金プロファイル

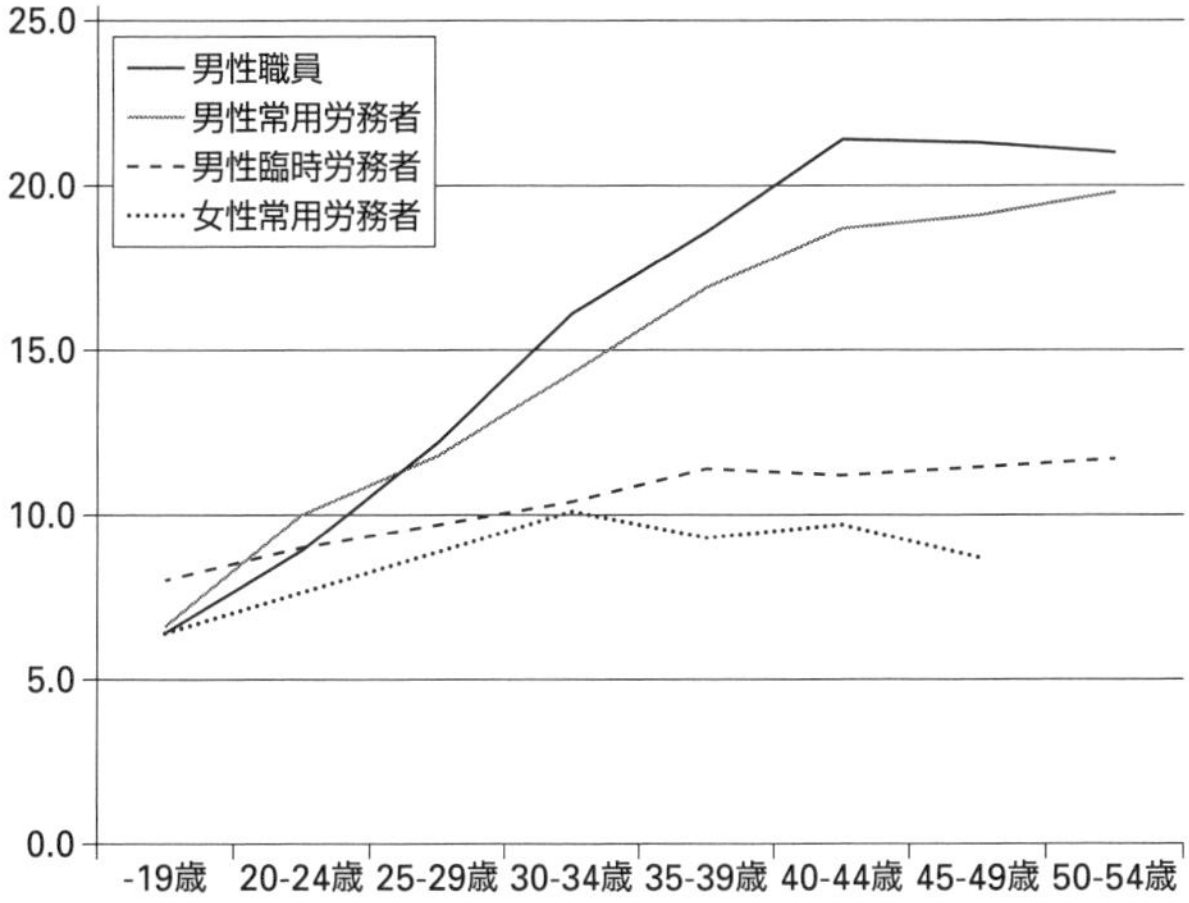

出典:「京浜工業地帯調査データ」より算出。
[注]金属·機械·化学の3産業。従業員規模500人以上。
女性職員、女性臨時労務者と50-54歳の女性常用労務者は、人数が少ないため省略した。

とは主に男性正社員に限ったことであり、非正規労働者と女性は多くの場合、格差の底辺に取り残された。このようすをみるため、三つの産業の合計で、男性臨時労務者と女性労務者の賃金を、男性常用職員・労務者と比較したのが、**図表4・10**である。

　すべての年齢を合計した平均額は、男性職員が一万四八三四円、男性常用労務者が一万四一一五円、女性常用労務者が六二九九円、男性臨時労務者が九七九九円である。先に確認したとおり、男性職員と男性常用労務者の間の格差は小さく、年齢賃金カーブをみても、昇給カーブは似通っている。このことは両者がともに、似通った年功賃金のもとにあることを意味する。ところが男性臨時労務者と女性常用労務者は、昇給カーブがまったく異なる。男性臨時労務者は、若いうちは常用労務者を上回るが、すぐに追い抜かれ、一万円を少し上回ったところで低迷する。そして女性は、三〇歳代前半で頭打ちとなり、その後は一万円を下回る。

　男性と女性、そして正規雇用者と非正規雇用者の間の格差は、二一世紀の今日においても、依然として深刻である。女性と非正規雇用者が、長期雇用と年功制から除外され、企業に収益をもたらすとともに男性正規雇用者の、相対的に良好な労働条件を支えるという、身分制的・差別的な構造が問われている。戦後のこの時期は、職員と工員の間の格差の縮小の陰で、今日につながるこうした構造が確立した時期でもあったのである。

　女性常用労務者について、少し詳しくみておこう。京浜工業地帯調査の、データ化された回答は一万四三二七人分で、うち女性の回答は一五一七人分（一〇・六％）だった。年齢は二〇歳代（四九・三％）、一九歳以下（三六・一％）が多いが、三〇歳代も八・八％、四〇歳以上も五・九％と、分析にたえる数の回答者がいた。その世帯類型構成と、収入を世帯累計別・年齢別にみたのが**図表4・11**である。

　女性労働者の八三・三％までが、同居する子どものいない無配偶女性である。そのほとんどが二九歳以下で、大部分は未婚者だろう。同じく子どものいない有配偶女性は六・二

図表4·11 女性労働者の世帯類型と収入

【1】構成比

	同居子なし無配偶	同居子なし有配偶	同居子あり無配偶	同居子あり有配偶	合計（人数）	
-19	97.1%	2.0%	0.8%	0.0%	100.0%	（490）
20-24	93.0%	5.7%	0.4%	0.9%	100.0%	（557）
25-29	77.9%	13.6%	2.6%	5.8%	100.0%	（154）
30-34	41.4%	12.9%	25.7%	20.0%	100.0%	（70）
35-39	25.9%	15.5%	39.7%	19.0%	100.0%	（58）
40-	22.6%	7.1%	50.0%	20.2%	100.0%	（84）
合計	83.3%	6.2%	6.6%	4.0%	100.0%	（1413）

【2】個人月収［1000円］

	同居子なし無配偶	同居子なし有配偶	同居子あり無配偶	同居子あり有配偶	合計
-19	4.51	4.74	3.75	—	4.51
20-24	6.19	6.76	6.50	8.00	6.25
25-29	7.62	6.70	6.33	7.78	7.47
30-34	7.79	7.06	9.13	7.75	8.04
35-39	8.10	10.78	7.95	8.33	8.52
40-	8.08	5.05	9.12	7.52	8.25
合計	5.78	6.94	8.39	7.83	6.13

【3】世帯月収［1000円］

	同居子なし無配偶	同居子なし有配偶	同居子あり無配偶	同居子あり有配偶	合計
-19	14.44	9.94	13.75	—	14.37
20-24	15.47	17.71	9.25	18.60	15.62
25-29	14.63	16.82	7.58	21.90	15.16
30-34	12.22	17.63	10.53	20.17	14.24
35-39	11.83	15.15	8.77	21.93	13.22
40-	9.28	9.10	14.21	22.69	14.52
合計	14.76	15.96	11.81	21.40	14.91

出典:「京浜工業地帯調査データ」より算出。
［注］図表4·7から図表4·10と異なり、すべての産業と従業員規模を含む。

％で、年齢層は二〇歳代後半以上から三〇歳代が多い。注目したいのは、同居する子どもがいる無配偶者、つまり母子世帯の母親の比率が、三〇歳代前半で二五・七％、三〇歳代後半で三九・七％、四〇歳以上で五〇・〇％にも上っていることである。その多くは、戦争で夫を亡くした女性たちだろう。また同居する子どものいない無配偶女性が、三〇歳以上になっても二割から四割前後と、かなりの比率を占めていることも注目に値する。その多くは、戦争によって結婚の機会を失った女性たちだろう。

　当時の日本では、結婚を機に女性が退職するのは普通のことだった。しかも、多数の男性たちが復員して職を求めるようになると、戦時体制下で男性たちの穴埋めをしていた女性労働者が解雇されるケースも多かった。そんななかで、被雇用者として働き続けていた女性の大部分は、戦争のために夫を失った、あるいは結婚の機会を奪われた女性たちだったのである。

　容易に想像できるように、その家計は苦しかった。同居する子どものいない二〇歳代前半の無配偶女性では、個人収入は六一九〇円と少ないが、他の家族と合わせた世帯収入は一万五四七〇円である。これに対して四〇歳以上の場合は、個人収入が八〇八〇円、世帯収入が九二八〇円で、家計の大半を自分が支えていることがわかる。同居する子どものいる四〇歳代の単身女性をみると、個人収入が九一二〇円、世帯収入が一万四二一〇円で、他の世帯員の収入がある程度の比率を占めるが、これは子どもが就業しているケースがあるからで、子どもが就業年齢に達しない三〇歳代では、やはり家計の大半を自分で支えていることがわかる。これに対して同居する子どもがいる有配偶女性では、二〇歳代後半以上のすべての年齢層で、家計収入が二万円を超えている。戦争が、女性たちの間に大きな格差をもたらしていたのである。

6　階級上昇への欲望

小津安二郎監督の一九五一年の映画に「麦秋」がある。主人公の紀子（原節子）は北鎌倉のお屋敷で、両親と兄、兄の妻子たちと一緒に暮らしている。父親は退職した植物学者、兄は病院勤務の医師、紀子は丸の内にある大企業の役員秘書である。典型的な新中間階級家庭といっていい。生活が豊かであることは、一目でわかる。子どもたちは、電気で動く鉄道模型で遊んでいる。近所の子どもたちがレールを持ち寄り、線路を長くして遊ぶのだが、息子はもっとレールがほしいと母親にねだっている。ある日、息子は父親が持ち帰った長い風呂敷包みを、てっきりレールだと思い込んで大喜びするのだが、開けてみると大きな三斤分の食パンだった。ふてくされた息子は、食パンを放り投げて蹴飛ばし、父親に叱られる。

またある日、紀子は兄嫁に頼まれてケーキを買って帰る。

「わあ、立派ね。とても美味しそう。いくら、これ？」

「九〇〇円。」

「九〇〇円？　これが？　高いのねぇ。こんな高いものなの。」

「でも、ここのがいちばん美味しいのよ。」

この映画を公開時にみた紀田順一郎は、子どもがパンを蹴飛ばす場面に違和感を覚えたという。当時はまだ食糧難が解消していない時代で、食パンは手に入りにくい貴重品だったからである。[18] 鉄道模型で遊ぶことのできる子どもたちも、ごく一部だっただろう。ケーキが九〇〇円だというが、国家公務員キャリア組の初任給が五五〇〇円、建設労働者の平均日給が二八九円、国鉄の初乗り運賃が一〇円、うどん・そばが一杯一七円だった時代なのである。[19]

貧困がまだまだ社会の多くを覆っているこの時期、例外的に豊かな中産階級の生活ばかりを描いていた小津安二郎について、紀田順一郎は「早すぎる離陸」と評した。「まだまだ戦中戦後の日本の貧しい現実を反映した社会派的なテーマ、人間のギリギリの生存条件を問うような作品ばかりが目立つ中で、ひとり小津だけがいわゆる中産階級のドメスティックな関心へと堂々たる離陸《テイクオフ》を果たしている」。そして観客は、そこに示された「中流社会のたたずまいに、ある種の憧れと努力目標とを見つけていた」というのである[20]。

経済成長の始まりにより、一部の人々は小津に追いつき始める。五〇年に朝鮮戦争が勃発すると、日本経済は特需に沸いた。五一年から大企業・中堅企業の業績は急上昇を始め、賃金も大幅に上がった。五〇年には九六八七円だった平均賃金は、五五年には一万八三四三円とほぼ二倍に増え、男性ホワイトカラーに限れば二万八〇一一円に達した[21]。五〇年代後半になると、電気洗濯機や白黒テレビ、そして電気冷蔵庫の普及が始まって消費が大幅に伸びるようになり、五九年の『経済白書』は、「消費革命」が始まったと宣言した。同じく五九年の『建設白書』が「住宅はまだ〝戦後〟である」と指摘したように、住宅の改善は相対的に遅れていたが、五五年に発足した日本住宅公団は、各地に２ＤＫを中心とした大規模団地の建設を始めた。入居には家賃に対応した収入条件があり、ホワイトカラー世帯を中心とした所得の比較的高い人々が住むようになっていた。住人たちは「ダンチ族[22]」と呼ばれたが、このことはひとつの集群としての新中間階級を可視化する役割を果たした。

　五五年には石原慎太郎が小説「太陽の季節」を発表して話題になり、翌年にはその作品が、「太陽の季節」「狂った果実」「処刑の部屋」など立て続けに映画化された。登場人物の多くは、豊かな家庭で育った若者たちである。たとえば湘南に別荘をもち、ハーバーにはヨットがあって、「車で引っかかるなんて程度の低い女に決まってらあ」と豪語する。乗用車の国内生産台数がわずか年間二万台、乗用車の保有台数が一五万台で、世帯数から考えれば、普及率はまだ一％未満だった時代である。[23]「処刑の部屋」に登場するのは大学生たちだが、金儲けのためのパーティー興行とケンカとガールハントに明け暮れ、仲間の一人である会社社長の御曹司の住む豪華なアパートに、女子学生を連れ込んでレイプするなど悪事を働いている。

　作品名をもじって「太陽族」と呼ばれるようになったこのような若者は、もちろん例外的な存在だった。実際には、若者たちの多くは貧しかった。五五年、中学卒の初任給は男子四〇九〇円、女子三八九〇円である。[24]満額を手にすることができたとしても貧困線以下で、実際には寮費や食費、諸経費などが差し引かれ、いくらも残らなかった。集団就職で都会に出てきたものの、低い賃金と長時間労働に耐えかねて職場を飛び出したり、犯罪に走る若者も少なくなかった。しかし小説がベストセラーになり、映画も大ヒットして、主役だった石原裕次郎の服装や仕草をまねる若者たちが海岸や街頭にあふれたというところをみると、若者たちに中上流階級の生活に対する欲望が生まれていたことだけは間違いない[25]。学生証を盗んで変造・偽造して不正使用するニセ学生が増え、二〇〇〇人が補導されたというのも[26]、このことと無関係ではあるまい。やはりこの年、「成功」をテーマとした本が多数出版され、サラリーマンたちに広く読まれてもいる[27]。

現実に到達できるかどうかは別として、より上の階級に対する欲望が、大衆レベルで育ち始めていた。このことは、人々の関心が飢餓から格差へ向かい始めたことを意味するはずである。

7　政治的な争点としての新中間階級

こうした変化を受け止めて理論化しようとする主張が論壇に現れ始めたのは、一九五〇年代終わりのことだった。大衆社会論と呼ばれたこれらの主張は一枚岩ではないが、資本主義が発達して独占段階に至ると、従来の労働者階級とは異なる新中間階級（あるいは新中間層）が増加し、影響力を増すようになると考える点では一致していた[28]。なかでも藤田省三は、管理部門や流通部門で働く労働者を中心として形成される新中間層が「圧倒的多数」を占めるとまで主張して、従来の資本家階級と労働者階級を中心とする階級観を真っ向から否定した[29]。

当時のマルクス主義者の大部分は、資本主義社会が基本的に資本家階級と労働者階級のみからなることを自明視していたし、六〇年の三池炭坑争議が「総資本」対「総労働」の闘いといわれたように、このような理解は一般にも広まっていたから、大衆社会論に対しては多くの批判が加えられた。とくに日本共産党系の論者たちは、激しく反発した。たとえば、「事実を分析するかわりに、その現象の一側面を誇張して、現代資本主義の下では資本家も労働者も『中間層化』すると宣伝している[30]」といった具合である。一連のやりとりは、「大衆社会論争」と呼ばれて注目を集めた。

しかし、データにもとづく冷静な批判もあった。たとえば田沼肇は、米国で使われていた分類法にもとづき、「国勢調査」や「就業構造基本調査」のデータを使って日本の就業人口構成を計算し、五五年の日本では旧中間層が四九％を占めるのに対し、生産労働者は三六％、新中間層はわずかに一五％を占めるにすぎないと指摘したのである[31]。これは実証ぬきに海外の理論を直輸入しようとする傾向に対する、痛烈な一撃だったが、同時に、ホワイトカラー労働者を新中間層または新中間階級と呼んで生産労働者から区別する論者が、マルクス主義者のなかから現れたという点で興味深い。後に階級研究の第一人者となる大橋隆憲も、五〇年代には新中間層というカテゴリーを使って、日本の階級構成を推計する研究を行なっていた。(32)

他方、階級というものの重要性に否定的な見解も、この時期に現れ始めていた。その代表的人物こそ、SSM調査の生みの親でもある尾高邦雄に他ならない。尾高によると、階級とは客観的な地位や境遇に明確な断層があり、互いに敵対的な階級意識をもつ人々の集合体のことである。ところが現実の日本では、このような階級間の対立や階級意識が明らかに存在するとはいえない。したがって、日本には階級の明確な存在は認められないというのである。(33) このような主張は、当時の彼が、社会主義を批判して日本社会党を脱党した人々の結成した、民主社会党を支持する知識人グループで活動していたことと関係がある。民主社会党はその基本政策で、大衆社会論の主張を取り入れながら、国民の中産階級化をさらに推し進め、「全国民の中産階級化を実現する」としていたからである。すべての人々が均質な中産階級になるというこの構想は、階級の違いは重要ではないという尾高の見解と整合するものであり、のちの「一億総中流」論のさきがけともいえるものだった。

もっともこの主張は、まだまだ当時としては早すぎたというべきだろう。たしかに新中間階級は育ちつつあったかもしれないが、規模の上では小さく、その影響力は限られていた。しかも、経済成長とともに格差は拡大しつつあり、賃上げとともに政治的要求を掲げる労働組合は組織拡大を続けていた。いわゆる「五五年体制」が確立すると、労資の対立は政治のレベルでもはっきりみえるようになった。貧困層の広がりは、依然として大きかった。

しかし、ここで注目しておきたいのは、階級や格差の構造をめぐる日本で初めての本格的論争ともいうべきこの論争が、きわめて政治的な性格のものだったということである。階級は存在するのかしないのか。存在するとした場合、どのような種類の階級が相互にどのような関係にあると考えるべきなのか。この問題は、社会構造を把握するという社会科学的な問題であると同時に、政治的立場を鋭く問うものでもある。階級や格差に対する認識と政治的立場が強く関連するというこのような構図は、その後の日本に繰り返し現れることになる。

第5章

青春時代の格差社会——一九六〇年代

1　成長と変貌の時代

一九六〇年代のイメージは、なぜか明るい。六〇年安保闘争で始まり、全共闘運動で終わった動乱の時代でもあるのだが、不思議に人をひきつける魅力がある。

当時の生活や風俗、テレビ番組や流行歌などを扱った本やビデオが、たくさん売られている。写真集も多い。車の波に埋もれた路面電車、超高層ビルの建設現場、完成したばかりの団地での生活、映画スターたちの活躍、工場の煙突の下の路地裏で遊ぶ子どもたち、そして東京オリンピック。当時の生活や風俗を描いた映画も、いくつか公開された。年長の世代が懐かしくみているだけではない。若者たちにも、広く支持された。

そのイメージの明るさの源泉は、なんといっても高度経済成長である。六〇年代の経済成長率は、年平均で一〇・四%にも達し、最高は六〇年の一三・一%で、大型倒産が相次いで高度成長の折り返し点となった六五年を除けば（それでも五・七%だが）、すべて八%を超えている。バブル経済最盛期の八八年でも六・八%にすぎないのだから、桁外れといっていい。一九五九年に六三兆円だった実質ＧＤＰ（九〇年価格）は、六九年には一七一兆円。わずか一〇年で二・七倍になった。

産業構造も、大きく変わった。当時は三年ごとに行なわれていた「就業構造基本調査」によると、五九年に三七・五％だった第一次産業人口比率は、七一年には一七・四％と半分以下に激減した。六〇年代前半までは第二次産業人口、そして後半は第三次産業人口の伸びが大きく、一二年間で第二次産業は二六・一％から三五・五％へ、第三次産業は三六・四％から四七・一％へと、いずれも全就業人口に占める比率を約一〇％高めている。

この経済の激変期に、格差の構造も大きく転換した。六〇年代の初めまで、経済的な格差は五〇年代から引き続いて拡大していたが、次第に縮小へと転じていくのである。大きな流れについては、すでに**図表2・6**で確認したが、この転換のようすを詳しくみておこう。**図表5・1**は、規模間賃金格差、男女間賃金格差、労職間賃金格差、そして農家と被雇用者世帯の家計費格差の動向をみたものである。**図表2・6**と違って、賃金や家計費の大きいものに対する小さいものの比率で示したので、グラフが上向きであることは、格差が縮小していることを示している。

企業規模間の賃金格差は、拡大を続けたあと一九五九年には横ばいとなり、六〇年から六三年にかけて顕著に縮小した。その後は、やや拡大傾向をみせるが、もとの水準に戻ったわけではなく、六九年まで大きな変化がない。男女間賃金格差も、五〇年代半ばすぎまで拡大を続けたが、その後は横ばいとなり、六〇年代に入ると縮小傾向をみせた。労職間

図表5·1 1960年代における経済格差の縮小

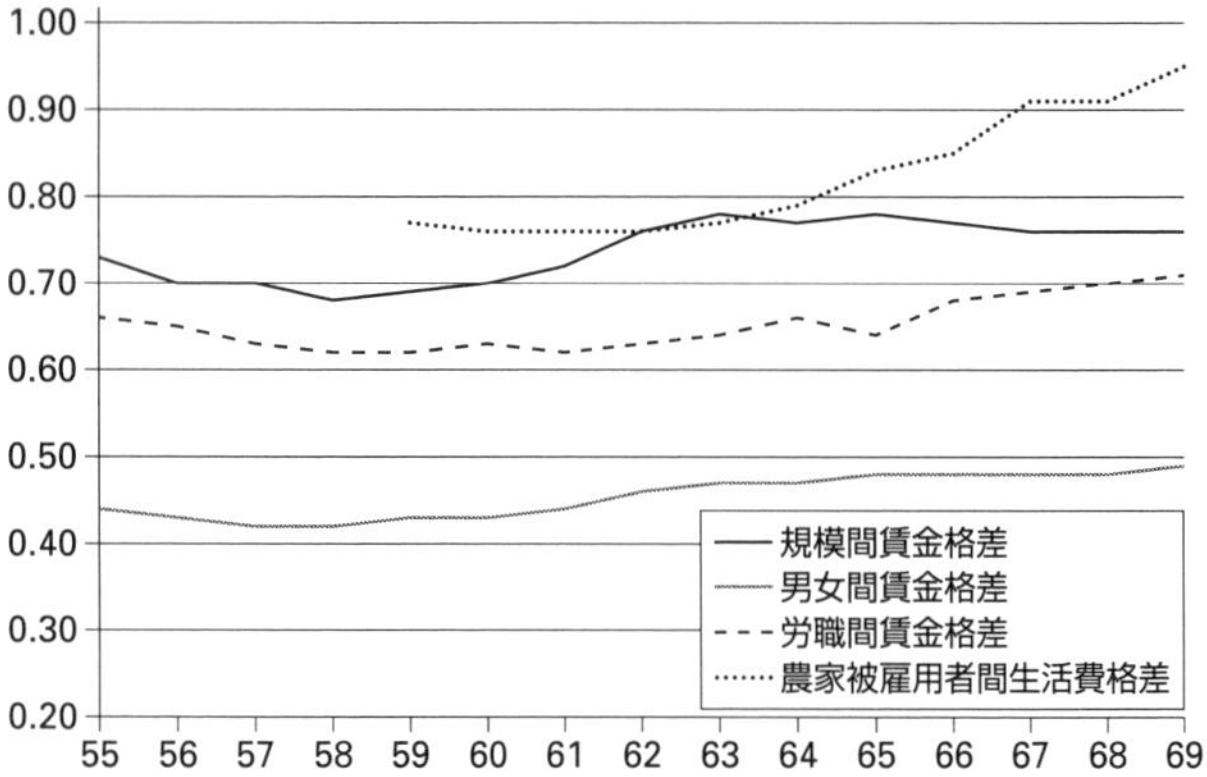

出典：賃金格差は「毎月勤労統計調査」より算出。
［注］規模間は500人以上を1とした30-99人の賃金、
男女間は男性を1とした女性の賃金で、サービス業を除く全産業。
労職間は製造業・男性の管理事務技術労働者を1とした生産労働者の賃金。
農家被雇用者間生活費格差は勤労者世帯（被雇用者世帯）を1とした農家世帯の
世帯員1人あたり家計費で、『農業白書付属統計表』（昭和40年度、50年度）より。

賃金格差（ブルーカラーとホワイトカラーの賃金格差）は、一度拡大から縮小に転じたあと、六五年に再拡大するが、六六年以降は再び縮小傾向をみせるようになる。そして農家と被雇用者世帯の家計費の格差は、六〇年代前半まではかなり大きかったが、その後は米価がほぼ毎年のように引上げられたこと、また兼業化が進んだことから、急速に縮小していく。

　このように経済的格差は、指標によって変化のタイミングが少しずつ違い、また一時的に再拡大する場合もあるが、全体としては六〇年代初めに拡大がピークに達し、縮小へと趨勢が転じ始めたとみることができる。

賃金格差の縮小は、基本的には高度成長にともなう労働力不足によってもたらされたものだった。五〇年代の半ばまでは、求人数が求職者数を大きく下回っていたが、高度成長の始まりとともに両者は接近し、六二年にはついに逆転した。とくに新規学卒者の求人は急増し、五〇年代後半には一倍前後だった求人倍率が、六五年になると中卒で三・七倍、高卒で三・五倍に達した。求人超過は、中卒者で一二二万人、高卒者で一五八万人、合計二八〇万人で、新規学卒労働市場は極端に逼迫していた。[1]これにともなって初任給は大幅に引上げられ、とくに進学率が上昇したために不足が深刻化した中卒者（男子）の初任給は、六〇年から七〇年の一〇年間に五九〇〇円から二万三八〇〇円へ、約四倍になった。[2]

企業は、こうした初任給の変化にあわせて全体の賃金体系を調整したから、年齢間の賃金格差も縮小した。**図表5・2**は、製造業の男子労務者を例に、そのようすをみたものである。新規学卒者が容易に調達できた一九五〇年代には、年功カーブの勾配が強まり、一九六〇年には二〇歳代前半と四〇歳代の賃金格差が二倍以上に達した。ところが、その後は勾配が弱まり、両者の格差は一・六倍程度にまで縮まり、一九歳未満と二〇歳代前半の格差も縮小していることがわかる。

低賃金の臨時雇労働者・日雇労働者は、五〇年代に大きく増加していたが、六〇年代に

図表5・2 年齢賃金カーブの変化［製造業・男子労務者］

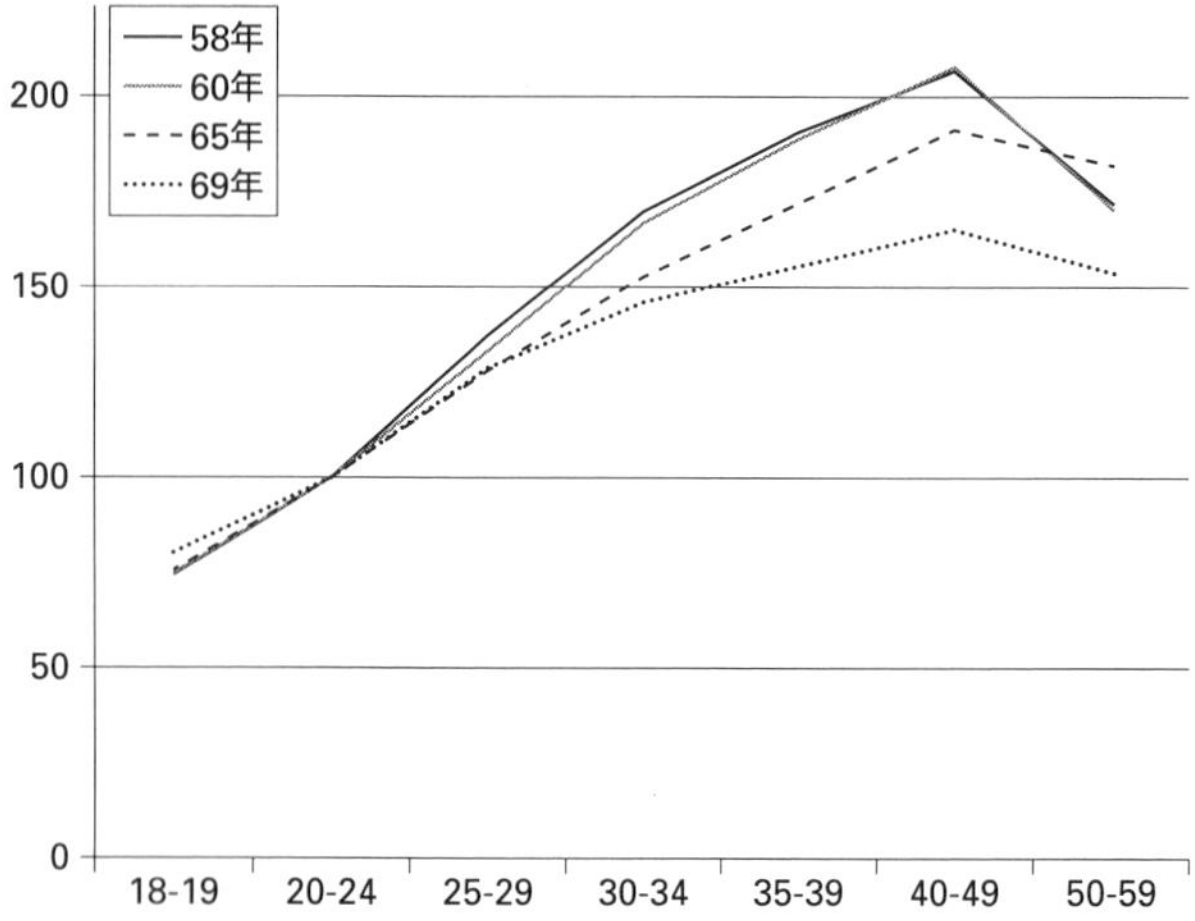

出典：「賃金構造基本統計調査」より。
［注］20-24歳の「月間決まって支給する現金給与額」を100としたときの指数。
ただし、原調査の呼称は年度によって異なる。

入ると労働力不足のため、男性労働者を臨時雇や日雇として採用することが困難になった。このため、六〇年には九・三％だった男性被雇用者に占める臨時・日雇の比率は、七〇年には五・八％にまで低下する[3]。

企業規模間の移動にも、変化があった。第4章でも紹介したように、氏原正治郎は一九五一年の京浜工業地帯調査の結果から、大企業は新規学卒を中心とする若年労働者を採用し、長期にわたって雇用しながら基幹工に育て上げると論じた。こうして大企業労働者の大部分は、若いときから定年まで勤め続けるため、大企業と中小企業の間での労働移動は少なく、中小企業から大企業への移動はとくに少ないと主張した[4]。大企業を頂点とする労働市場では、上から下への移動はあっても、逆の上昇移動は困難であり、労働移動の大部分は中小企業間で起こるというのである。この主張は、その後も経済白書やいくつかの研究で確認され、ある時期までは日本の労働移動に関する定説のように受けとられていた。

ところが高度成長期には、労働力不足のために大企業の採用が活発化し、大企業どうし、あるいは中小企業から大企業への労働移動が増加した。そのようすをみたのが、**図表5・3**である。たしかにいずれの時期をとっても、企業規模間移動の大部分は中小企業間で起こっており、その比率は多い年では八割を超えている。しかし中小企業から大企業への移動は少ないとはいえない。東京オリンピック後の不況で高度経済成長の中休みとなった一九六五年と六六年を除けば、一九七四年まで全移動量の一〇%を超えており、一九六七年以降の多くの年では、大企業から中小企業への移動を上回っている。いわば、大企業による中小企業からの労働者の「引き抜き」が起こっていたのである。

中小企業は労働力確保のため、賃金を引上げざるを得なくなったが、高度成長を背景に、ある程度まではそれが可能だった。このことが、企業規模間格差の縮小をもたらした。

このように高度経済成長による労働力不足は、さまざまな側面から賃金格差を縮小したのだが、それでも経済格差の縮小には、依然として多くの限界があり、また後の格差拡大

図表5·3 企業規模間移動量の変化

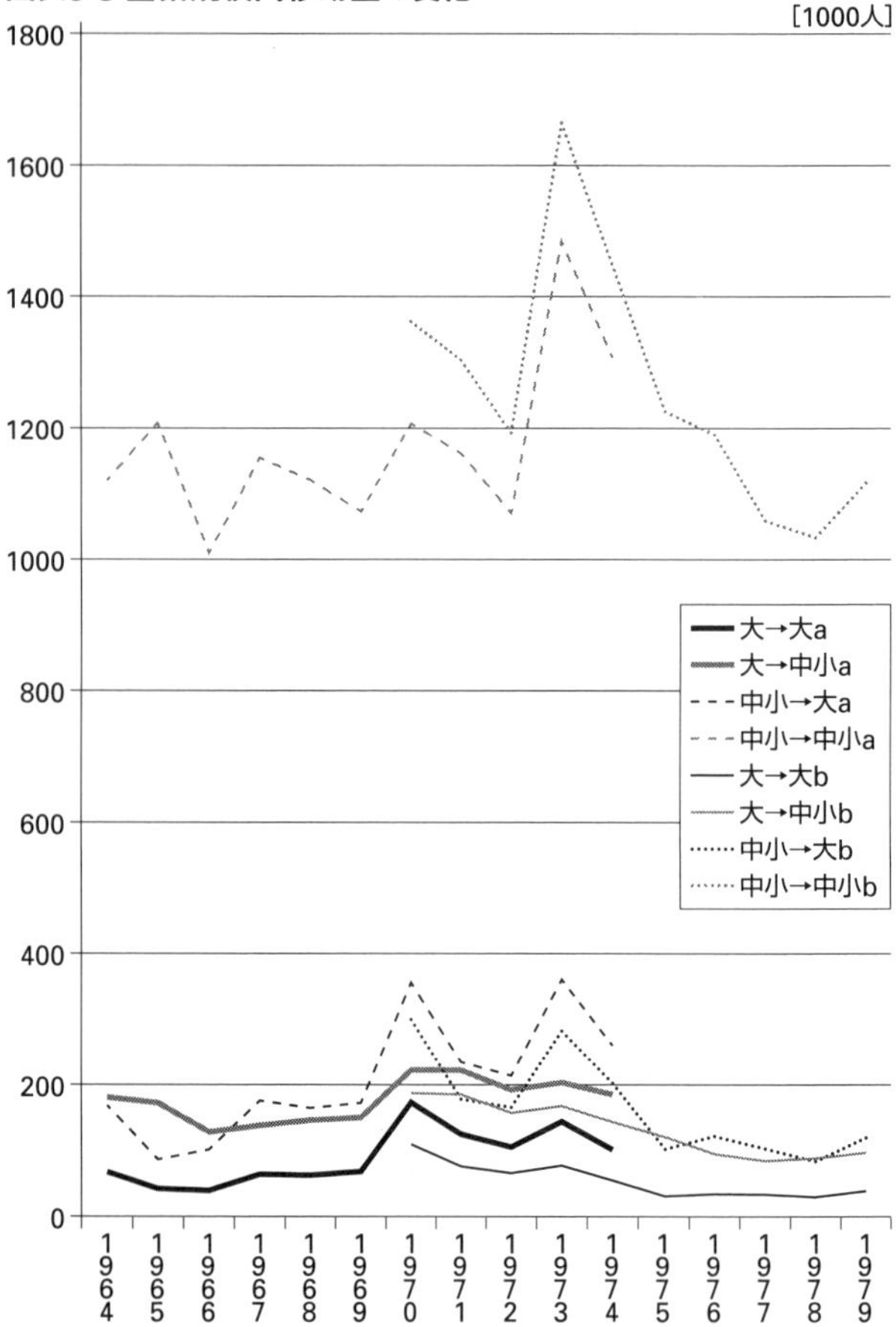

出典:「雇用動向調査」。
[注]aは500人以上を大企業、499人以下を中小企業、
bは1000人以上を大企業、999人以下を中小企業としている。

移動先の企業は、1964年は10人以上、1965年以降は5人以上。移動元の企業は1人以上。

1964年は1-6月の値を2倍した。企業規模が不明のケースは含めていない。

の遠因も形成されつつあった。

まず、ブルーカラーとホワイトカラーの賃金格差は、五〇年代に比べれば縮小したといってても、依然として小さいとはいえない。両者の格差が目立って縮小するのは、七〇年代に入ってからのことである。また企業規模間格差の縮小は、六〇年代初めに急速に進んだが、やがて頭打ちとなり、もともと五〇年代の格差拡大があまりに著しかったこともあって、かなり大きな格差が残された。年齢による賃金格差は縮小したが、同時に多くの企業では賃金制度が変更され、職務給・職能給の導入が進んだ。導入当初は、ほぼ年功制に沿った形で運用されたため大きな変化は起こらなかったが、後の賃金格差拡大の一因となった。

さらに重要なのは、女性非正規雇用者の増加である。六〇年代を通じて、男性の非正規労働者比率は大きく低下したが、逆に女性の非正規雇用者比率は一一・八％から一四・一％へと上昇し、実数で男性を上回るようになった。女性非正規雇用者は、その後も急増を続け、膨大な数の低賃金労働者群を形成するようになる。

このように六〇年代は、格差拡大から縮小への転換期にあたってはいたが、基調としてはまだまだ格差が大きく、後の格差拡大につながる要素が形成された時期でもあったのである。

図表5·4　1965年の経済格差

［万円］

		個人年収	世帯年収
資本家階級		144.9	201.5
新中間階級	全体	66.9	95.7
	1-29人	72.8	92.0
	30-999人	65.0	92.2
	大企業·官公庁	66.7	98.0
労働者階級	全体	45.4	68.6
	1-29人	39.8	60.2
	30-999人	43.0	65.7
	大企業·官公庁	54.8	81.7
自営業者層		61.7	85.0
農民層		44.4	61.8

出典：1965年SSM調査データより算出。

図表5・4は、六五年の階級間格差をみたものである。労働者階級と資本家階級の個人年収の格差は三・一九倍、新中間階級との格差は一・四七倍で、それぞれ五五年よりもやや拡大している。自営業者層も労働者階級との差をやや広げている。農民層は収入が増えて、ほぼ労働者階級並みになった。そして新中間階級と労働者階級それぞれの内部では、格差の縮小が認められる。一―二九人規模の小零細企業の賃金が改善され、新中間階級では大企業に追いつき、労働者階級でも七割を超えるまでになった[5]。階級間の格差は、農民層が労働者階級に接近したことを除けば縮小しなかったが、階級の内部の均質性は高まったということができる。

図表5・5は、貧困率を所属階級別にみたものである。比較のため、**図表4・3**で示した五五年の貧困率からの増減も示しておいた。すでに経済成長が進んでいることから、貧困

図表5·5 1965年の貧困率

[%]

		1955年	1965年	変化
全体		20.8	12.1	-8.7
資本家階級		5.8	2.0	-3.8
新中間階級	全体	2.1	2.4	0.3
	1-29人	0.0	4.4	4.4
	30-999人	3.7	4.4	0.7
	大企業·官公庁	2.2	1.2	-1.0
労働者階級	全体	13.0	12.4	-0.6
	1-29人	21.6	20.7	-0.9
	30-999人	9.8	11.5	1.7
	大企業·官公庁	6.3	3.9	-2.4
自営業者層		19.1	13.4	-5.7
農民層		34.1	24.2	-9.9
無職		28.2	19.1	-9.1

出典：1965年SSM調査データより算出。

線は等価所得中央値の二分の一に設定した。貧困線の決め方が異なるので厳密な比較にはならないが、貧困率は二〇・八%から一二・一%へと大幅に低下している。貧困率が低いまま変化しなかった新中間階級を除くと、いずれの階級でも貧困率が低下しているが、とくに農民層では低下幅が九・九%と大きい。逆に低下幅の小さいのは労働者階級で、企業規模間格差はむしろ拡大している。大企業労働者は、ほぼ貧困とは無縁になったといえるが、中小零細企業労働者の貧困率は依然として高い。労働者階級の規模間賃金格差が縮小したといっても、この規模間格差は、あいかわらず貧困に陥るか否かの境界線にまたがっていたのである。また農民層の貧困率は、低下はしたものの二四・二%で、全階級中でもっとも高いことに変わりはない。他の階級との格差を縮めつつも、やはり膨大な貧困層が農村に滞留していたのである。

2　農民層の動向

一九六〇年代の後半には、賃金の地域間格差が拡大した。七〇年の都道府県別平均賃金月額は、東京が最高で八万八六七三円だったのに対し、山形は五万四一七円と東京の五七%にすぎず、これを含めて東京の七割に満たない地域が、東北・九州の農業県を中心に一五県もあった[6]。これは、農家の兼業化が進んだこととも関係がある。六〇年代、日本の階級構造は激変したが、その最大の要因は、膨大な数の農民層および農民層出身者が他の階級へ移動したことである。この結果、農家に属する多くの人々が、兼業の形で低賃金労働に従事するようになったのである。この時期は日本の農業にとって大きな曲がり角だったと考えられるので、ここで農民層の長期的な動向についてまとめておこう。

図表5・6は、二〇世紀初めから最近までの、農家戸数、専業農家戸数、農家人口、農業従事者数の推移をまとめたものである。第3章でも述べたように、戦前期の農家戸数は

図表5·6　農家戸数·農家人口·農業従事者数の推移

	総農家戸数[1000戸]	うち専業農家[1000戸]	農家人口[1000人]	農業従事者数[1000人]	うち男性[比率]	農業就業人口[1000人]
1905	5,380	3,777	29,753	14,069		
1910	5,417	3,695	29,945	14,020		
1915	5,451	3,748	30,083	13,942		
1920	5,485	3,837	30,249	13,939		
1925	5,549	3,880	30,703	13,941		
1930	5,600	4,042	32,095	13,944		
1935	5,611	4,164	32,187	13,752		
1940	5,480	2,304	31,846	13,559		
1946	5,698	3,275	34,137	18,486		
1950	6,176	3,086	37,670			
1955	6,043	2,105	36,347	19,321		
1960	6,057	2,078	34,411	17,656	8,508(48.2%)	14,542
1965	5,665	1,219	30,083	15,443	7,490(48.5%)	11,514
1970	5,402	845	26,595	15,618	7,669(49.1%)	10,352
1975	4,953	616	23,197	13,732	6,877(50.1%)	7,907
1980	4,661	623	21,366	12,539	6,422(51.2%)	6,973
1985	4,376	626	19,298	11,369	6,031(53.0%)	6,363
		498		9,428	4,910(52.1%)	5,428
1990	3,835	473	17,296	8,493	4,441(52.3%)	4,819
1995	3,444	428	15,084	7,398	3,960(53.5%)	4,140
2000	3,120	426	13,458	6,856	3,638(53.1%)	3,891
2005	2,848	443	11,339	5,562	2,976(53.5%)	3,353
			8,370			
2010	2,528	451	6,503	4,536	2,434(53.7%)	2,606
2015	2,155	443	4,880	3,399	1,870(55.0%)	2,097

出典:農家戸数は『農林業センサス累年統計』『2015年農林業センサス』による。

農家人口は、1905-40年は梅村又次らによる推計値(梅村又次·赤坂敬子·南亮進·

高松信清·新居玄武·伊藤繁『長期経済統計2·労働力』)、1946年以降は『農業センサス』による。

1905-40年の農業従事者数は梅村又次らによる推計値。

1946年と1955年以降の農業従事者数と農業就業人口は、『農業センサス』による。
[注]1985年の2行目以降の農業従事者数は販売農家のみ。
2005年の2行目以降の農家人口は販売農家のみ。
農業従事者は、満15歳以上の世帯員のうち、調査期日前1年間に自営農業に従事した者をいう。
また農業就業人口は、農業従事者のうち「農業のみに従事した世帯員」及び
「農業と兼業の双方に従事したが、農業の従事日数の方が多い世帯員」をいう。

五五〇万戸、農業従事者数は一四〇〇万人前後で、大きな変動がなかった。ところが戦争直後には、職を失った人々や、復員者・海外引揚者が農家に身を寄せて農業に従事するようになったため、農業従事者数が激増し、農家戸数も増加する。経済の復興と高度経済成長の始まりとともに、これが減少に転じるのだが、六五年はほぼこれらが戦前期の水準に戻った時期にあたることがわかる。

しかし農家人口の就業実態は、戦前とはまったく異なる。兼業農家が激増していたからである。専業農家は、三五年には四一六万戸で農家全体の七四・二%を占めていたが、六五年は一二二万戸で、二一・五%を占めるにすぎない。しかも六〇年は二〇八万戸だったから、この五年間での減り方はすさまじい。農業従事者数も六〇年の一七六六万人から六五年の一五四四万人と、二二二万人の減少である。新規学卒者への労働需要は急増していたから、若者たちの多くは学校を卒業すると都会へ働きに出るようになっていたが、中高年の多くは、農業を続けながら通勤または出稼ぎという形で外で働くようになった[7]。

図表5・7は、農民層出身者の所属階級を一九五五年と一九六五年で比較したものである。所属階級の内訳が、大きく変化していることがわかる。五五年には農民層出身者の六一・六%までが農業に就いていた。当時は子どもの数が多く、農民層出身者の男子には自分を含めた平均で二・六人程度の兄弟がいた[8]。この人数に農民層の比率をかければ一・六

図表5·7 農民層出身者の所属階級

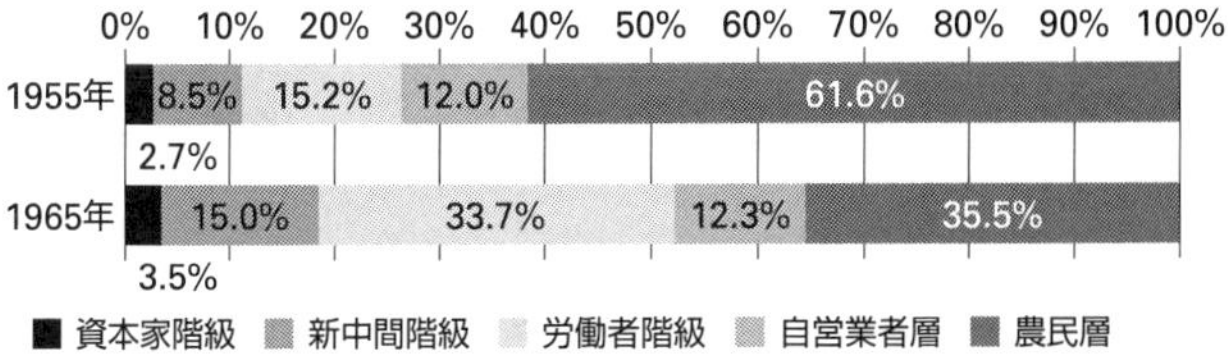

出典：SSM調査データより算出。男性20-69歳。

人となるから、各農家は一人のあとつぎを確保し、その上でさらに〇・六人程度の男子が農業に従事していたことになる。ところが六五年になると、農民層の比率は三五・五％と激減する。平均兄弟数の二・六人にこの比率をかけると約〇・九二人となるから、一部の農家は男性のあとつぎを確保できていないことになる。移動先は労働者階級が三三・七％ときわだって多い。

図表5・8は、旧中間階級を自営業者層と農民層に区別した一九六五年の世代間移動表である。農民層から流出した人々は五五五人に上り、全体の三〇・六％、農民層以外の三六・九％をも占める。まさに高度経済成長期の日本は、農民層出身者によって支えられていたといっても過言ではないだろう。労働者階級に限ってみれば、六二八人のうち二九〇人（四六・二％）までが農民層出身である。これに対して労働者階級出身者は一五二人（二四・二％）にすぎない。農民層が労働者階級の担い手の主要な供給源だったということがわかる。

しかし第4章でもみたとおり、彼らの多くは学歴が低く、近代

図表5·8 農民層を区別した世代間移動表［1965年・男性20-69歳］

父親＼本人	資本家階級	新中間階級	労働者階級	自営業者層	農民層	合計
資本家階級	64 (36.2%)	51 (28.8%)	26 (14.7%)	30 (16.9%)	6 (3.4%)	177 (100.0%)
新中間階級	15 (8.8%)	89 (52.4%)	49 (28.8%)	12 (7.1%)	5 (2.9%)	170 (100.0%)
労働者階級	9 (3.5%)	51 (20.0%)	152 (59.6%)	30 (11.8%)	13 (5.1%)	255 (100.0%)
自営業者層	35 (10.0%)	78 (22.3%)	111 (31.8%)	112 (32.1%)	13 (3.7%)	349 (100.0%)
農民層	30 (3.5%)	129 (15.0%)	290 (33.7%)	106 (12.3%)	306 (35.5%)	861 (100.0%)
合計	153 (8.4%)	398 (22.0%)	628 (34.7%)	290 (16.0%)	343 (18.9%)	1812 (100.0%)

出典：SSM調査データより算出。

産業においてはあくまでも非熟練労働者である上に、とくに兼業農家の場合には、家業との関係で勤務場所や勤務できる時期が限られ、企業側の要請に全面的には応じられない事情があり、低賃金にとどまりやすかった[9]。一九六五年SSM調査データからも、その傾向は確認できる。労働者階級の平均個人年収が四四・九万円なのに対して、同じ労働者階級でも農民層出身者は四二・八万円にすぎず、とくに兼業農家世帯の場合は三〇・七万円にとどまっている。

新中間階級へ移動した人々にも、注目しておきたい。比率としては一五・〇%だが、農民層出身者の数そのものが多いので、これは新中間階級全体の三二・四%にもあたり、他のどの階級の出身者をも上回るので

図表5·9　農民層の移動指標の推移

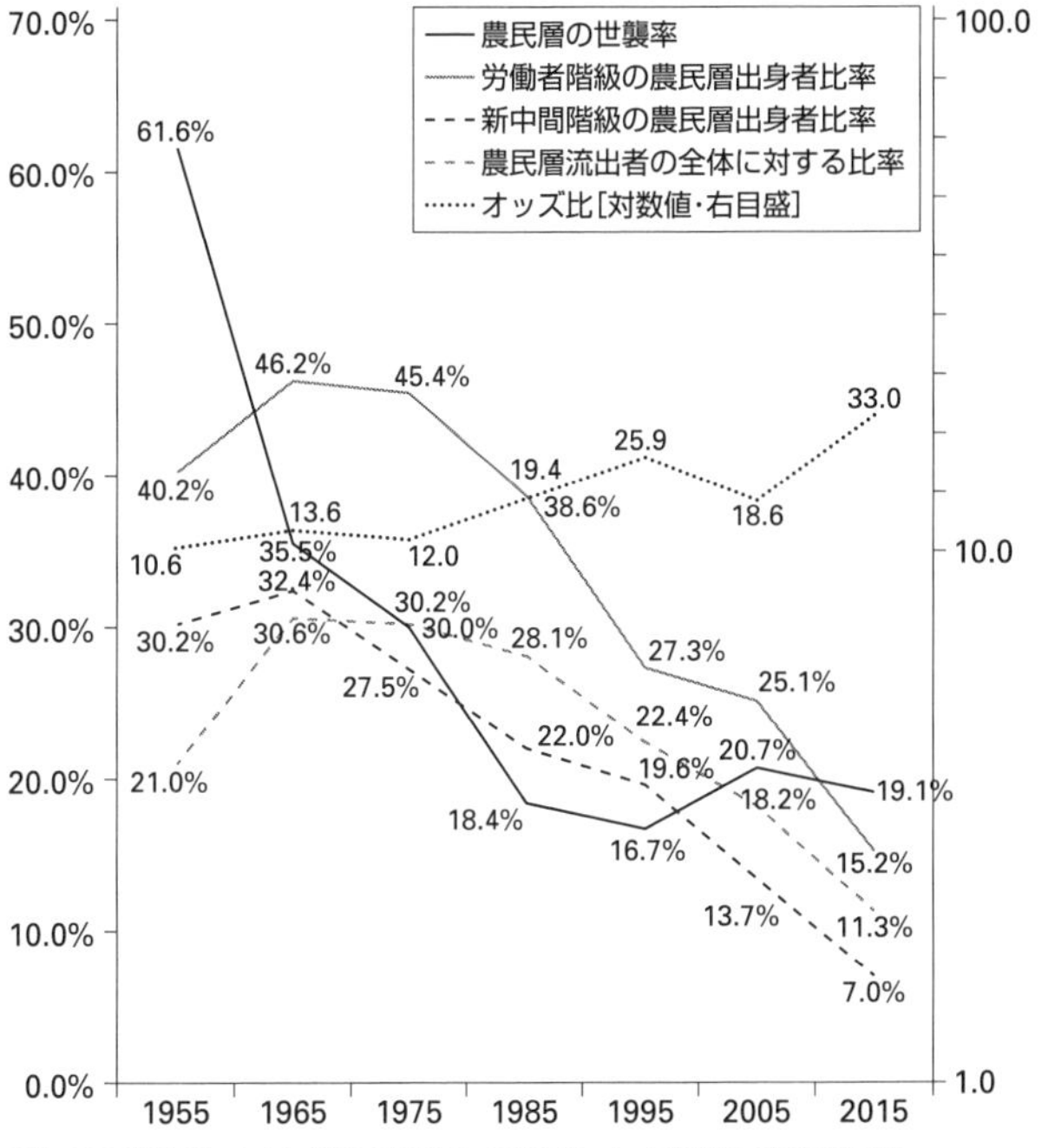

出典：SSM調査データより算出。対象は20-69歳男性。オッズ比は右目盛で対数値。

ある。やはり彼らの個人年収は、他の階級の出身者が七〇・六万円であるのに対して、五九・五万円とやや低かったが、数の上では企業や官庁で働くホワイトカラーの主流ともいえる位置を占めていた。

図表５・９は、その後を含めた農民層の移動指標をグラフにまとめたものである。農民層のうち、父親も農民層だった人の比率である世襲率は、前述のよ

うに一九五五年は六一・六％と高かったが、以後は低下を続け、一九九五年に一六・七％に達してから底を打ち、以後は二〇％前後となっている。しかし農民層は農地の所有が前提になることから、外部への流出は多くても外部からの流入は困難なため、オッズ比はいちばん低い一九五五年でも一〇・六と高く、その後も上昇を続けて二〇一五年には三三・〇となった。

労働者階級に占める農民層出身者の比率は、一九七五年も四五・四％と高かったが、一九八五年には三八・六％と明らかに低下し始め、一九九五年には二七・三％となり、労働者階級出身者の三三・八％を下回った。農民層の規模そのものが縮小したこと、また少子化が進んだことから、流出可能な労働力が減少したからである。こうして労働者階級は、担い手が内部から補充される、自己再生産の傾向を強めることになる。また新中間階級に占める農民層出身者の比率も同様に低下を続けた。一九八五年には二二・〇％となって新中間階級出身者を下回り、以後はまったくの少数派となった。こうして新中間階級も、労働者階級と同様に自己再生産の傾向を強めるのである。

3　世帯の就業構造

一九六〇年代の日本社会は、農民層の流出を中心に大きな転換期にあり、それだけにまったく異質な要素が入り乱れる坩堝のような状態にあったといえる。昔ながらの専業農家世帯があり、家族を労働者階級や新中間階級として通勤させる兼業世帯がある。他方では、以前からの被雇用者世帯や自営業者世帯があり、さらに農家から単身で都会に出て行った若者たちや、彼ら・彼女らが新たに形成した核家族世帯があった。しかも専業農家、あるいは農家そのものが圧倒的な少数派となってしまった今日とは違い、各世帯類型がそれぞれに巨大な規模をもって共存していたのである。今日に比べればまだまだ貧しい時代だったから、一家が総出で働くことも多かった。ひとつの世帯に属する家族がそれぞれに異なる職業をもち、労働者と農民、さらに自営業者が同居するなどということも少なくなかった。

図表5・10は、さまざまな階級と世帯類型が入り乱れるこのような構造を、直感的に理解できるように示したグラフである。世帯類型の分類方法はいろいろ考えられるが、ここでは、①世帯員の階級所属が一種類のみである場合には、資本家階級世帯、新中間階級世

図表5-10　世帯類型別・階級別にみた就業者の構成

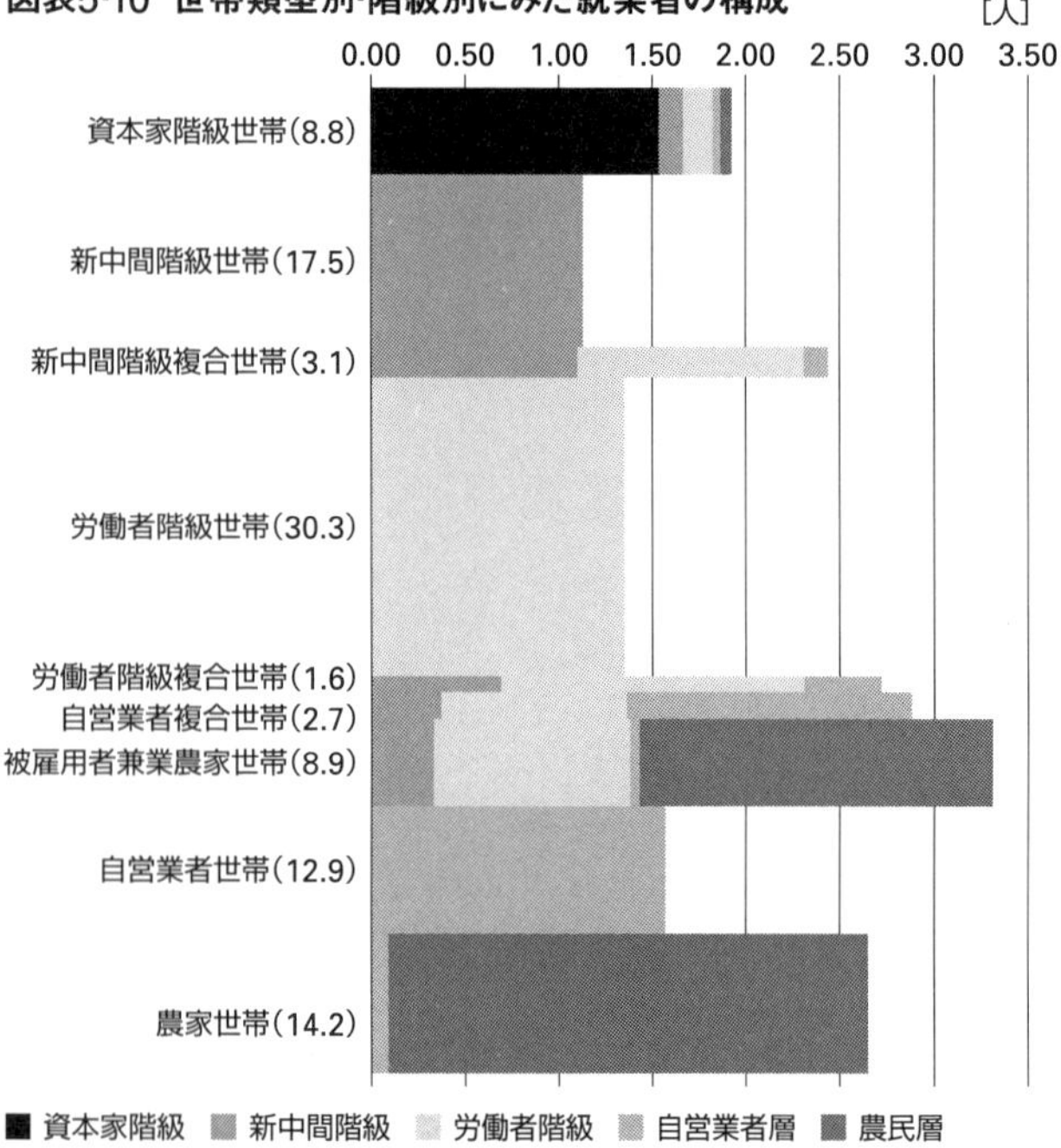

出典：1965年SSM調査家族・兄弟データより算出。
各世帯類型名のあとの括弧内の数字は構成比。
［注］世帯類型は次のとおり。
【資本家階級世帯】資本家階級を含む全世帯
【新中間階級世帯】新中間階級のみを含む世帯
【新中間階級複合世帯】
最年長男性世帯員が新中間階級で、労働者階級または自営業者を含む世帯
【労働者階級世帯】労働者階級のみを含む世帯
【労働者階級複合世帯】
最年長男性世帯員が労働者階級で、新中間階級または自営業者を含む世帯
【自営業者複合世帯】
最年長男性世帯員が自営業者で、新中間階級または労働者階級を含む世帯
【被雇用者兼業農家世帯】新中間階級または労働者階級を含む農家世帯
【自営業者世帯】自営業者のみを含む世帯
【農家世帯】専業農家および自営兼業農家

帯などとし、②世帯員の階級所属が二種類以上にまたがる場合については、資本家階級を一人でも含む世帯は資本家階級世帯、農家は兼業の状態によって農家世帯と被雇用者兼業農家世帯、他の世帯については最年長男性世帯員の階級所属を基準として各複合世帯へと分類した（詳細については、図表の付注を参照）。グラフは、世帯の構成比を縦軸、世帯に含まれる各階級の人数（平均値）を横軸にとり、各階級の人数を面積によって表現している。

資本家階級は定義上、全員が資本家階級世帯に含まれるが、世帯員には他の階級の成員が少なく、男性世帯主が単独で経営者を務めるか、あるいは複数の資本家階級を含んで家族的経営を営む世帯が大部分である。その意味で資本家階級は、他の階級からかなりの程度に切り離されて生活していたということができる。

新中間階級は、全体の約三分の二が新中間階級世帯に、残りの大部分は新中間階級複合世帯と被雇用者兼業農家世帯に含まれている。ただし、兼業農家世帯に含まれる被雇用者の大部分は労働者階級であり、新中間階級の比率は小さい。そして労働者階級や自営業者層を中心とする他の世帯類型には、新中間階級がごく少数しか含まれていない。その意味で、新中間階級と労働者階級・旧中間階級の間にも、かなりはっきりした壁があったということができる。

労働者階級は、全体の約三分の二が労働者階級世帯に含まれるが、残りの約半数は被雇用者兼業農家世帯に含まれている。兼業農家世帯は労働者階級の重要な供給源であり、その大部分が労働者階級を世帯員に含んでいたからである。新中間階級複合世帯にも一定数の労働者階級が含まれるが、その内訳をみると七割以上が女性である。

自営業者層は、全体の約九割が自営業者世帯と自営業者複合世帯に含まれている。農家世帯にも一定数含まれて、自営兼業の農家世帯を形成しているが、その比率は小さい。注目されるのは、自営業者複合世帯の階級構成が、かなりの数の労働者階級を含んでいるなど被雇用者兼業農家世帯によく似ていることである。このことは自営業者の下層が、家業を継続したまま一部の世帯員を労働者階級として外部に排出することによって、ようやく生計を立てていたことを示すものである。

農民層は、ごく少数の資本家世帯を例外として、ほぼ全員が農家世帯と被雇用兼業農家世帯に含まれる。農業従事者の平均人数は、前者が二・五六人、後者が一・八八人だが、それぞれの平均耕地面積をみると、前者は一・二六ｈａ、後者は〇・八六ｈａだった。主に小規模農家が、世帯員を労働者階級へと送り出していたことがわかる。

これらの世帯類型は、その量的規模や内部構成の変化はあっても、いずれも現在まで存在し続けている。農地改革以後の四〇―五〇年代にも、同じように存在していた。その意味でこのグラフは、戦後日本社会の全体に共通の構造を示した、ひとつの見取り図ととらえることができる。変化は、それぞれの部分の面積の変化として生じたのである。

4　若者たちの時代

経済成長と並んで、一九六〇年代のイメージを明るいものにしているもうひとつの原因は、若者たちの存在感が大きかったことだろう。とくに団塊世代は、若年層の厚みをふくれあがらせた。団塊世代が二〇歳前後に達した六〇年代後半になると、彼ら・彼女らの間に独自の若者文化が形成されるようになった。青年層に独自のサブカルチャーが形成されるようになったのは、先進諸国共通に六〇年代だといわれる。日本もまさにそうであり、彼ら・彼女らの青春は、戦後日本の青春でもあった。

しかし、若者たちの間には深刻な格差があった。もちろん格差は以前からあったのだが、この時期に生み出されたのは、貧しい農村で暮らす若者たちと、華やかな都会で暮らす若者たちといった、無関係に生活する者どうしの格差ではなかった。同じ都会で暮らす若者たちの間の格差、つまり、一方では大学生やエリート社員、中上流階級の娘たち、他方では集団就職の工場労働者や下町の住人たちなど、お互いの姿が目にみえる格差だったのである。

こうした格差をはらんだ若者群像を考えるとき、六〇年代前半については映画のなかの吉永小百合を、六〇年代後半については全共闘の活動家たち、そして連続射殺事件の犯人で、後に獄中から多数の著作を出版した永山則夫を思い浮かべる人は少なくないだろう。

当時の吉永小百合は日活に所属し、全盛期の六一年から六三年には、ほぼ毎月一本のペースで映画に出演している。そしてその役柄は、格差をはらんだ若者たちの、ほとんど頂点から底辺にまでまたがるものだった。今日にいたるまで彼女の代表作とされることの多い「キューポラのある街」（六二年）で演じた主人公は、貧しさのため全日制高校に進学することができず、カメラ工場で工員として働きながら定時制高校で学ぶ道を選ぶ、埼玉県川口市の鋳物職人の娘である。監督の浦山桐郎によると、当時の吉永には庶民感覚と無縁な山の手風のイメージが強く、この役柄には上品すぎるところがあった。そこで桐山は「貧乏というものについて考えてごらん」と宿題を与え、彼女は懸命にこれに応えたのだという。[10] しかし、お嬢さま的イメージがあったというのは事実としても、実際に彼女の演じた役柄は、社長令嬢から、スチュワーデスやエレベーターガール、ビジネスガール（当時はOLのことをこう呼んだ）、ナイトクラブのマダム、お手伝いさんなど幅広く、「さようならの季節」（滝沢英輔監督・六二年）にいたっては、なんと極貧のためブラジル移民を決意する農家の娘を演じている。

　ところが彼女の場合、こうした格差の頂点と底辺に位置する役柄が、互いに対立しているとはいいにくい。「キューポラのある街」の娘・ジュンは、働きながら勉強を続け、やがては大学を目指すのだし、「青い芽の素顔」（堀池清監督・六二年）の主人公で下町の玩具工場の工員・みどりは、ピアノの得意な良家の大学生と出会って恋仲になり、自分も大学進学を志す。逆に「泥だらけの純情」（中平康監督・六三年）では、外交官令嬢でありながら、浜田光夫演じるチンピラと愛しあう。このように吉永は、頂点から底辺まで多様な階級の少女を演じ、どんな境遇にあっても、また誰に対しても明るく誠実な姿をみせ、階級を超えた存在であり続けた。だからこそ彼女は、当時のあらゆる階級の若者たちに受け入れられ、人気を博したのである。

　これに対して全共闘と永山則夫の間には、絶望的なまでに深い溝がある。

　大学進学率（四年制のみ）は、六〇年が八・二％、六五年が一二・八％、七〇年が一七・一％だった。上昇を続けてはいたが、今に比べれば格段に低い。六〇年代半ばには、団塊世代の進学を受け入れるため大学の増設が急ピッチで進んだが、なにしろ人数が多いため進学率の大幅な上昇は不可能だった。進学率が急上昇して大学が一気に大衆化するのは、団塊世代が卒業した七〇年代に入ってからのことである。したがって当時の大学生は、戦前や五〇年代までのように正真正銘のエリートとはいいにくいが、かといってエリート性を完全に失って大衆化したというわけでもなかった。こうして学生たちは、エリート的な使命感と、エリートとしての地位を失いつつある不安感の両方をあわせもつことになった。

だからこそ全共闘は、一方では「大学という最高学府はまさに支配者にとって最高なのであり、高級な労働能力・強固なイデオロギーをもった人間、つまりブルジョアジーに積極的に彼らの側について奉仕する人間を作るもの[11]」なのだと、自らのエリート性を前提とした大学批判や自己批判を展開したかと思えば、他方では「学生数の圧倒的増大は、学生の社会的地位をも著しく変化せしめ」「学生そのものが……マスのなかの一員としかみなされなくな」り、「エリート的意識と存在の決定的欠落」という状態にあるとして[12]、その大衆性に運動の根拠を求めるという、二重性を示したのである。

しかし極貧の家庭に育って親からも遺棄された経験をもち、中学卒業と同時に集団就職で上京して最底辺の職を転々とし、そこから脱出したいあまりに殺人に手を染めてしまった永山にとっては[13]、いずれにしても全共闘など「いつの日も全学連はのんきなり」「全学連嫌いだ／全学連ぼっちゃん育ちだ／全学連消えろ！／全学連失せろ！[14]」（これを書いた六九年当時の永山には、全学連と全共闘の区別がついていない）という程度の存在にすぎない。そして彼の背後には、下層労働者として働いていた無数の若者たちがいたのであり、ごく一部を除けば、これらの若者たちと全共闘には何の接点もなかったのである。永山の仲間たちということなら、いずれも梶原一騎の原作による漫画、『巨人の星』の星飛雄馬と、『あしたのジョー』の矢吹丈の名をあげていいだろう。飛雄馬は日雇労働者の息子、丈は山谷のドヤ街に流れ着いた孤児であり、いずれもブルジョアジーの子弟を相手に孤独な闘いを続けたからである。

　全共闘の若者たちの多くは、矢吹丈に共感を抱いたといわれている。実際に全共闘の活動家たちが、貧困な若者たちに対して共感を抱いていたことは事実だろう。Ｌ・Ｓ・フォイヤーは、同時期に世界で同時多発的に発生した学生運動の活動家たちについて、これは彼ら・彼女らが、育ってきた家庭で「普通の子どもたち」から引き離されてきたという心の傷に対する反応であり、運動を通じて「普通の子どもたち」とのつながりを回復しようとしたのだ、と論じている[15]。日本でも、事情は同じだろう。たとえば小杉亮子は、東大闘争の活動家たちに対する聞き取り調査から、彼ら・彼女らが闘争に参加した背景には、幼いころから身近に接してきた貧しい人々、貧しい子どもたちとの対比から、「自分より貧しい人びとがいる」という悲憤を感じていたことがあったと指摘している。しかしほとんどの場合、学生活動家たちは、現実の貧しい若者たちとの連帯を勝ち得たわけではない。

そして続く七〇年代、巨大な格差構造に分断された若者たちは、それぞれに異なる形で「中流社会」の到来を迎えるのだった。

第6章

「一億総中流」のなかの格差——一九七〇年代

1 〝狼〟たちと中流社会

一九七四年八月三〇日の午後〇時四五分ごろ、東京・丸の内の三菱重工ビルの玄関で大爆発が起こった。爆風は近くの人々を直撃し、その上に砕けた数千枚の窓ガラスが破片となって降り積もる。八名が死亡、三〇〇名近くが重軽傷を負う大惨事である。時限爆弾を仕掛けたのは「東アジア反日武装戦線〝狼〟」を名乗るグループで、九月二三日には報道機関に対し、三菱は日本帝国主義の中枢であり、「植民地人民の血で肥え太る植民者である」とする犯行声明文を送りつけた。その後、事実上は一体だった別名のグループとともに、一〇月には三井物産、一一月には帝人中央研究所と大成建設本社、一二月には鹿島建設工場、翌年二月には間組本社および工場など、合計一一件の爆破事件を引き起こす。グループを一網打尽にすべく、一部で「泳がせ作戦」を展開しながら捜査を進めていた警視庁が犯人グループ七名を逮捕したのは、五月一九日のことだった。

〝狼〟たちが、このような犯行に至った背景には、当時の日本社会についての、次のような独特の理解があった。日帝（日本帝国主義）は、植民地人民を収奪し犠牲にすることによって、その「繁栄と成長」を達成し、「平和で安全で豊かな小市民生活」を実現してきた。したがって日本の労働者は、植民地人民と敵対する帝国主義者、侵略者に他ならない。帝国主義本国における労働運動は、日雇労働者の闘いを除けば、賃上げや待遇改善のために植民地人民からのさらなる収奪を要求する反革命労働運動であるにすぎない。したがって必要なのは、日帝打倒のための武装闘争であり、植民地主義企業を攻撃することがわれわれの任務である。この攻撃で爆死したり負傷した人間は、「同じ労働者」でも「無関係の一般市民」でもなく、植民地主義に参画し、植民地人民の血で肥え太る植民者なのだ、と[1]。

ここでは、このような現状認識そのものと犠牲者たちへの冷酷な物言いを、とやかく論じることはしない。注目したいのは、この〝狼〟たちの主張に、当時、日本社会の格差構造について広く受け入れられつつあった見解との共通点が見出せることである。資本家から労働者までを、豊かな生活を享受する支配者・収奪者だとして一括する彼らの主張には、「一億総中流」論と奇妙な共通点がある。否定するか肯定するかの違いはあっても、日本は生活水準が上がり、ごく一部の例外を除いてほぼすべての人々が同じように豊かな生活を送っていると考える点で、基本的に一致しているからである。七〇年代には、このように日本を豊かで格差の小さい社会だと考える傾向が、対立するはずのさまざまな立場の人々に共有されていた。

総理府（現在は内閣府）が五八年から行なっている「国民生活に関する世論調査」の階層帰属意識に関する設問については、すでに触れた。一般に「上」「中の上」「中の中」「中の下」「下」という五つの選択肢のうち、「中」に属する三つの選択肢のいずれかによって検出される人々の意識が、「中流意識」「中意識」などと呼ばれてきたわけだが、その比率は五八年の七二・四％から上がり続けて六四年には八七％に達し、以後もわずかずつ上昇して七〇年に八九・五％、七三年に九〇・二％と九〇％を突破し、一九七九年には九一・三％とひとつのピークを迎えている（**図表6・1**）。その後、この比率は低下と上昇を繰り返し、二〇一〇年代には九二％を上回るようになる。しかし一九八〇年代には「中の下」が増加しているし、九〇年代以降になると「中の上」が増加するなど、「中の中」以外の比率がやや大きくなる。「中の中」に注目するならば、この時期、日本人の「中」意識がもっとも強かったとみることもできるだろう。

しかし問題は、このことのもつ意味である。三つの選択肢を合計すれば「中」が多くなるのは当然で、果たしてこれを、日本人がみんな「中流」になったことを意味するとみていいのか。海外のデータと比較してみよう。二〇一〇年に実施された世界価値観調査では、日本を含む世界六〇カ国の約九万人に対して、「上（Upper class）」「中の上（Upper middle class）」「中の下（Lower middle class）」「労働者階級（Working class）」「下（Lower class）」

図表6·1 日本人の階層帰属意識

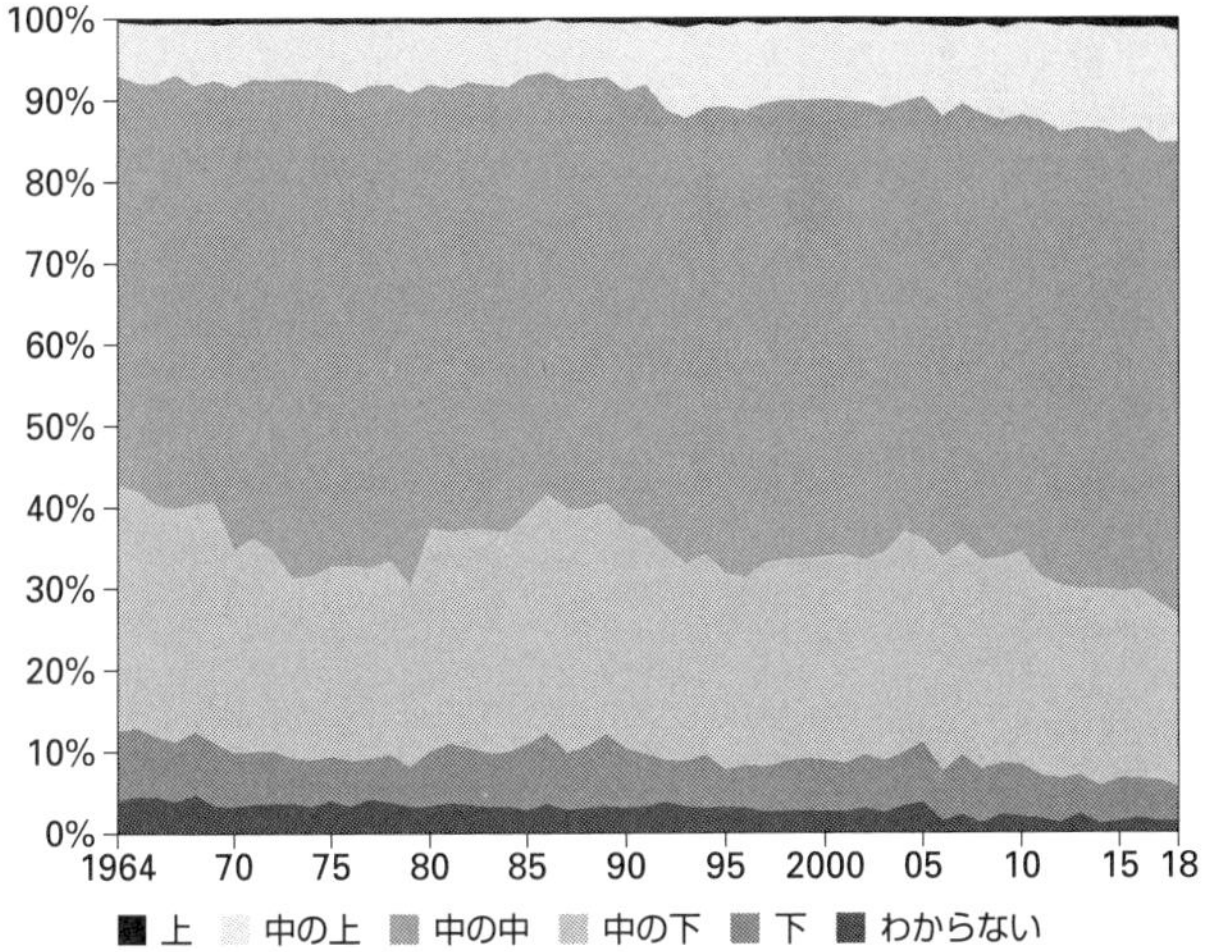

出典：内閣府「国民生活に関する世論調査」より。
［注］1998年と2000年には他の年と同じ設問がないので、前後の年の平均値をとった。

の五つの選択肢で、自分の階級所属を尋ねている。なぜか日本語の質問紙では、これが「上」「中の上」「中の中」「中の下」「下」とされているのだが、仮に両者が対応しており、中間の三つの回答を合計して「中」とみなすとすれば、日本が八九・五%であるのに対して、オーストラリア九五・九%、ドイツ九六・二%、韓国九四・六%、ロシア八七・五%、スペイン九六・一%、スウェーデン九六・九%、米国九二・八%など、先進国ではどこの国でも九〇%前後になる。中進国、発展途上国には、この比率が六―七割程度と低い国もあるが、それでもアルジェリア八七・五％、チリ九三・六％、リビア九四・二％、トルコ九三・七％など、九割前後の国が多い[2]。日本語訳には問題があるが、少なくとも自分を「上」や「下」と考える人は一割前後しかいないという点で、たいがいの国は同じということだろう。したがってこの数字は、日本社会の特徴を示すものとはまったくいえない。しかし当時は、ほとんどの人がこの数字を真に受けた。

ここから、さまざまな「一億総中流」論が生まれてくるが、なかでも広く話題になったのは、村上泰亮の「新中間階層」論だろう。彼によると、高度成長期を通じて生活水準は向上し、所得格差も小さくなった。ブルーカラーとホワイトカラーの差も不明瞭になり、都市・農村を問わず「都市化」が進んで、生活様式も均質化した。さらにマスコミと大衆教育が、人々の意識を平準化した。こうして、「上層でも下層でもない中間的な地位に、生活様式や意識の点で均質的な巨大な層」が出現したとし、これを新中間階層と呼んだのである[3]。

当然、さまざまな批判があった。なかでも、理論と実証の両面から内在的な批判を行なったのは、七五年ＳＳＭ調査の中心人物だった富永健一である。彼はまず、日本人の多くが自分を「中」と考えるようになったとしても、それはあくまでも意識の問題であって、みんな中間階層になったというのは言い過ぎであり、しかも被雇用のホワイトカラーを新中間階層と呼ぶ、すでに研究者の間で定着した用語法に反するので混乱を招く、と指摘する。これは社会階層研究の専門家らしい的確な指摘で、反論の余地がない。次に富永は、今田高俊と原純輔によるＳＳＭ調査データの分析結果[4]に触れながら、大部分の人々が中間階層になったようにみえるのは、所得は高いが威信の低い人、学歴は高いが所得の低い人など、地位尺度のそれぞれの側面で高低の違いがある人々が増えたこと、つまり「地位の非一貫性」の増大によって、すべての地位が一貫して高かったり低かったりする人々が少なくなったことによるものである、という。つまり均質化が進んだわけではなく、「多様な中間」が存在するのである。[5]

　たしかに村上の最初の主張は、「課長、事務職員、職長、工長、工員、店主、店員、農民」までがすべて均質な「新中間階層」になったという、やや極端なものであり、用語法の上でも無理があったことは否めない。このため後に、彼は富永の主張を基本的に受け入れて、戦後の先進産業社会では、地位の各次元の不一致が進み、「階層非斉合型」の人々が人口の多数を占めるようになったとし、これを「新中間大衆《ニュー・ミドルマス》」と呼ぶようになった。[6]

　しかし富永の主張も、またこれを受け入れた村上の「新中間大衆」論も、全体として中間層が増えたと結論するものであることには変わりがなく、中間層の均質性をどこまで認めるかという点で、村上の最初の主張との違いがあるにすぎない。だとすれば単純でわかりやすい「上層でも下層でもない均質的な巨大な層」という図式の方が広く受け入れられていくのは、ある意味必然だったといっていい。こうして「一億総中流」は、日本人のある種の「常識」と化していくのである。〝狼〟たちも、一部の闘う日雇労働者たちを除けば、日本人はすべて「平和で安全で豊かな小市民生活」を営む帝国主義者だと主張するのだから、日本社会の構造に関する限り、基本的には同じ認識だといっていい。

こうした一九七〇年代の「中」意識については、近年の研究で、この時期の人々の意識が、他の時期と比較してかなり例外的な状態にあったことが明らかにされてきた。一九七五年ＳＳＭ調査データで「中」意識について分析すると、どの学歴でも、どの社会階層でも、また所得額に関わらず、ほぼ一様に自分を「中」と考える人が多数を占める。そして自分を「中」と考える人の比率は、その後のＳＳＭ調査でもほとんど変化がない。ところが社会学者の吉川徹は、人々の意識に重要な変化が生じていることを発見した。一九七五年の段階ではきわめて弱かった、学歴、職業、所得などの階層変数と階層帰属意識の関係が、一九九五年までの間にだんだん強まっていたのである。[7] そしてやはり社会学者の神林博史は、一九五五年から二〇〇五年までのＳＳＭ調査データの分析から、階層変数と階層帰属意識の関係は、一九五五年から七五年の間に急速に弱まったが、一九八五年には反転し、二〇〇五年まで強まり続けていることを明らかにした。[8] このトレンドは、二〇一五年

図表6・2 階層帰属意識はどの程度まで説明できるか

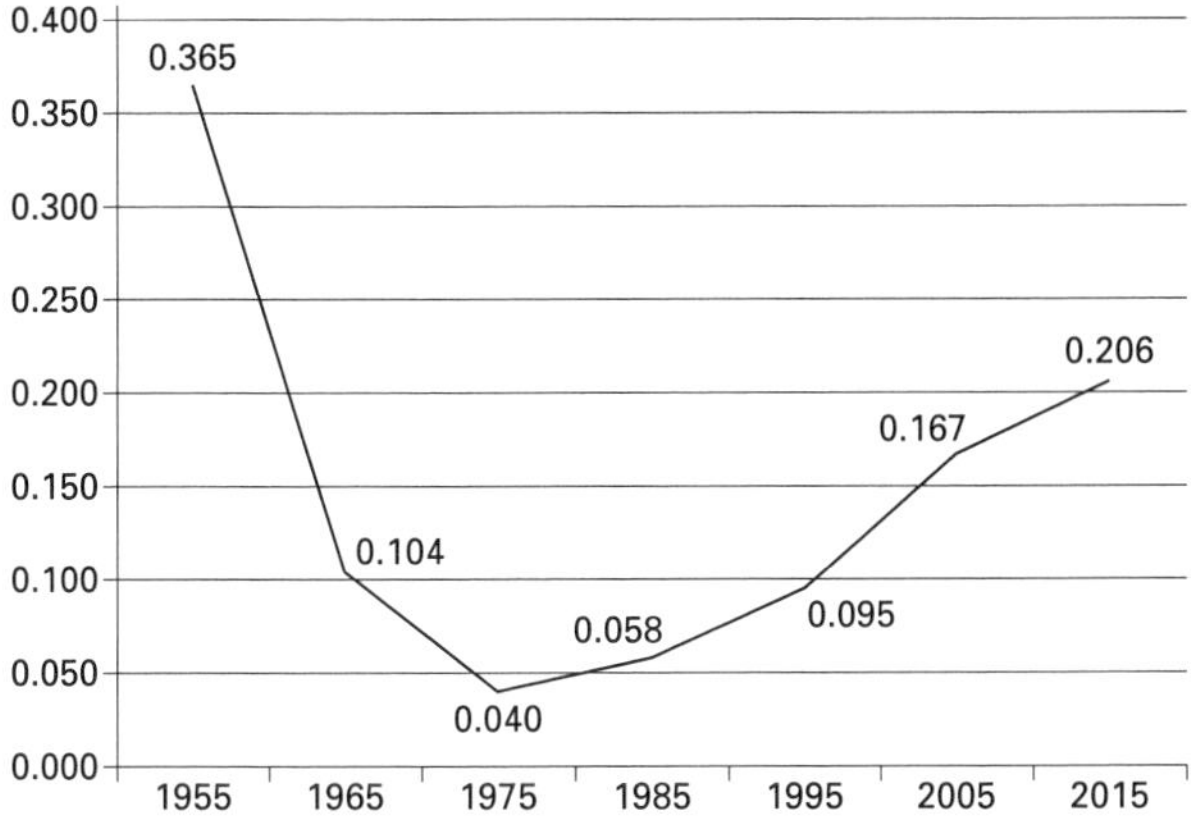

出典：コン・アラン「階層的位置と階層意識の形成・維持・変容メカニズム」。
［注］SSM調査データより算出。20-69歳男性。
階層帰属意識を説明するのに用いた変数は、年齢、教育年数、個人収入、職業。
職業は、専門、管理、事務、販売、熟練、半熟練、非熟練、農業の職業8分類を、
ダミー変数という方法で数値化した。

でも継続している（**図表6・2**）。年齢、教育年数、個人収入、職業という四つの要因が階層帰属意識に与える影響力を、重回帰分析という方法で計測すると、影響力を示す統計量（決定係数）は、一九五五年から一九六五年に急落し、一九七五年にさらに低下して底に達したあと、反転して二〇一五年まで上昇し続けている。もともと人々は、自分の学歴や職業、収入などに鑑みて、自分が社会全体の中でどのような位置を占めているかということを、ある程度まで正確に判断できていた。ところがこうした判断力は、高度経済成長による社会の激変のなかで失われ、一九七五

年に最低となった。ところが格差拡大が始まるとともに人々は、自分が社会のなかで占める位置に対する判断力を取り戻したのである。とくに高度経済成長末期の一九七五年は、人々が社会の格差の構造に対する判断力をほぼ喪失していた時代であり、一九八五年の段階でも、判断力が十分回復したとはいいがたかった。このことが、この時期に「一億総中流」という言説が受け入れられた背景にあったと考えられるのである。

2　世代間移動の時代

高度成長期には、膨大な数の人々が階級間を移動した。図表2・5でみたように、非移動率そのものが底に達するのは一九八五年だが、多くの場合、人は学校を出て社会に出たとき、あるいはそこから遠くない時期に世代間移動を果たすのが普通であり、実際にもっとも多くの社会移動が生じていたのは高度経済成長期である。この点をはっきりさせるため、若年層に限って事実移動率を示したのが、図表6・3である。二〇歳代の事実移動率が最大になったのは一九六五年で、一九七五年もほぼ同水準を維持している。三〇歳代を

図表6·3 若年層の事実移動率の推移

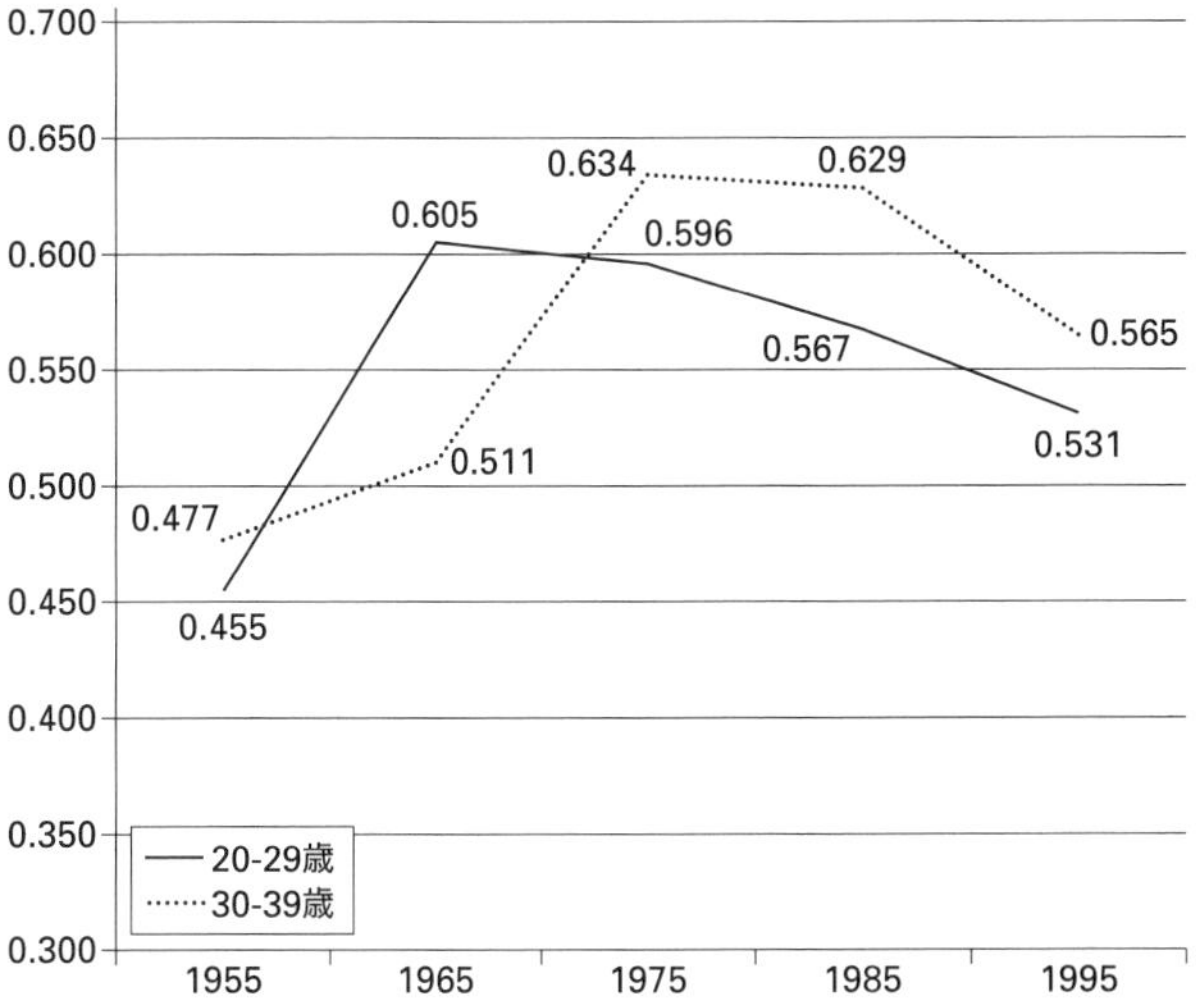

出典：SSM調査データより算出。

みると、一九六五年時点での事実移動率は〇・五一一と低く、一九七五年に〇・六三四と跳ね上がってピークに達している。これらの若者たちが社会の中堅を占めるようになった一九八五年に、全体の事実移動率がピークに（非移動率が底に）達したのである。

　もちろん、移動の中心は農民層出身者たちだった。すでに**図表5・9**でみたように、この時期、農民層から他の階級へと流出した人々は就業人口の三割以上に達しており、新中間階級と労働者階級の最大多数を占めたのも農民層出身者だった。こうした移動により、多くの人々が農民層出身者としてのアイデンティティと、新中間階級や労働者階級としてのアイデンティティをあわせもつことになった。このことも、人々の格差の構造に対する判断力を失わせた原因のひとつだろう。

こうした動きを背景に、この時期の階級・階層研究者たちの関心の多くは、世代間移動に向けられた。一九七五年ＳＳＭ調査の中心人物だった富永健一は、分析結果をもとに次のように結論している。産業化が進むと、企業や行政は専門知識や技能を身につけた人材を大量に必要とするようになるため、各階層的地位への人員配分は「父親の階層による狭い身分的閉鎖性」から解放され、世代間移動が増大すると考えられる。そして一九五五年から一九七五年までの二〇年間、日本の世代間移動は増大し続けており、このことは「高度産業化による構造変動効果が機会の平等化を推進する方向に作用している事実を示すものとして、日本社会の健全さの証拠を示すもの」だ、と[9]。つまり結果の格差のみならず、機会の格差も縮小したのである。この結論は、社会学者や関連する諸分野の研究者の間で、次第に定説のようにみなされるようになった。

短期間のうちに、多数の人々が世代間移動を経験した。また移動しなかった人々にしても、その多くが自分の子どもや兄弟など、家族の世代間移動を経験していた。この時期の日本人にとって、世代間移動は共通の社会的経験であり、関心事だったといっていい。このため大衆文化においても、世代間移動、そして関連する世代内移動や農村から都市への移動は、多くの人々の関心をひくモチーフとなった。

七〇年代に進路選択期を迎えた世代にとって、もっとも印象の深い流行歌のひとつは、太田裕美の「木綿のハンカチーフ」（松本隆作詞・筒美京平作曲・七五年）だろう。都会に就職した恋人が、次第に故郷を忘れ自分を忘れていく姿、そして忘れられる側の悲しみが、軽快なメロディに乗せて歌われていく。太田によると、出演していたラジオ番組には、団塊世代の若者たちから「僕の青春そのものだ」などと、数多くのリクエストが寄せられたという[10]。多くの若者たちが、この歌に自分の姿を重ね合わせたのである。

松本清張の推理小説には、格差と社会移動の問題を扱った作品が多いが、なかでもよく知られているのは「砂の器」だろう。原作は六一年だが、七四年に公開された同名の映画（橋本忍・山田洋次脚本・野村芳太郎監督）では、社会移動による親子の断絶という側面が強調されて、戦後日本を象徴する映画のひとつとなった。物乞いをしながら諸国を転々としていた父子が離ればなれとなり、父は施設に収容されるが、息子は才能を認められて音楽家となり、政権与党の大物の娘と婚約するに至るという、その設定はやや極端ながら、上昇移動によって子は親を遠ざけるようになり、親はあきらめて身を引くという物語の構造自体には、やはり多くの人々の人生と共通する部分があったはずである。

人々の移動ということに関しては、もうひとつ忘れてはならない問題がある。それは、出稼ぎである。ＳＳＭ調査のような学術的な社会調査は、住民基本台帳または選挙人名簿をもとに調査対象を抽出するので、出稼ぎなどのため本来の住所とは別の場所に居住している人々からは、回答を得ることができない。本来の住所に居住しているとすれば、それは出稼ぎに出ていないということだから、多くの場合、出稼ぎ中の職業についての回答は得られない。またＳＳＭ調査データの職歴には、通常の出稼ぎのような、本業を継続しながらの一時的な就労は含まれていない。このため一九七五年ＳＳＭ調査データで階級別の職業移動経験をみると、出稼ぎ労働力の主要な供給源だった農民層では職業移動経験のない人が四九・六％を占め、この比率は農民層以外の二三・八％の二倍以上で、また職業移動回数の平均値はわずか〇・七九回と、農民層以外の一・六九回の半分以下である。しかし現実には、農民層のかなりの部分が、出稼ぎという形での労働移動を経験していた。

　出稼ぎ労働者の数は、ピークだった一九七二年が五四万八八一四人で、うち東北地方出身者が二七万六二〇〇人と約半数を占めていた[11]。また農家からの出稼ぎ者は三四万一九〇〇人で、このうち一九万一〇八〇人と六割近くが東北地方出身だった。このため東北地方では、総農家数に占める出稼ぎ農家の比率が二一・七％に上っており、とくに青森県では三二・九％、秋田県では三三・七％に達していた[12]。勤務先は建設業がもっとも多く、とくに一九七〇年代前半では六割前後を占めた[13]。農林省の「出稼ぎ状況調査」によると、出稼ぎに出る理由としては「農業だけでは生活が苦しい」が六九・四％を占め、これに「地元の賃金が安いから」（一六・四％）が続いており、出稼ぎ収入の主な使途としては八〇・五％までが「一般生活費」をあげていた[14]。また渡辺栄らの調査によると、企業側が出稼ぎ労働者を雇用する理由としては、「労働力不足の解消ないし緩和になる」「必要な時期に労働力が得られる」という一般的な理由のほか、「まじめで熱心に働く」「休日出勤、早出、残業もいとわない」という回答が多かった[15]。労働力供給側の生活苦を背景に、都合のいい労働力として利用されていたようすがうかがえる。

　出稼ぎ労働者といえば農家出身者というイメージが強いが、必ずしもそうとはいえない。先に示した数字からもわかるとおり、ピーク時の場合で出稼ぎ労働者全体に農家出身者が占める比率は六割強にすぎない。また農家出身者以外の比率はオイルショック後の一九七〇年代後半には増加傾向を示した。少し時期はずれるが、一九八四年の調査によると青森県出身の出稼ぎ労働者では、農林漁業者の比率が五三・五％だったのに対し、「主たる職業なし」が四〇・七％に達していたという[16]。「一億総中流」の陰で、都市のインフラはこうした人々によって支えられていたのである。

3　七〇年代の格差と貧困

一九六〇年代から縮小を始めていた各種の経済格差は、少なくとも七〇年代半ばまで縮小を続けた。たとえばホワイトカラーの賃金を一としたブルーカラーの賃金は、六一年の〇・六二から、すでに六九年には〇・七一にまで上がっていたが（**図表5・1**）、その後も上昇を続けて七八年には〇・七七にまで達した。六〇年代後半に拡大していた地域間賃金格差も縮小した。七〇年には東京のわずか五七％だった山形県の平均賃金も六七％にまで改善され、東京の七割に満たない県は七〇年の一五県から九県へと減少し、しかもその九県すべてが六七％を超えた。

こうしたことから、階級間の経済格差もある程度まで縮小した。**図表6・4**は七五年の階級間格差を示したものである。労働者階級と資本家階級の個人年収の格差は二・〇一倍で、六五年に比べると大幅に縮まった。新中間階級との格差も、一・四一倍とわずかながら縮まっている。世帯収入の格差も、同じ程度に縮小しており、農民層の世帯収入は労働者階級を上回って自営業者層に近づいた。新中間階級では、小零細企業で収入が相対的に低下して規模間格差が生じているが、労働者階級では世帯年収の規模間格差が縮小している。これは大企業労働者の世帯年収が、六五年には個人年収の一・四九倍あったのに対して、七五年には一・二九倍まで下がったことによるもので、賃金水準の上がった大企業労働者世帯で妻が専業主婦化し、男性世帯主の収入だけで生活する傾向が強まったことを示している。

図表6･4　1975年の経済格差

[万円]

		個人年収	世帯年収
資本家階級		353.8	465.1
新中間階級	全体	247.1	325.3
	1-29人	211.1	293.0
	30-999人	239.7	317.0
	大企業･官公庁	257.9	335.7
労働者階級	全体	175.8	246.5
	1-29人	155.3	226.9
	30-999人	169.5	245.4
	大企業･官公庁	212.3	274.4
自営業者層		226.5	303.2
農民層		172.0	260.2

出典：1975年SSM調査データより算出。

貧困率には、かなり大きな変化があった（**図表6・5**）。全体の貧困率も九・〇%とかなり低下したが、これはもっぱら、労働者階級と農民層の貧困率がそれぞれ大幅に低下したことによるものである。ただし農民層の貧困率は、下がったといっても二割に近く、依然として高い。こうした貧困は、経営規模が比較的小さい専業農家に多かった。

前出の**図表5・6**に示したように、六〇年代から急速に進んだ兼業化により、専業農家は劇的に減少し、六五年から七五年の間にほぼ半減した。農家が兼業化する場合、女性を農業従事

図表6・5　1975年の貧困率

［%］

		1965年	1975年	変化
全体		12.1	9.0	-3.1
資本家階級		2.0	4.1	2.1
新中間階級	全体	2.4	1.0	-1.4
	1-29人	4.4	3.7	-0.7
	30-999人	4.4	1.5	-2.9
	大企業・官公庁	1.2	0.3	-0.9
労働者階級	全体	12.4	8.6	-3.8
	1-29人	20.7	15.2	-5.5
	30-999人	11.5	5.3	-6.2
	大企業・官公庁	3.9	3.8	-0.1
自営業者層		13.4	11.2	-2.2
農民層		24.2	19.6	-4.6
無職		19.1	18.9	-0.2

出典：1975年SSM調査データより算出。

者として残したまま、男性が外に働きに出ることが多かったため、農業従事者に占める男性の比率は減少し、七五年には五〇%を切っている。これとともに、兼業収入の増えた農家の経済状態は改善した。農家世帯員一人あたり家計費は、すでに六〇年代末には被雇用者世帯の〇・九五倍にまで達していたが（**図表5・1**）、七二年には被雇用者世帯を上回るようになり、七五年には一・〇七倍に達した。しかし農家の経済状態は耕作面積によって異なる。同じく七五年の一人あたり家計費が、被雇用者世帯の何倍にあたるかを耕作面積別にみると、〇・五ha未満が一・一七倍なのに対して、〇・五〜一・〇haは一・〇八倍、一・〇〜一・五haは〇・九八倍、一・五〜二・〇haは〇・九五倍、二・〇ha以上では〇・九八倍となり、兼業を家計の中心にすることの容易な小規模農家の方が経済状態がよかったことがわかる。[17] したがって農民層の貧困率が高いといっても、これは主に、男性労働力を外部に全面的に排出することの困難な中規模農家が中心だったのである。

労働者階級に目を転じると、中小企業労働者の貧困率が顕著に下がっていることが目をひく。とくに三〇―九九九人規模の労働者の貧困率は、五・三％と一〇年前の半分以下にまで低下して、ほぼ貧困から脱したといっていい水準になった。これに対して一―二九人規模の小零細企業労働者の貧困率は、下がったとはいえ一五・二％で、依然として高い。つまり、労働者階級が貧困に陥るか否かを分ける企業規模は、一〇〇〇人規模から三〇人規模へと下がったものの、これ以下の規模の企業には、貧困から抜け出せない多数の労働者が堆積していた。すでに六〇年代、大企業労働者は離陸を果たして貧困から脱し、七〇年代には中企業労働者がこれに続いたが、小零細企業労働者は取り残されたのである。

小零細企業労働者については、賃金水準や貧困そのものだけでなく、労働条件の劣悪さも見逃せない（**図表6・6**）。五〇〇人以上の企業を一としたときの賃金水準（月間現金給与総額）は、三〇―九九人が〇・七九、五―二九人が〇・七一である。しかし五〇〇人以上の企業に比べると、月間労働時間がそれぞれ一五時間、二三時間ずつ長いので、時間あたりに換算すると、それぞれ〇・七二、〇・六二にすぎない。週休二日制の導入率も企業規模によって大きく異なり、小零細企業では八時間労働を六日行なう週四八時間労働が、ま

図表6·6　企業規模と労働条件[製造業・1975年]

<table>
<tr><th rowspan="2"></th><th>1000人
以上</th><th>500〜
999人</th><th colspan="2">100〜
499人</th><th colspan="2">30〜
99人</th><th>5〜
29人</th></tr>
<tr><td colspan="7"></td></tr>
<tr><td>月間現金
給与総額[円]</td><td colspan="2">211,544</td><td colspan="2">189,773</td><td colspan="2">167,114</td><td>149,376</td></tr>
<tr><td>平均月間労働時間
(男子労働者)</td><td colspan="2">165.4</td><td colspan="2">169.9</td><td colspan="2">180.6</td><td>188.0</td></tr>
<tr><td>所定内労働時間
週48時間以上の
企業の割合</td><td>1.2</td><td colspan="3">15.0</td><td colspan="2">40.2</td><td>−</td></tr>
<tr><td>週休2日制導入率</td><td>90.4</td><td colspan="3">60.2</td><td colspan="2">35.2</td><td>−</td></tr>
<tr><td>完全週休2日制
実施率</td><td>39.7</td><td colspan="3">10.9</td><td colspan="2">2.6</td><td>−</td></tr>
<tr><td rowspan="2">労働災害発生率</td><td rowspan="2">1.41</td><td rowspan="2">2.57</td><td>300〜
499人</td><td>100〜
299人</td><td>50〜
99人</td><td>30〜
49人</td><td rowspan="2">−</td></tr>
<tr><td>4.23</td><td>7.05</td><td>10.27</td><td>13.45</td></tr>
</table>

出典:平均月間労働時間、月間現金給与総額は「毎月勤労統計調査」、
所定内労働時間48時間以上の企業の割合、週休2日制導入率は「賃金労働時間制度総合調査」、
労働災害発生率は「労働災害動向調査」による。
[注]週休2日制導入率には月1回以上週休2日を実施する企業の比率を含む。
労働災害発生率は100万労働時間あたりの1日以上休業の死傷者発生率。

だまだ広くみられた。見逃せないのは労働災害の発生率で、大企業と三〇〜四九人規模の小企業では一〇倍近くの差がある。このように大企業労働者と小零細企業労働者の間には、依然としてきわめて深刻な格差が存在していた。「一億総中流」論が完全に見落としていたのは、こうした企業規模間格差の存在である。

4　階級が学歴と呼ばれた時代

一九七〇年代が、一部の農民層と小零細企業労働者を除けば貧困からの脱出が進み、経済的格差が比較的小さくなった時期だったことは間違いない。にもかかわらず、ある要因にもとづく格差だけは広い社会的関心を集めた。それは、学歴による格差である。日本の社会には「学歴主義」が蔓延して、人々の地位や所得が学歴によって決定される「学歴社会」になり、ここから「受験地獄」がもたらされていると論じられ、人々の共感を呼んだ。「学歴」をタイトルに掲げた本が、数多く出版されたが、その多くは一般の読者を想定して平易に書かれたもので、それまで出版の機会のなかった何人もの教育学者や経済学者が、一般書の著者として世に出るようになった。そのようすは、二〇〇〇年代半ばの「格差社会論」ブームに近いものがあった。

しかしこの時期に、学歴による格差が拡大したというわけではない。むしろ一九七〇年代は、一九六〇年代から縮小を始めた賃金の学歴間格差が底に達し、おそらく日本の近現代史を通じて、学歴による経済格差がもっとも小さくなった時期である。**図表6・7**は、一九五五年から二〇一五年までの学歴別初任給の推移を示したものだが、ここからわかる

図表6·7 学歴別初任給の推移[産業計·男子]

[千円]　[倍]

	A 中学卒	B 高校卒	C 大学卒	C/A	C/B
1955	4.1	6.6	10.7	2.61	1.62
60	5.9	8.2	13.1	2.22	1.60
65	13.2	16.4	23.0	1.74	1.40
70	23.8	28.4	36.7	1.54	1.29
75	58.0	70.4	83.6	1.44	1.19
80	81.1	92.8	114.5	1.41	1.23
85	96.2	110.7	136.8	1.42	1.24
90	117.0	133.0	169.9	1.45	1.28
95	142.0	154.0	194.2	1.37	1.26
2000	140.6	157.1	196.9	1.40	1.25
05	−	155.7	196.7	−	1.26
10	−	160.7	200.3	−	1.25
15	−	163.4	204.5	−	1.25

出典:75年までは山下不二男『日本労働経済概説』より。原資料は「新規学卒者初任給調査」。80年以降は「賃金構造基本統計調査」より。05年からは中学卒の統計がない。

ように一九七五年の初任給格差は小さく、とくに大卒と高卒の格差は一・一九倍で、これより格差の小さい時期は後にも先にも存在しないのである。

学歴間格差がもっとも小さくなったこの時期に、なぜ学歴主義が注目を集めたのか。これには次の二つの理由があると考えられる。

第一の理由は、大学進学率の上昇により、それまでは大学進学とはあまり関係がなかった人々までが、大学進学がもたらす経済的利益を意識するようになったことである。団塊世代が進学を迎える時期、大学増設が急ピッチで行なわれたが、当然ながら大学定員は、団塊世代の卒業後も増えたまま残され、さらにその後も大学の増設は続いた。このため一九七〇年に一七・一％だった大学進学率は、一九七五年には二七・二％にまで跳ね上がり、短期大学を含めると三八・四％に達した。このため、かつては限られた人々の関心事にすぎなかった大卒と高卒、あるいは有名大学卒とその他大学卒などの間の格差が、大多数の人々の関心事になったのである。

第二の理由は、この時期に学歴と所属階級・階層の関係が確立したことである。もちろん、学歴が所属階級・階層に影響するということ自体は、近代的な学校制度が確立して以来、一貫してみられたことには違いない。しかしこの時期、両者の関係が単純化して、誰の目にも明らかなものとなったのである。こうした変化は、新規学卒で就職した男子の職種構成の変化にはっきり示されている（**図表6・8**）。

一九五五年の段階では、高卒男子の職種はかなり多彩である。農林漁業に就いて農民層となったのが二一・一％で、他の大部分が被雇用者と考えられるが、その内訳は典型的な労働者階級であるマニュアル職が二五・九％、販売・サービスが一八・八％と多数を占めるものの、専門職が七・八％、事務・管理職が二六・四％おり、新中間階級もかなりの部分を占める。このように高卒者の所属階級は多様で、特定の階級との強い結びつきはみられない。ところが一九六五年になると、農民層が五・六％と激減して、ほぼ例外的な進路となってしまった上に、専門職、事務・管理職の比率も大きく減少し、一九七五年には一

図表6·8　新規学卒就職者の職種構成の推移［男子・高卒および大卒］

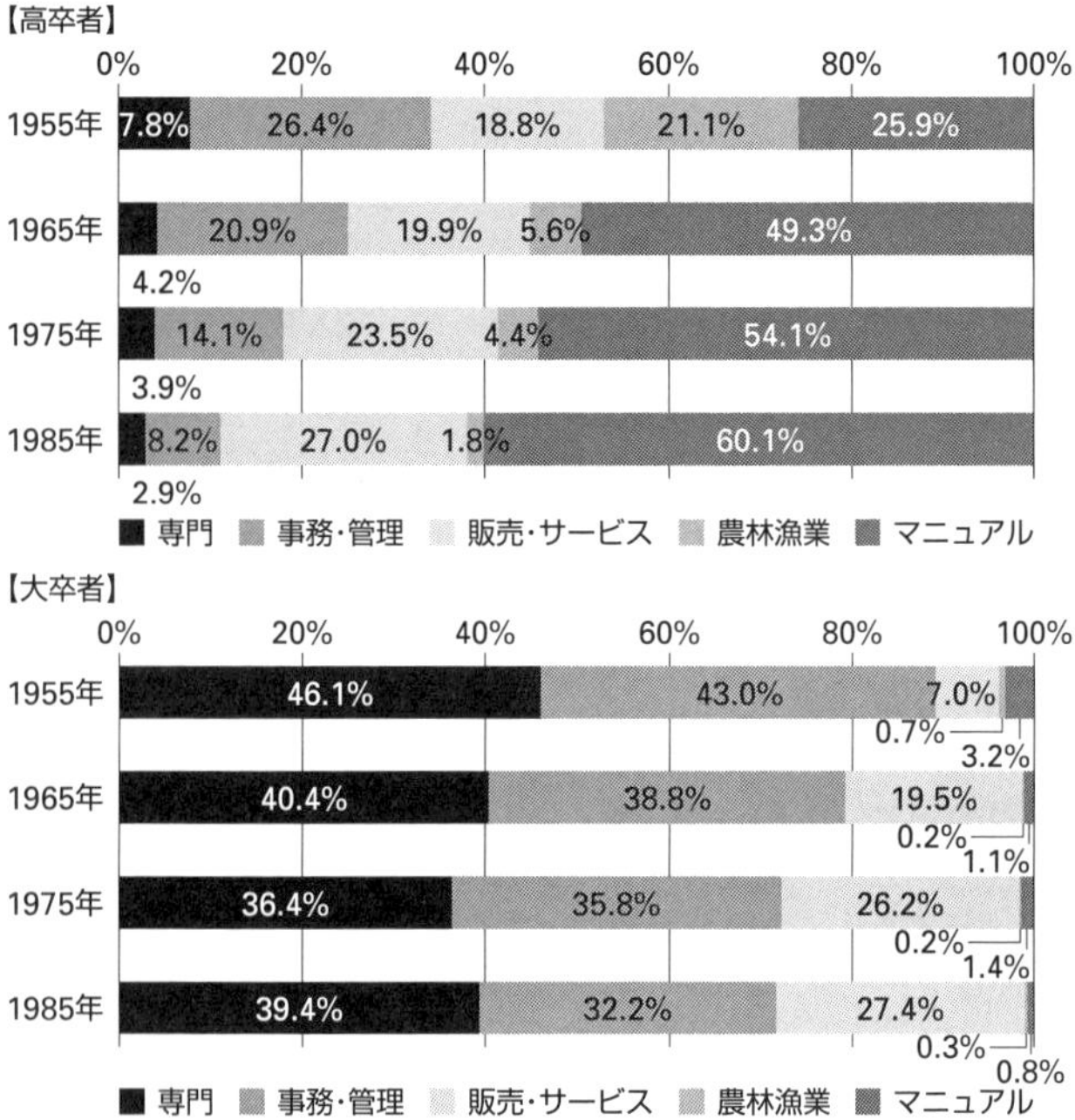

出典：「学校基本調査」より算出。

九五五年の約半分になる。これに対してマニュアル職は全体に占める比率が大幅に増え、一九七五年以降は過半数を占めるようになる。こうして、高卒者＝労働者階級という対応関係が明確になるのである。

　これに対して大卒者では、もともと農林漁業とマニュアル職はほぼ皆無で、職種は販売・サービスを含むホワイトカラー職および準ホワイトカラー職に限定されていた。一九七五年まで、専門職と事務・管理職の比率が減少し、販売・サービス職の比率が増加する動きを示したが、最終的に販売・サービス職の比率は三割弱の水準で落ち着く。進学率の上昇にともない、一定数の大卒者が高卒者を代替して販売・サービス職の労働者階級になる傾向が生まれたものの、ある程度以上には進まなかったのである。しかも、就職してまもない大卒男子の販売・サービス職には、管理職へ連なるキャリアの初期段階にある者が相当数含まれるはずで、いずれは新中間階級に移動する可能性が高い。したがって大卒者＝新中間階級という対応関係は、かなり明確だと考えていいだろう。

　このように一九七〇年代までには、高卒＝労働者階級、大卒＝新中間階級という対応関係が確立した。そしてこの対応関係は、雇用が急速に縮小して新規学卒労働市場が混乱に陥る一九九〇年代後半まで、基本的に維持された。女子の場合は、高卒者では単純事務職、大卒者では専門職の比率が高く、男子に比べるとやや変化の方向のはっきりしない部分があるが、事情は基本的に同じである。こうして人々は、大学に進学するか否かを、人生を大きく左右する選択として強く意識せざるを得なくなったのである。

　さらに当時の人々にとって重要だったのは、どのような規模の企業に就職するかということが、出身大学と関係していたことである。旧帝国大学や旧官立大学、そして一部の特権的な私立大学の卒業生はトップ企業に、一般的な国立大学や有名私立大学の卒業生は大手企業に、その他の大学の卒業生は中堅企業に就職するという傾向ははっきりしていた。もちろん、このような傾向は今でもある。しかし当時は、指定校制度と呼ばれる採用方式が一般化していて、大企業はあらかじめ採用対象とする大学名を公表したり、あるいは就職を希望する学生に対して、その所属大学が採用対象になっているかどうかを明示的に伝えるといったことが、広く行なわれていた。このことが、人々の学歴に対する関心を高めた。

今から考えると、数多く出版された学歴主義に関する書物のなかで、学歴が日本社会でもつ意味についてもっとも的確な認識を示していたのは、わずか一四日間の日本滞在と入手した資料の検討によって書かれた、ＯＥＣＤ教育調査団の『日本の教育政策』(一九七六年)だったように思う。ロナルド・ドーア、ヨハン・ガルトゥング、エドウィン・ライシャワーなど、そうそうたる知日派知識人のチームによって書かれたこの報告書は、次のように指摘する。

日本の社会には、東大・京大卒業生を頂点に、その他のエリート大学卒業者、それ以外の大学卒業者、高卒者、それ以下の卒業者という序列からなる独特の階級構造がある。どの階級に所属するかは、各段階の入学試験によって決まる。そしていったん決まった階級は変更することがきわめて難しく、終身雇用の慣行と相まって、人々の生涯を決定する。この意味で日本の社会は、近代的な意味での階級からなる自由社会というよりは、伝統的なカースト社会に近い。日本の悪名高い試験地獄は、ここに起因するのである、と。

この容赦ない診断にひとつ付け加えるべきなのは、次の点であろう。それは、日本社会が学歴にもとづくカースト社会のようにみえたのは、経済的な要因によって規定される階級と学歴とがあまりにも正確に対応していたため、両者の区別がつきにくかったからだということである。つまり日本では、階級の違いが学歴の違いとして認識され、階級社会が学歴社会と呼ばれるようになっていたのである。

「一億総中流」というイメージと、「学歴社会」という現状診断は、一見したところ矛盾する。格差が小さければ学歴差も小さいはずであり、学歴社会とはいいにくくなるからである。しかし両者が矛盾していると意識されることは少なく、依然として学歴は重要な問題だった。仮に所得の上での格差がさほど大きくなかったとしても、階級＝学歴間の違いがカーストのように変更不可能なものだとすれば、当の本人たちには計り知れないほど大きな意味をもつことになるからである。

一九七〇年代には、学歴が当時の人々にとってどれほど大きな意味をもっていたかを象徴するような事件がいくつか起こっている。一九七七年一〇月には、東京都に住む居酒屋店主が、東大合格者数で全国トップを争うエリート校に通う息子を、絞殺する事件が起こった。息子は、成績が低迷するようになってから、「お前ら夫婦は教養もないし、社会的地位もない」「夫婦とも馬鹿だ」などと暴言を浴びせながら、両親に暴力をふるうようになり、このままでは殺されると思いあまっての犯行だった。一九七九年には、元東大教授の祖父、その弟子でやはり大学教授の父親をもち、都内のエリート高校に通う高校生が祖母を殺害し、「エリートをねたむ貧相で無教養で下品で無神経で低能な大衆・劣等生ども」に対する呪詛を書き連ねた遺書を残して自殺する事件が起こった。やはり成績は低迷していたという。いずれも、高校生の歪んだエリート意識と、学歴エリートへの道からこぼれ落ちることへの恐怖が生んだ事件として、強い印象を残した[18]。

　小説では、城山三郎の『素直な戦士たち』（一九七八年）が記憶に残る。主人公は、ＩＱの高い遺伝子をもつ男と結婚し、産んだ子どもを東大に合格させることを人生の目標と定めた母親である。見合いの席で相手に「あなたのＩＱは、おいくつですか」と尋ね、一五三だと聞いてうっとりした顔をする。母体が最高の状態にあるのは二五―六歳のときだからと、妊娠時期を二四歳と定める。妊娠中は、胎児が酸素不足にならないようにと、セックスの体位にも気を遣う。出産直前には、東大の合格発表に出かけ、赤ちゃんが東大の空気を吸ったと喜ぶ。出生後は周囲の物音にも気を遣い、テレビを遠ざけ、月単位で献立の中身を変えていく。全体としては非現実的でありながらも、綿密な取材と英才教育のハウツー本にもとづいて書かれた個々のエピソードには、ぞっとするほどのリアリティがあり、大きな反響を呼んだ。

5　伝統的マルクス主義の不毛

小零細企業労働者や農民層に貧困を残しながらも、全体としては経済的格差が縮小し、日本人の大部分が「中流」になったと論じられていたこの時期、資本主義の搾取と支配を問題視していたはずのマルクス主義者たちは、どうしていたのだろうか。結論的には、まったく無力な存在と化していたという他はない。

まず第一に、依然として当時のマルクス主義者たちは、一部の管理職を除く被雇用者はすべて労働者階級というひとつの階級を構成するのであり、その内部には基本的な利害対立がないと考えていた。第4章で触れたように、一九五〇年代には新中間層という新しい被雇用者の集群が生まれつつあるとする見解もあったが、マルクス主義を支持する知識人たちに強大な権威をもっていた日本共産党はこれを認めず、党に近い位置にあった論者たちは、これらの見解を厳しく批判した。このため、以前は労働者階級と新中間層を区別していた大橋隆憲も自説を修正し、一九七〇年代までには党の公式見解どおり、専門職は労働者階級であり、管理事務職は資本家階級と労働者階級へと分解していくと主張するようになった。[19] マルクス主義者たちは、『共産党宣言』に書かれたとおりの両極分解論に固執し続け、このことがマルクス主義理論のみならず、階級という概念自体の有効性さえ疑問視されるようになる原因となった。

第二に、被雇用者の内部分化を軽視したために、無理な論理展開をせざるを得なくなった。資本主義の搾取と支配を問題にする立場をとり、しかも被雇用者の全体が労働者階級だとみなす以上、職種や企業規模の違いに関わらず、すべての人々が搾取され、何らかの意味で貧困に陥っていると主張しなければならなくなる。そこで一部の論者たちは、従来とは異なる形態の貧困が拡大していると主張し始めた。たとえば大橋は、労働者は独占企業から過剰な耐久消費財やレジャーを「押しつけ」られ、借金や残業を余儀なくされる「新しい形の貧困」に陥っている、という。[20] そのような貧困に陥った労働者はいただろうし、現在でもいるが、これを労働者全体に共通の貧困の形態だとする主張を受け入れることは難しい。

より広く知られているのは、宮本憲一の「現代的貧困」論である。彼によると、貧困とは所得水準や雇用と結びついた「古典的貧困」だけをいうのではない。資本主義のもとでは、公共的な支出が過度に節約される傾向があるため、都市化と大量消費生活様式の浸透とともに、住宅の不足、交通マヒ、公害の発生、生活環境の悪化など、さまざまな生活困難が生じる。そして彼は、これらの生活困難は、所得が上昇すれば解決する「古典的貧困」と違って、所得が上昇すればますます深刻化する窮乏化の一種であり、「現代的貧困」と呼ぶことができる、という。こうして労働者階級の全体が、依然として貧困に陥っているとされたのである[21]。

宮本は当時、公害・都市問題について広範な調査研究を行なって社会的な発言も多く、現実に公害・都市問題の解決に大きな役割を果たした経済学者だったから、影響は大きかった。もちろん彼は、現代日本にも「古典的貧困」があることを認めていた。しかし、所得が上昇して貧困は克服されたと信じられることの多かった当時の状況下で、その主張が「古典的貧困は解決して、現代的貧困だけが問題である」という受け止め方をされるようになったのは、ある意味では必然だった[22]。その意味で、この新しい貧困論は、経済的格差の縮小や生活水準の向上、「中流意識」の拡大などと両立するものだった。

こうして一九七〇年代の日本では、〝狼〟やマルクス主義者から保守主義者までが、ニユアンスの違いはあっても、現状認識の上では「一億総中流」論に染め上げられてしまったということができる。山口二郎は、最近まで日本の政治学は、「格差、不平等、貧困という問題に十分取り組んでこなかった」と指摘し、その背景のひとつとして、「一億総中流」が左派的な政治分析においても自明の前提とされていたことをあげている。[23]この状況は一九八〇年代以降も続き、人々を格差に対して鈍感にした。その結果、格差拡大は取り返しがつかないほど深刻化するまで、放置され続けるのである。

第7章

格差拡大の始まり——一九八〇年代

1　生活保守主義の浸透

自民党が民主党から政権を奪還した二〇一二年の衆議院選挙を別とすれば、自民党が前回議席を五〇議席以上も上回る大勝を果たした総選挙は二回ある。一九八六年と二〇〇五年である。

二〇〇五年総選挙のときの首相は、小泉純一郎。八月に党内および野党の反対を押し切って衆議院を解散した小泉は、郵政民営化を争点に選挙を戦った。九月一一日に投開票が行なわれ、自民党は二九六議席を獲得して圧勝し、一一三議席にとどまって完全な少数野党に転落した民主党は、重い無力感にうちひしがれた。

この選挙は、一九八六年の総選挙と非常によく似ていた。この年の六月、当時の中曽根康弘首相は、党内および野党の反対を押し切って衆議院を解散、七月六日には衆参同日選挙が実施された。前回の衆議院選挙で二五〇議席にとどまっていた自民党は、地滑り的な圧勝を果たして三〇〇議席を獲得、無所属の追加公認を含めれば三〇四議席に達したのである。最大野党の社会党は、前回の一一三議席から八六議席へと激減し、五七議席だった公明党との差はわずか二九議席で、弱小野党のひとつにすぎない存在となった。

一九八六年には、二〇〇五年と共通する点が多い。規制緩和論と市場中心主義が台頭し、公企業の民営化が政治的争点になっていた。格差拡大が進行しつつある時期でもあった。そしてこれらを背景に、大衆レベルで保守化が進行していたのである。

当時の米国大統領はレーガン、英国首相はサッチャーで、いずれも保守主義と市場中心主義を掲げていた。国際的にそのとおり評価されていたかどうかはともかく、中曽根は保守主義と市場中心主義を推進する世界の三大リーダーの一人として、振る舞おうとしていた。この年の四月には、首相の私的諮問機関である「国際協調のための経済構造調整研究会」が報告書を提出し（座長の名前をとって「前川レポート」と呼ばれた）、「市場原理を基調とした施策」「グローバルな視点に立った施策」を二本の柱に、規制緩和と金融自由化などを提案し、後の「構造改革」論、規制緩和論の出発点となった。そして、解散前から国会の最大の争点だった国鉄改革・民営化関連法案は、選挙後に圧倒的多数を占める自民党などの賛成で成立し、翌年にはＪＲが発足する。

当時は、「五五年体制の崩壊」が指摘され始めていた時期である。一九七〇年代後半以降の多くの選挙で、自民党は過半数を維持できるか危うくなっていたが、社会党も長期低落傾向が続き、ようやく一〇〇―一一〇議席を確保している状態だった。これに対して公明党と共産党は、都市部を中心に議席を伸ばしており、「多党化」が進んでいるといわれ

図表7·1　階級別にみた政党支持の変化［男性のみ］

		1955年	1965年	1975年	1985年
資本家階級	自民	49.0	66.7	59.8	61.5
	革新	8.7	14.7	8.9	10.3
新中間階級	自民	26.0	34.0	32.4	37.4
	革新	26.7	41.4	26.3	18.1
労働者階級	自民	30.2	26.9	29.5	33.4
	革新	29.4	47.8	29.2	20.2
旧中間階級	自民	50.6	58.0	58.5	56.3
	革新	13.4	19.3	12.1	7.2

出典：SSM調査データより算出。
［注］1955年の自民は自由、民主の合計、革新は左派社会、労農、共産の合計。1965年以降の革新は社会、共産の合計。

ていた。ところがこの選挙では、社会党の低落は決定的になったものの、自民党は息を吹き返したのである。この変化について当時の論者たちは、豊かになった生活の現状を維持しようとする「生活保守主義」が広まっており、このためあらゆる階層において自民党支持が優位になる「深い保守化」が進行したのだ、などと論じた[1]。

その前年に行なわれた一九八五年SSM調査は、こうした人々の政治意識の変化を鮮やかにとらえていた。ここで、それ以前の状態も含めて、階級別・階層別の政党支持の動向についてまとめておこう。

図表7・1は、階級別に自民党支持率と革新政党支持率の推移をみたものである。ちなみに一九五五年SSM調査が行なわれたのは、一〇月の左右社会党の統一、一一月の保守合同の直前である。一九五五年の政党支持をみると、資本家階級と旧中間階級で自民が圧倒的な優位に立ち、新中間階級と労働者階級では

自民と革新が拮抗していた。ところが社会党統一と保守合同を経た一九六五年には、資本家階級と旧中間階級で自民支持が、新中間階級と労働者階級で革新支持の比率が増加する。右派社会の支持者が、資本家階級と旧中間階級では自民に、新中間階級と労働者階級では社会に流れたからである。こうして、自民が支持基盤とする階級と革新が支持基盤とする階級の色分けが鮮明になる。六〇年代はまさに、階級政党、階級政治の時代だった。

ところが一九七五年になると、自民がほぼ一九六五年と同じ支持率を維持したのに対し、革新の支持率は大きく低下する。一九八五年にはこれがさらに進み、革新は新中間階級で自民の半分程度、労働者階級でも三分の二程度の支持を得るにすぎなくなった。明らかに、新中間階級と労働者階級の保守化が進んだのである。

労働者階級に何が起こったのか。**図表7・2**は、革新支持率の変化を企業規模別にみたものである。もともと革新支持率は、大企業・官公庁労働者で高く、企業規模が小さくなるほど低くなる傾向があった。しかし階級政治が高揚していた六五年には、こうした違いはあっても、すべての企業規模で革新支持が増加して、最大多数を占めた。一九七五年にはすべての企業規模で支持が減少するが、ほぼ一九五五年に戻っただけで、支持の構造そのものに大きな変化があったとはいえない。ところが一九八五年になると、大企業・官公庁労働者では支持が減らなかったのに、中小零細企業では壊滅的といっていいほどに支持

図表7·2 労働者階級の革新政党支持率の推移·企業規模別

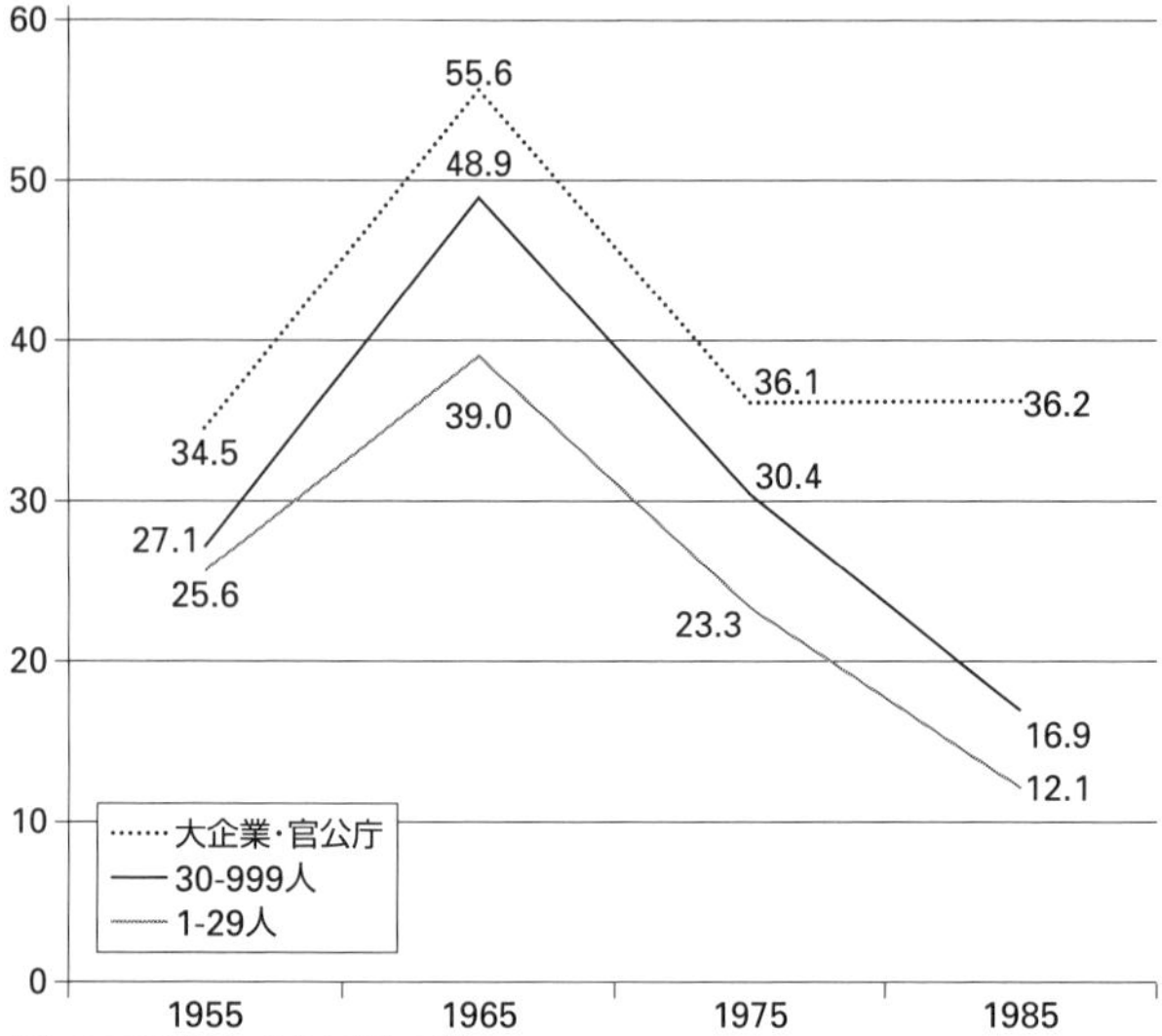

出典:SSM調査データより算出。男性のみ。

率が低下する。革新政党は、大企業・官公庁労働者以外からは支持されなくなってしまったのである。

ここには、労働組合の存在も関係している。労働者階級の革新支持率を労働組合の加入状況別にみると、組合員では三三・四％だが、非組合員では二三・四％、職場に組合のない労働者（無回答を含む）では一二・〇％にすぎなかった。このため革新支持者の内訳は、著しく労働組合員に偏ることになる。**図表7・3**は、見方を変えて革新政党を支持する人々の階級ごとの内訳を、労働組合への加入状況とともに示したものである。革

図表7·3　1985年における革新政党の支持基盤

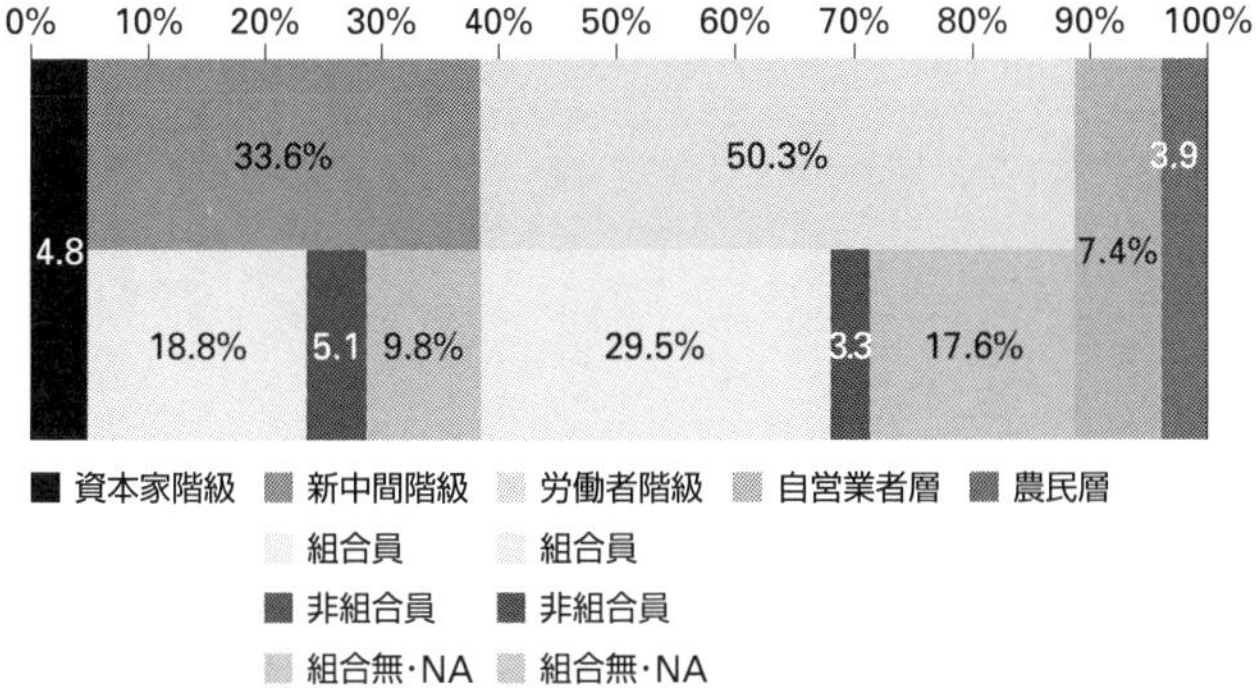

出典：1985年SSM調査データより算出。男性のみ。

新支持者の五〇・三%は労働者階級、三三・六%は新中間階級で、圧倒的多数が被雇用者だったことがよくわかる。ところがその内訳を労働組合への加入状況別にみると、革新支持者の六割弱までが労働組合員で、非組合員の支持者は少なく、職場に組合のない人からの支持も多くない。すべての階級を合計した革新支持者に占める比率でいえば、四八%までが労働組合員である。その大部分が大企業・官公庁労働者であることは、いうまでもない。

つまりこの時期までに革新政党は、総評系労働組合員という支持基盤の中核部分のみを残し、それ以外にはまとまった支持を得ることができなくなっていたのである。そして一九八〇年代から一九九〇年代にかけては、労働組合自体の弱体化が進んだから、ますます支持基盤は崩れていった。

九〇年代末には、消費税の導入に対する国民の反発と、土井たか子委員長の人気によって社会党の議席は一時的に回復するが、すでに失われた支持基盤が再建されることはなく、以後、戦後政治を彩った社会主義色の強い革新政党の時代は終焉を迎えた。

　中小零細企業労働者の政党支持の変化は、生活への満足度とも関係がある。一九八五年ＳＳＭ調査データについてさらに詳しい集計を行なってみると、大企業・官公庁労働者の場合、生活に満足している人々の自民支持が二四・二％であるのに対して、生活に不満をもつ人々ではわずか六・七％で、革新支持が五〇・〇％と大多数を占めている。つまり生活への不満を革新政党が吸収していたということができる。これに対して中小零細企業労働者では、満足している人と不満をもつ人の自民支持は三九・九％、四一・八％で、むしろわずかながら不満をもつ人の方が高く、革新支持は一四・七％、一四・三％と差がない。七五年には、生活に不満をもつ中小零細企業労働者の自民支持は、わずか二四・四％だったが、これが大きく跳ね上がったことが、支持構造を変化させたのである。

2　格差拡大の始まりと貧困

　現実にこの時期、中小零細企業労働者の状況は、急速に悪化していた。**図表5・1**でみたように、賃金の企業規模間格差は一九六〇年代前半に急速に縮小したが、その後も断続的に縮小が続き、五〇〇人以上を一〇〇とした三〇—九九人規模の賃金は、一九七八年には八二・三とピークに達した。ところがその後、反転して急速に低下を始め、一九八五年には七四・一、一九九〇年には七〇・二にまで下がり、一九九〇年代以降も低下が続いている。一九七〇年代終わりから、経済格差に関する指標のいくつかは拡大傾向を示し始めるのだが、なかでも早い時期からはっきりした格差拡大傾向を示したのが、この規模間格差だった。

　一般に小零細企業には管理事務職や技術職は少なく、被雇用者の大部分が労働者階級だから、規模間格差の拡大は新中間階級と労働者階級の間の格差拡大にも結びつく。**図表7・4**は、一九八五年の階級間格差を示したものである。[2] 新中間階級の個人年収は労働者階級の一・五三倍で、一九七五年の一・四一倍に比べるとかなり格差が拡大し、世帯年収でもわずかながら格差が拡大している。新中間階級と労働者階級それぞれの内部の規模間

図表7·4　1985年の経済格差

[万円]

		個人年収	世帯年収
資本家階級		690.2	863.4
新中間階級	全体	487.7	637.0
	1-29人	363.3	539.5
	30-999人	496.0	630.1
	大企業・官公庁	509.9	664.0
労働者階級	全体	319.4	465.2
	1-29人	259.5	390.7
	30-999人	317.0	485.6
	大企業・官公庁	401.0	539.5
自営業者層		415.7	589.8
農民層		279.6	496.3

出典：1985年SSM調査データより算出。男性のみ。

格差も、やはり拡大しており、たとえば小零細企業労働者の場合、大企業・官公庁を一〇〇としたときの個人年収は七三・二から六四・七へ低下した。労働者階級との比較でいえば、資本家階級と自営業者層・農民層には目立った動きがない。したがってこの時期、格差拡大は新中間階級と労働者階級の間から始まったということができる。

図表7・5は、一九八五年の貧困率を示したものである。[3] 全体の貧困率は九・六%で、一九七五年に比べるとわずかながら上昇した。しかし、四つの階級で実質的に上昇したといえるのは労働者階級だけで、階級間格差の拡大が貧困率にストレートに現れたということができる。労働者階級の貧困率を企業規模別にみると、どの規模でも上昇しているが、規模が小さいほど上昇幅が大きい。小零細企業労働者の貧困率は、二〇・六%に達し、三〇—九九九人の中企業でも一〇・二%と、ほぼ一九六五年の水準に戻っている。高度成長期にも離

陸を果たすことのできなかった小零細企業労働者は再び貧困へと接近し、中企業労働者も低空飛行を余儀なくされたのである。

このように格差拡大は、まず中小零細企業労働者の貧困化をもたらした。ところがこの時期、中小零細企業労働者の生活に対する不満は革新政党への支持には結びつかず、むしろ自民党支持へと向かっていたのである。おそらくは、離陸を果たして生活水準を向上させた大企業・官公庁労働者に取り残された中小零細企業労働者たちは、さらなる労働条件の向上を訴える巨大労働組合と、これに支えられた革新政党に見切りをつけたのではないだろうか。この動きには、二〇〇五年の郵政選挙で自民党を支持した人々の行動とも通ずるものが感じられる。

農民層の貧困率は六％低下して、自営業者層や労働者階級とほぼ同水準になった。

図表7·5　1985年の貧困率

[%]

		1975年	1985年	変化
全体		9.0	9.6	0.6
資本家階級		4.1	1.4	-2.7
新中間階級	全体	1.0	2.2	1.2
	1-29人	3.7	3.4	-0.3
	30-999人	1.5	1.0	-0.5
	大企業･官公庁	0.3	2.8	2.5
労働者階級	全体	8.6	12.1	3.5
	1-29人	15.2	20.6	5.4
	30-999人	5.3	10.2	4.9
	大企業･官公庁	3.8	5.4	1.6
自営業者層		11.2	12.4	1.2
農民層		19.6	13.6	-6.0
無職		18.9	25.3	6.4

出典：SSM調査データより算出。男性のみ。

図表7·6　女性の貧困率

全体		11.3
本人の所属階級	資本家階級	0.0
	新中間階級	11.8
	労働者階級	9.7
	旧中間階級	19.4
	無職	10.4
配偶関係と夫の所属階級	資本家階級	0.0
	新中間階級	1.5
	労働者階級	10.2
	旧中間階級	15.7
	配偶者なし	22.0
	うち父同居	9.2
	父非同居	29.5

出典：1985年SSM調査データより算出。

世帯収入が労働者階級を上回り続けたこととあわせて、この時期に農民層は、兼業化を通じて中間階級としての実質を備えるようになったとみることができる。

　一九八五年からSSM調査の対象に含められた、女性の貧困にも触れておこう。**図表7・6**は、女性の貧困率を本人の所属階級別および夫の所属階級別にみたものである。本人の所属階級は、貧困率にあまり影響していない。資本家階級の貧困率は低く、旧中間階級の貧困率は高いが、これらは家業の経営状態の反映だろう。新中間階級、労働者階級、無職の貧困率は、いずれも一〇%前後で差がない。一般に世帯収入に占める女性の収入の比重は小さいから、女性本人の所属階級は、世帯が貧困に陥るかどうかにあまり関係しないのである。

　女性が貧困に陥るかどうかを大きく左右するのは、夫がいるか否か、そしている場合は夫の所属階級である。有配偶女性の貧困率は、夫の所属階級によって〇・〇%から一五・七%まで幅があり、貧困率がほぼ夫の所属階級によって決定されていることがわかる。そして無配偶者の貧困率は二二・〇％と高い。ただし、このうち父親と同居して生計を共にしている女性たちの貧困率は九・二％で、ほぼ全体平均に等しい。これに対して、父親と同居していない無配偶者は、貧困率が二九・五％と極端に高く、女性貧困層全体の三四・九％を占め、しかもその七割は有職者である。九〇年代以降、女性労働の非正規化がさらに進行し、また未婚化も進むことから、膨大な無配偶女性のワーキングプアが形成されることになるのだが、これはその萌芽ということができる。

3　高度成長の終わりとバブル景気

一九八〇年前後から始まる格差拡大は、二度にわたるオイルショックと高度経済成長の終焉、一九八五年のプラザ合意以降の円高の下で始まった企業経営の変化、そしてバブル景気とその崩壊という、一連のできごとと密接な関係がある。

高度経済成長期には労働需要が急増し、また労働移動が盛んになった。労働者を確保するためには中小企業も一定水準以上の賃金を出すことが必要になり、また高度成長を背景にそれが可能になっていたから、賃金の平準化が進んだ。ところが高度成長の終わりとともに、労働需要が減少して失業者も増えたから、中小零細企業労働者の賃金水準は抑制されるようになり、大企業との格差が拡大に転じた。

プラザ合意の直前に一ドル＝二五二円だった円相場は、直後から高騰を始め、年末には二〇〇円、一九八六年末には一六〇円、一九八七年末には一二二円まで達した。円高を背景に、東南アジアなどから安い製品が大量に流入するようになったが、その多くは労働集約型産業で生産される製品だったから、国内の中小企業と競合しやすく、その経営環境は厳しくなった[4]。また急激な円高の進行に対応するため、輸出に依存してきた大企業は省力化とコスト削減を進めたが、その結果、生産拠点が海外に移転したり、あるいは下請企業に対する徹底した単価切り下げが行なわれるようになり[5]、ますます中小企業をとりまく環境は悪化した。このことから、大企業と中小企業の賃金格差はさらに拡大した。

一九八六年前後から地価と株価の急上昇が始まり、日本はバブル経済の時期を迎えた。株価は一九八五年から一九八九年の五年間で二・九七倍に上昇した。地価は少し遅れて上昇を始めたため、一九八九年の時点では全国平均で一・二八倍にとどまったが、一九九一年には一・六二倍となり、東京圏に限れば平均でも二倍以上、都心の一等地は五—六倍にもなった。すでに一九八〇年前後から、大企業はＭＥ技術を駆使した設備投資を進めていたが、資産額が増えたことから資金調達が容易になり、設備投資はさらに急ピッチで進んだ。もっとも調達された資金の多くは、投機や計画のずさんな開発に使われ、後に多くの問題を引き起こすのだが、たしかに景気はよくなった。

　雇用も拡大したが、問題はその中身である。オイルショックのあと雇用は低迷し、一九七八年（年平均、以下同じ）には有効求人倍率が、パート労働者で一・〇〇倍、パート以外の一般労働者で〇・五五倍にまで低下していた。求人倍率は次第に回復するが、一般労働者の求人倍率がわずかな回復にとどまったのに対して、パートの求人倍率は急上昇し、一九八〇年は一・三五倍（一般労働者〇・七三倍）、一九八五年は一・五〇倍（同〇・六四倍）となり、一九八九年には三・九三倍（同一・一一倍）に達する。[6]高度経済成長期とは対照的に、企業は労働力の調達を主に非正規雇用に頼ったのである。その結果、一九八五年から一九九〇年の間に、正規労働者が一四五万人の増加にとどまったのに対して、非正規雇用者は二二六万人増え、役員を除く雇用者の二〇％を初めて突破した（数字は二月期）。その大部分は女性だったが、男性の非正規雇用者も着実に増え、この時期までには男性でもパート・アルバイトの数が、それまで企業で働く男性非正規雇用者の典型だった、定年後の再雇用を含む嘱託・契約社員の数を上回るようになった。非正規雇用者はその後、二〇一五年までの二五年間、年平均約四四万人のペースで増え続け、一九九五年には一〇〇〇万人、二〇一四年には二〇〇〇万人を突破している。

それではこの時期、全体的な経済格差はどう変化したのか。**図表7・7**は、**図表2・3**で示した当初所得のジニ係数に、この時期に大きな問題となる土地資産と貯蓄残高の格差を示すジニ係数を加え、その変化を市街地地価指数および日経平均株価の変化と重ね合わせたものである。話は先走るのだが、九〇年代以降の動向も含めてみていこう。

株価は八九年、地価は九一年にピークを迎え、その後は急速に下落する。これとほぼ同じ動きを示すのは土地資産格差（住宅・宅地資産格差）で、八八年前後にピークを迎え、以後は二〇〇〇年ごろまで縮小が続く。しかしそれ以降は、地価の下落が続いているにもかかわらず、格差が下げ止まりしたようである。データはないが、株式資産の格差も同じような動きをしているはずである。貯蓄残高の格差は、九五年ごろまで低下が続き、その後になって上昇に転じている。

これに対して当初所得格差は、先にも触れたように八〇年ごろから、ほぼ一直線に拡大している。地価・株価とも下落したあとの九五年は、その前後の急上昇に比較すると足踏みしているようにもみえるが、上昇トレンドそのものは崩れていない。つまり基本的にはバブルの発生と崩壊は、資産格差には影響したものの、所得格差には大きな影響を与えなかったのである。そして二〇〇〇年代に入ると、土地資産格差が下げ止まり、貯蓄残高格

図表7-7 地価・株価と格差の変化

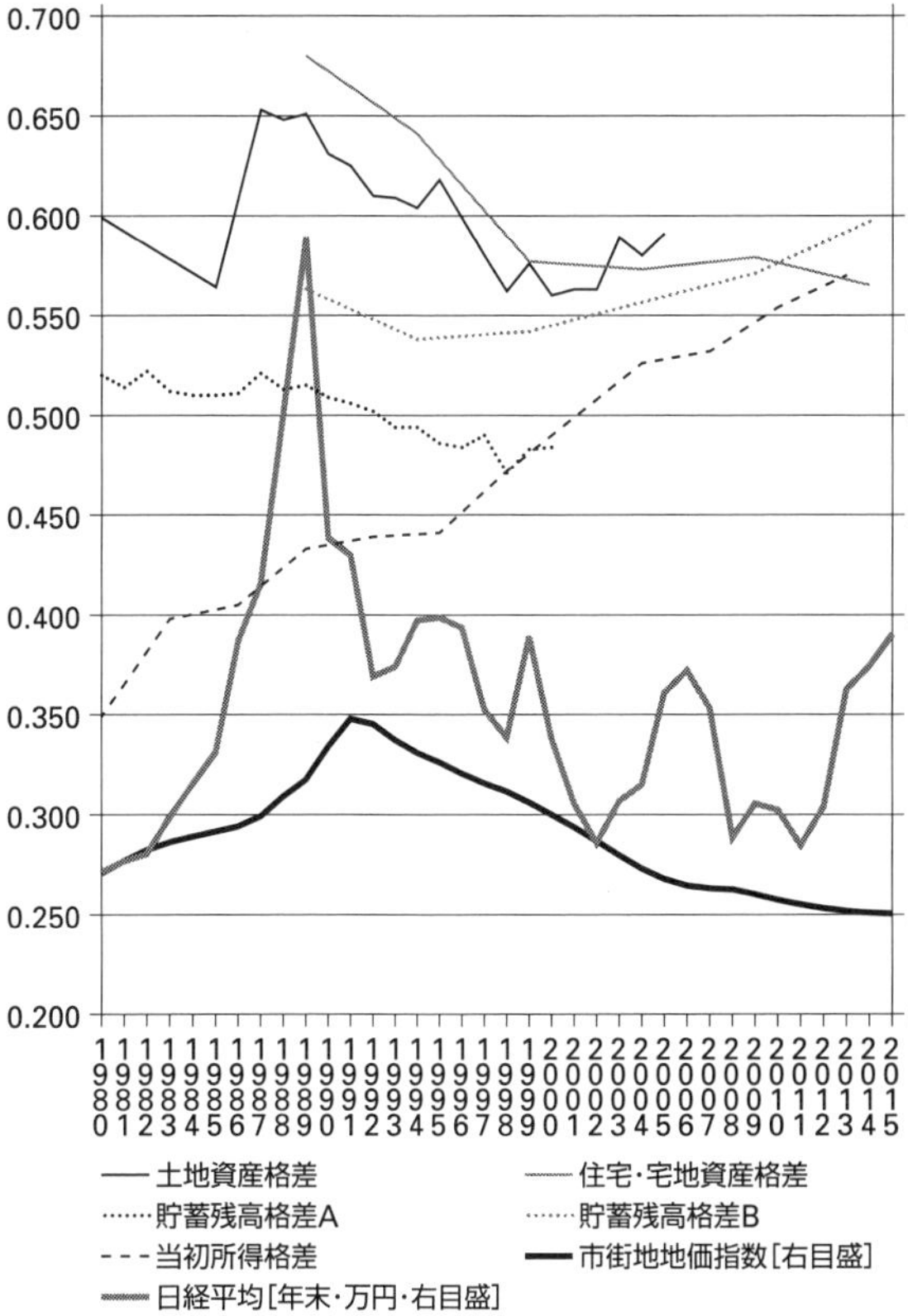

出典：市街地地価指数は2000年を1とした指数で、日本不動産研究所による。

『日本統計年鑑（2016年）』より引用。日経平均は日経225の各年末の終値。

土地資産格差は土地資産額のジニ係数で、『国民生活白書（2005年）』より。

原資料は「地価公示」および「家計調査」。住宅・宅地資産格差は『厚生労働白書（2017年）』より。

貯蓄残高格差A、Bは貯蓄残高のジニ係数。

Aは『国民生活白書（2005年）』より。原資料は『貯蓄動向調査』。

Bは『厚生労働白書（2017年）』より。原資料は『全国消費実態調査』。

当初所得格差は当初所得のジニ係数で、「所得再分配調査」より。

差が上昇に転じたことは、すでに始まっていた所得格差の拡大に、資産格差が歩調を合わせ始めたことを示すものとして重要である。貯蓄残高格差の拡大は、二〇一〇年代に入るとピッチを速めてさえいる。

4　格差に関する言説の出現

　格差拡大が始まったことを、最初にまとまった形で指摘したのは、おそらく小沢雅子の『新「階層消費」の時代』（一九八五年）である[7]。この本ではすでに、職業間、産業間、企業規模間の格差が拡大し、全体としての所得格差を示すジニ係数も、七〇年代に入ってから低下が止まったことが指摘されている。しかしこの本が注目されたのは、格差拡大を指摘したことによるのではない。タイトルが示すように、消費内容に階層分化が始まったと指摘したことによるものだった。

　この本が、消費の階層分化を指摘するマーケティングの本として受け止められたこと（著者自身が、それを狙って書いているのだが）は、当時の状況を反映していた。経済的格差の拡大は始まったばかりだったから、趨勢的な変化なのか一時的なものなのかを判断する材料はなかった。しかも、まだ「一億総中流」論の影響力は強く、これに反する兆候は見逃されがちだった。しかし、「中流」としての生活を維持していることを前提とした上で、消費内容に違いが生じているということならば、必ずしも「一億総中流」論と矛盾しているとはいえない。実際、小沢が指摘したのは、消費内容が所得額ではなく資産額と関連していて、資産の多い人ほど高級品を購入する傾向があるということだった。つまり、所得の高い低いに関わらず、どんな人でも洋服や靴、アクセサリー、牛肉などを買うのだが、資産のある人ほど単価の高いものを買ったり、購入頻度が高かったりするというのである。

　このように、主に資産と消費に注目して格差を論じるスタイルは、ベストセラーになった渡辺和博・神足裕司の『金魂巻』（一九八四年）にもみられた。これは、デザイナー、コピーライター、ディレクターなどのカタカナ職業を中心に、医者や弁護士、商社マンなどを加えた三一の職業を取り上げ、それぞれの「金持」と「ビンボー人」の生活を描いたものだが、同じ職業に就いていながら、年収はそれぞれ数千万円と二—三〇〇万円という対比が鮮やかで、あたかも人々を階層化するのは職業ではなく、才能とセンス、そして親の地位と財産だというイメージを前面に出していた。両者の生活はといえば、乗る車はシボレーとホンダシティ、夏休みに子どもを連れて行くのは南軽井沢の別荘と下町に住む祖父の家、家族で食事をするレストランは高級中華料理店の桃花林とデニーズ、飲んだあとも って帰るおみやげは有名店の鯛飯と駅前で買ったヤキトリ、といった具合である。つまり消費のパターンそのものは似通っているのに、その中身や単価が異なるというもので、小沢と同じように「階層消費」を描いていた。

一般雑誌の記事にも、格差拡大が反映し始めていた。大宅壮一文庫のデータベースによると、「階級」をキーワードやタイトルに含む記事は、一九八五年にはわずか三件、八六年は四件、八七年は五件だったが、八八年には二五件と急増し、八九年には三七件を数えている。これらには、格闘技の体重別階級や軍隊・警察の「階級」、「三階級特進」など慣例的用法のものが含まれるが、これらを除外しても、八八年は一四件、八九年は三〇件である。これらの記事には、「燃え盛る消費景気　『階級型消費』が市場をリード」のように小沢の主張を後追いするもののほか、「政財界に横行する『世襲』こそ『新階級社会』を生み出す元凶だ」「消費税ガン細胞論　最大の問題は『新・階級社会』化の引き金となることだ」など、最近の格差社会をめぐる言説と共通の関心を含むものも少なくない。

一九八〇年代末には、「玉の輿」がちょっとしたブームになった。当時の女性雑誌には、「こうして摑め！玉の輿結婚への道」「医者、弁護士、高級官僚、商社マンのつかまえ方、落とし方」「玉に乗るために、エチケット上級生になろう」などといった記事が、多数掲載されていた。ある記事など、日本の現状を次のように分析している。

　日本の社会は土地の異常な高騰を背景に、〝持てる者《ニューリッチ》〟と〝持たざる者《ニュープア》〟に2極化され新しい階級社会の時代に入りました。女性が仕事や生活面でどんなに努力しても、この階級差は埋まりません。唯一の方法は、結婚による〝持てる者〟への仲間入り(8)。

研究者と違ってマスメディアは、さほど確実な根拠がなくても格差拡大や階級社会化を騒ぎ立てることができるから、ある意味では当然なのだが、その感度のよさには感心する。

　こうした流れのなかで、一九八八年の『国民生活白書』は所得と資産の格差を取り上げた。これによると、ジニ係数は高度成長期には低下していたが、一九七〇年以降になると低下の趨勢が止まり、不況期に上昇し好況期に低下するという変動を示すようになった。金融資産格差のジニ係数も、高度成長期には大幅に低下したが、近年は横ばいまたは上昇に転じている。また近年の地価上昇にともなって、土地資産額のジニ係数は一九八五年から八七年の間で大幅に上昇した。そして「国民生活選好度調査」によると、所得・収入については六〇％、金融資産については五四・六％の人が、一〇年前に比べて格差が拡大したと回答している。しかし白書は、こうした格差拡大に警鐘を鳴らしたわけではない。多くの国民は格差拡大を感じているが、同時に多くの国民は「個人の努力や選択によって生活に格差があるのは当然」と考えており、「格差であれば何でもいけない」と考えているわけではない。そして白書は、このことは国民の格差に対する意識が「成熟化」してきていることを示すものだと結論するのである。

これに異を唱えたのは、白書が公表された翌日、一一月一九日の『朝日新聞』社説である。「『格差社会』でいいのか」と題されたこの社説によると、現実の社会では人々は公平な条件の下におかれているのではなく、個人の努力が報われるとは限らない。地価や株価の高騰により、社会の公平さは崩れる。こうして作られた資産の格差は、相続によって次世代に伝えられる。こうした日本の現実には「新しい階級社会」の兆しをみてとることができるのではないか、というのである。この社説はおそらく、「格差社会」という言葉を現代日本に関連させて意識的に用いた、最初の例である[9]。

一九八五年SSM調査にもとづく分析が、一般の目に触れる形で公表され始めるのは一九八九年に入ってからのことである。何人かの研究者は、経済的格差が拡大し始めており、また世代間移動の増加にブレーキがかかり始めていると指摘した。盛山和夫らの分析によると、一九五五年から七五年にかけては所得のジニ係数が低下していたが、八五年には横ばいもしくはやや上昇しており、また世代間移動は増加しているものの、これは農業からの移動が大きいことによる部分が大きく、農業以外の職業では移動が減少していた[10]。また橋本健二は、一九七五年から八五年にかけて新中間層出身者の非移動率が上昇しているが、これは彼らの学歴が急速に上昇するとともに、出身階級からの直接の影響も強まっていることによるものであり、新中間層は学歴その他の非経済的資源の継承によって世代的に再生産する、労働者階級とは明確に区別される階級となりつつあるのではないか、と結論していた[11]。また尾嶋史章は、教育機会の格差についての分析から、高等教育進学機会の格差はほぼ一定に保たれているが、旧帝国大学と早稲田・慶応などのエリート的な大学への進学機会の格差は拡大し、父親が専門職・管理職である層と父親が高等教育を受けている層の占有率が急速に上昇していることを明らかにした[12]。

すでにデータは、「格差社会」のはじまりを告げていた。とはいえこれらの結論は、数多くの分析結果のひとつとして控えめに提示されただけであり、これらの論者たちが格差拡大が始まったと明確に結論していたわけではない。まだまだ研究者たちは（私を含めて）、格差拡大の巨大な趨勢が動き始めていることに気づいていなかったのである。

第8章

日本社会の再編成——一九九〇年代

1　阪神・淡路大震災が示したもの

一九九五年一月一七日午前五時四六分、神戸市とその周辺を、最大震度七の激烈な揺れが襲った。もっとも大きな被害を受けたのは、長田区、兵庫区、灘区、東灘区、芦屋市、西宮市の断層に沿った場所の木造住宅で、全壊した木造家屋は神戸市だけで五万四九四九棟と、全木造家屋の約一〇％にも上り、三万一七八三棟が半壊、さらに起こった火災で七三七九棟が全半焼した。[1] そして死者は、全体で六四三四人（他に行方不明者三人）、神戸市だけで四五七一人（行方不明者二人）に上った。[2]

被害の詳細が判明するにしたがって、その大きさそのものとは別に、被害に刻印された社会的な性格が注目されるようになった。被害者に占める、社会的弱者の比率が異様に高いことが明らかになったからである。

まず死者のかなりの部分が、高齢者だった。死者の二三・四％が七五歳以上、四三・九％が六五歳以上の高齢者で、それぞれ女性が約三分の二を占めていた。その多くは、古い木造住宅やアパートに住み、少ない収入でなんとか自活し、あるいは夫を亡くしたあと細々と生きる女性たちだった。さらに、生活保護受給者などの低所得者の被災率が高かった。兵庫県では当時、生活保護受給者が全人口に占める比率は一・〇二%だったが、死亡者に占める比率は五・二六%で、死亡率は平均の五倍を超えていたのである。やはりその多くは、家賃の安い文化住宅など老朽化した木造アパートに住んでいた。家を失って仮設住宅に入居した人々の年収をみると、三〇〇万円未満が約七割、一〇〇万円未満が約三割を占めていた[3]。神戸市で家屋が全壊するなどして罹災証明の交付を受けた世帯は、全世帯の一六%だったが、この比率は世帯収入二〇〇万円以下では二六・四%だったのに対し、二〇〇〇万円以上では五・八%にすぎなかった[4]。

　震災後、いち早くこうした実態を明らかにしたのは、ウィメンズネット・こうべである。多くの女性たちの手記やインタビューを集め、貧困な女性たちの被害と震災後の窮状を明らかにした結論は、次のようにまとめられている。

> 努力次第で誰でも大学へ進み、ステップアップできる平等社会、一億総中流階級――なんて、どんなにウソッパチだったか。震災後、どれほど思い知らされたことだろう。
>
> 　地震の揺れは平等にきたとしても、結果は平等ではなかった。古い家や木造文化住宅が壊れ、女性のお年寄りがもっとも多く亡くなられた。
>
> 　震災後の立ち上がりの早さは、社会階層によってまったく違った[5]。

さらに、被害と被災者たちのその後が、ほぼすべて明らかになった時点で事実をまとめたいのうえせつこは、次のようにいう。

> 今回の大震災による「建物被害と人的被害」が露呈したものは、日本の社会の階級性そのものではなかったろうか。つまり、誤解を恐れずに言うなら、日本の資本主義の矛盾を一手に引き受けた高齢者をはじめとする「震災弱者」だったと言える。[6]

人々が格差と貧困を話題にし始めるのは、大震災のしばらく後のことである。

2 「企業社会」と「会社主義」

一九八六年からのバブル景気の時代、人々の所得は大幅に増えた。いわゆるバブル崩壊のあとも、平均賃金の増加は続く。一九九七年の平均月間現金給与額は四二万一四〇〇円

（男性五一万四七〇円、女性二六万五九九円）で、株価がピークに達した一九八九年と比べても一八・〇％増加していた[7]。日本が豊かになったという事実そのものは、否定しようもない。七〇年代に影響力のあった「現代的貧困」論が問題にしたような公害や都市問題も、以前に比べれば深刻ではなくなっていた。そのなかで、新たな視点からの日本社会に対する批判が注目を集めるようになった。その萌芽は、七〇年代末にあった。

一九七九年二月一日、ダグラス・グラマン疑惑の捜査の鍵を握っているとみられていた日商岩井の島田三敬常務が、本社ビルから飛び降りて自殺した。遺書には、「会社の生命は永遠です。その永遠のために私たちは奉仕すべきです」と書き残されていた。「会社人間」という言葉は、すでに広く使われていたが、この自殺は、自分を犠牲にして会社にすべてを捧げる「会社人間」という生き方、見方を変えれば社員に全人格的な服従を迫る企業支配のあり方が問題視されるきっかけのひとつになった。

同じころから、会社に対して過剰に従属し、過酷な労働に従事することから生まれるさまざまな心身の病、そして過労死の存在が広く知られるようになった。会社による支配は、社員本人のみにとどまるのではない。たとえば木下律子の『妻たちの企業戦争』（一九八三年）は、社宅や企業城下町の団地に住む妻たちが、生活のすべての面で会社から直接・間接の支配・管理を受けている実態を明らかにした、衝撃のルポルタージュだった。たとえば社宅の各棟には、総務課から問い合わせがあったとき、住人の私生活を含めて社宅内のできごとを報告する妻たちが配置されている。そして住人には、会社での夫の地位にもとづく明確な序列があり、これが行事への参加や日頃のつきあいにまで反映するのである。

これらに応えて、八〇年代終わりごろから一部の経済学者や社会学者が使い始めたのが、「企業社会」「会社主義」という用語だった。両者とも、ごく一般的に会社の組織や行動のあり方全体を指す言葉としても使えるから、まったくの造語とはいえないが、研究者たちはこれを再定義して、日本社会のあり方をとらえるキーワードとして用いた。つまり、企業が社会のなかであまりに大きな位置を占めるようになり、個人や家庭、地域社会を従属的な存在に押しやってしまう社会が「企業社会」、そしてこれを「資本主義」と「社会主義」の要素を節合させた社会体制としてとらえたのが「会社主義」である。その代表人物は、熊沢誠と馬場宏二である。

熊沢誠は、年功制・終身雇用を暗黙の了解とする日本的経営の下で、正規労働者に求められる「機能的フレキシビリティ」と「生活態度としての能力」を軸に、企業社会の構造を鮮やかに描き出した。日本企業の正社員は、経営者の求めにしたがい、仕事の範囲や量、時間、場所などの不断の変動に適応してフレキシブルに働くことを要請され、この要請にどれだけ応えられるかを評価される。さらにその延長線上で、労働者はＱＣ活動や自己啓発、社内行事への参加や服装などを含めて、生活態度そのものを「会社向き」にすることを求められる。これらの労働者の大多数は、男性である。

しかし企業社会は、このような正社員だけで存続することはできない。企業には、高賃金の正社員に引き受けさせるには、あまりにも単純すぎる労働が広範に存在しており、しかも正社員の雇用と賃金は硬直的なので、労働者の数や総人件費を抑制する必要が生じたときに対応しにくい。また正社員は、長時間にわたり多大なエネルギーを仕事に注ぎ込む必要があるから、家事・育児・介護など、労働力を再生産したり社会を維持するための活動（広義の家事）を担うことができない。

熊沢によると、これらの問題を解決するために利用されるのが女性労働者である。彼女らは昇進の可能性が小さく、単純労働に従事し、結婚・出産とともに退職する。そして子育てのあとは非正規労働者として就業し、やはり単純労働に従事する。雇用調整は容易で、しかも広義の家事の担い手になることができる。こうして日本の企業社会は、男性正規労働者と女性労働者という、二つの典型的な労働者像から成り立ち、この両者が相互に依存しあい愛しあうことによって、高い効率を保って存続するのである[8]。

熊沢の描いた日本の企業社会像は、個々の要素は見慣れたものながら、これらの間の機能的な整合性を見事に言い当てたものといえる。しかし皮肉なことに、すぐあとから正社員の雇用も不安定となり、男性の非正規労働者が増加を始め、男性正社員と女性非正規労働者のカップルが、企業社会を構成する基本単位だとはいえなくなっていく。熊沢もその後は、男女の若者を中心とする非正規労働を取り上げながら、意欲的に社会的発言を行なっている。その意味で彼の「企業社会」論はすでに過去のものだが、縮小再編を始める前の日本的経営の完成型ともいうべき姿をモデル化したものとして、依然として大きな意義がある。

　これに対して馬場宏二の「会社主義」論は、同じ時期の日本資本主義の構造を、やや極端な理念型として描き出していた。これによると、「会社主義」とは、「資本主義的競争と共同体的あるいは社会主義的関係との精妙な結合」である。両者の結合は、四つの特徴として現れる。第一に所有者支配が弱く、会社は株主の集団ではなく従業員の集団とみなされており、株主よりも従業員の利益を優先することができる。第二に、従業員の間の賃金や発言権の格差や断絶が少なく、階級格差が見出しがたい。この結果として第三に、ホワイトカラーも現場を体験し、ブルーカラーもホワイトカラーに昇進するなど、労働過程でも格差や断絶が少ない。そして第四に、社内には終身雇用慣行、他の企業との間には長期的に安定した取引があり、流通費用が節約されるとともに、安心して技術開発を進めることができる。こうして会社主義は、労働生産面で「忍び寄る社会主義《クリーピング・ソシアリズム》」をもたらし、生産力向上という点では「人類史上最高の機構」となった、というのである。[9]

もちろん馬場は、会社主義が生み出す、非正規社員への差別、忠実な社員の過労死、地域社会の空洞化、過剰富裕化による環境破壊などの問題点も指摘しているのだが、全体としては現代日本資本主義が平等で豊かな社会であること、階級格差が解消されて資本主義を乗り越えつつあることを強調しており、その評価はほとんど絶賛に近い。その意味で「会社主義」論は、まさに「一億総中流」論のマルクス主義版という意味をもっていた。しかし、ホワイトカラーとブルーカラーに格差や断絶が少ないというのは、もともと事実に反していたし、[10]その後の数年から十年のうちには、株主の発言力が高まり、終身雇用と安定取引も崩れていく。「忍び寄る社会主義」は、こうして幻想に終わったのである。

3　日本経済の再編成と格差拡大

一九九七年、それまで先送りされてきた不良債権問題が一気に噴出し、企業の大型倒産・経営破綻が相次いだ。四月にはクラウン・リーシングが、当時としては戦後最大となる一兆一八七四億円の負債を抱えて倒産、一一月には北海道拓殖銀行と山一證券が経営破綻、一二月には食品商社の東食が倒産（負債六三九七億円）する。翌一九九八年にかけて、建設業と製造業を中心に雇用が急速に失われ、[11]わずか一年で失業率は三・四％から四・一％へ上昇、一九九九年には四・七％となった。有効求人倍率（パートを除く）も〇・六二から〇・四四に、さらに一九九九年には〇・三九にまで落ち込んだ。中高年男性を中心に自殺が激増し、自殺者数は一九九七年の二万四三九一人から三万二八六三人へと跳ね上がった。こうして日本の経済、そして社会は、再編成期を迎えたのである。

　企業倒産の激発と雇用の喪失によって「一億総中流」の夢から覚めた人々は、次第にこれまであまり気にとめなかった格差の問題に注目するようになっていく。ちょうどこの時期に出版されたのが、橘木俊詔の『日本の経済格差』（一九九八年）である。この本は、一九九〇年代中ごろから彼が発表してきた論文や専門書の結論をコンパクトにまとめたもので、結論は明快だった。日本の経済格差は八〇年代から拡大傾向にあり、今では欧米諸国と比較してもかなり大きい方になっている、というのである。

　この結論は、注目を集める一方で、いくつかの批判を受けた。その主要な論点は、①格差が拡大しているという結論の基礎となった資料に問題がある、②統計から観察される格差拡大には高齢化による部分が大きく、実質的な格差拡大とはいえない、というものである[12]。

このうち、前者は比較的単純な問題で、調査対象や所得の範囲は国や調査の性質によって異なり、橘木が主要な根拠とした「所得再分配調査」データは格差が大きめに出るため、国際的にみて日本の所得格差が大きいという結論は慎重にすべきだというものである。この点については橘木も問題を認め、より正確な比較がされるようになったが、結論そのものは基本的に変わらなかった。

これに対して二番目の批判は、「格差拡大は見せかけ」論として、格差をめぐる論争の大きな争点となり、国会でも政府が、格差は拡大していないと抗弁する論拠として使われた。この批判には、もっともな部分もある。少なくとも最近までの日本の企業では、初任給にあまり格差がなく、一定の勤続年数を経てから昇進時期や業績による賃金格差がつき始め、部長級以上への昇進が始まる中年期以降になると大きな格差がつくというのが普通だった。さらに定年の時期をすぎると、退職した人と役員として残った人などの間に、大きな格差が生じる。したがって高齢化が進んで人口構成が中高年に偏るようになると、全体としての経済格差は拡大する可能性がある。事実、九〇年代半ばすぎまでにみられた格差拡大に関しては、高齢化などの人口学的要因による部分が大きかったのはたしかなようである[13]。

図表8・1　1995年の経済格差

[万円]

		個人年収	世帯年収
資本家階級		901.7	1297.5
新中間階級	全体	650.6	881.1
	1-29人	529.4	765.6
	30-999人	634.8	829.7
	大企業・官公庁	697.5	955.4
労働者階級	全体	426.5	636.1
	1-29人	376.4	596.4
	30-999人	404.7	596.6
	大企業・官公庁	532.4	749.7
自営業者層		563.9	851.0
農民層		538.9	877.4

出典：1995年SSM調査データより算出。

このことは、SSM調査データの分析結果とも、整合的な部分がないわけではない。**図表8・1**は、九五年の階級間格差を示したものである。資本家階級と新中間階級の個人年収は、それぞれ労働者階級の二・一一倍（八五年は二・一六倍）、一・五三倍（同一・五三倍）で、一九八五年に比べて格差が大きくなったとはいえない。集計対象を有職者に限定すると、格差に大きな変化がみられないのである。ただしジニ係数の計算のベースである世帯収入に注目すると、それぞれ労働者階級との比較で、資本家階級は二・〇四倍（八五年は一・八六倍）、新中間階級は一・三九倍（同一・三七倍）、自営業者層は一・三四倍（同一・二七倍）、農民層は一・三八倍（同一・〇七倍）などとなっており、格差拡大が認められる。

図表8・2は、貧困率を男女別・階級別に示したものである。男性に関しては、貧困率そのものも、また階級間格差の構造も、ほとんど変化がないが、無職の貧困率だけは上昇

している。女性では貧困率がやや上昇しているが、この上昇のほぼすべては無職の貧困層が増えたことによるもので、その半数近くは六〇歳以上の高齢者であり、また配偶者のない人と夫も無職である人が、それぞれ約四分の一を占めている。反対に新中間階級と旧中間階級の貧困率は低下しており、その意味では労働者階級および無職と新旧二つの中間階級との間の格差が拡大したといえる。とはいえ男女とも、階級間の格差拡大よりも無職とそれ以外の格差拡大の方がはるかに重要といっていいだろう。そして貧困層の増加は、主に女性高齢者で生じたのである。

　しかし、仮に高齢者を中心とする無職とそれ以外の間の格差拡大が主要な変化だったとしても、格差拡大を「見せかけ」と片付けてしまっていいわけではない。なぜなら、高齢化と関連して格差が拡大したならば、ほぼ確実に貧困な高齢者世帯が増加するからである。

図表8·2 1995年の貧困率

[%]

		1985年	1995年	変化
男性	全体	9.6	9.4	-0.2
	資本家階級	1.4	2.8	1.4
	新中間階級	2.2	1.7	-0.5
	労働者階級	12.1	10.2	-1.9
	旧中間階級	12.8	12.0	-0.8
	無職	25.3	28.9	3.6
女性	全体	11.3	13.9	2.6
	資本家階級	0.0	5.7	5.7
	新中間階級	11.8	6.1	-5.7
	労働者階級	9.7	10.6	0.9
	旧中間階級	19.4	11.7	-7.7
	無職	10.4	19.9	9.5

出典：SSM調査データより算出。

現実に、単身またはすでに夫が現役を引退した高齢女性の貧困者の増加が、この時期に起こっている。格差拡大が高齢化によるものだとしても、現実にそれは、高齢貧困者の増大という問題を引き起こすのである。

しかし、このように格差拡大の多くが人口学的要因によって説明できるのは、九〇年代の限られた時期のことだった。九〇年代後半以降になると若年層内部の格差が、さらには各年齢層内部の格差も一様に拡大し、格差拡大は否定しようのない事実であることが明らかとなっていく。[14] **図表8・3**は、年齢別ジニ係数の推移をみたものである。「格差拡大は見せかけ」とする主張の多くは、年齢別のジニ係数が上昇していないということを論拠としていた。年齢別のジニ係数が上昇していないのに、全体のジニ係数が上昇しているのは、ジニ係数が低い若年層が全人口に占める比率が低下し、ジニ係数が大きい高齢者の比率が上昇したことによるものだ、というのである。しかしこれをみればわかるように、ジニ係数は二〇〇四年になると若年層と五〇歳前後、高齢者で、二〇一三年になるとほぼ全年齢層で上昇している。

今日では「格差拡大は見せかけ」という主張は、公的な場ではほぼ見かけなくなった。「格差は見せかけ」論の代表人物と目されることが多かった大竹文雄も、のちの著書で、自分を格差拡大否定論者だとするのは誤解だとし、「一九九〇年代までの所得格差の拡大

図表8·3 年齢別ジニ係数の推移

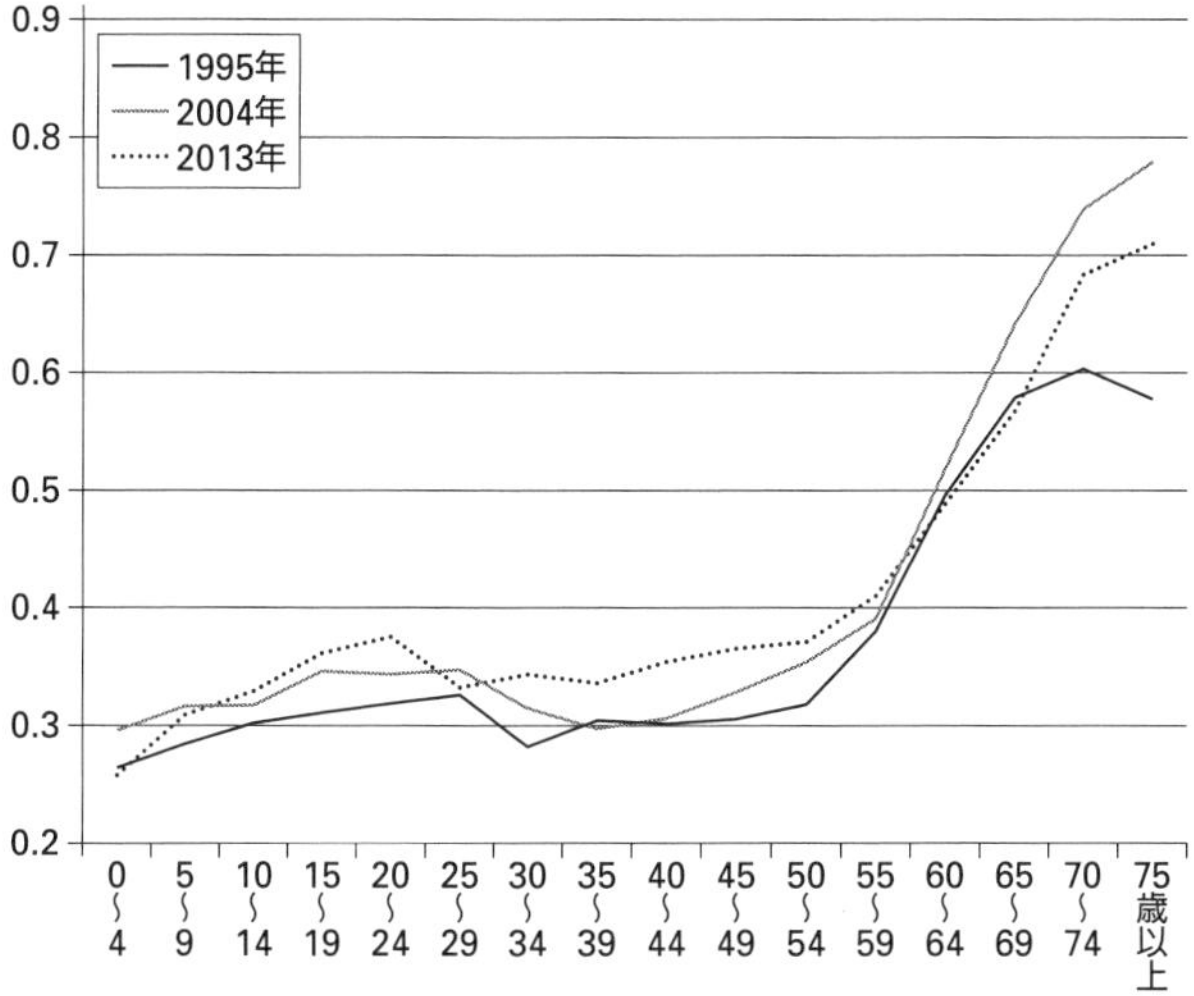

出典：1995年は「厚生労働白書（2017年）」、2004年と2013年は「所得再分配調査」による。

は高齢化によるところが大きい」が、「生涯所得の格差の拡大は観察されている」として、事実上、過去の自分の主張を撤回している[15]。これまでの章でも示したように、ジニ係数で示される経済格差の大きさは、産業間、企業規模間、男女間、階級間など各種の格差と密接な関係にあり、多くの時期で連動してきた。このことからも、格差拡大を「見せかけ」として片付けられないことは明らかだろう。

そして九〇年代、格差拡大が主に高齢化によってもたらされていたかにみえた時期に、その後の格差拡大は確実に準備されていた。それは、

図表8·4 雇用者の個人所得分布の推移[万人]

【1】女性

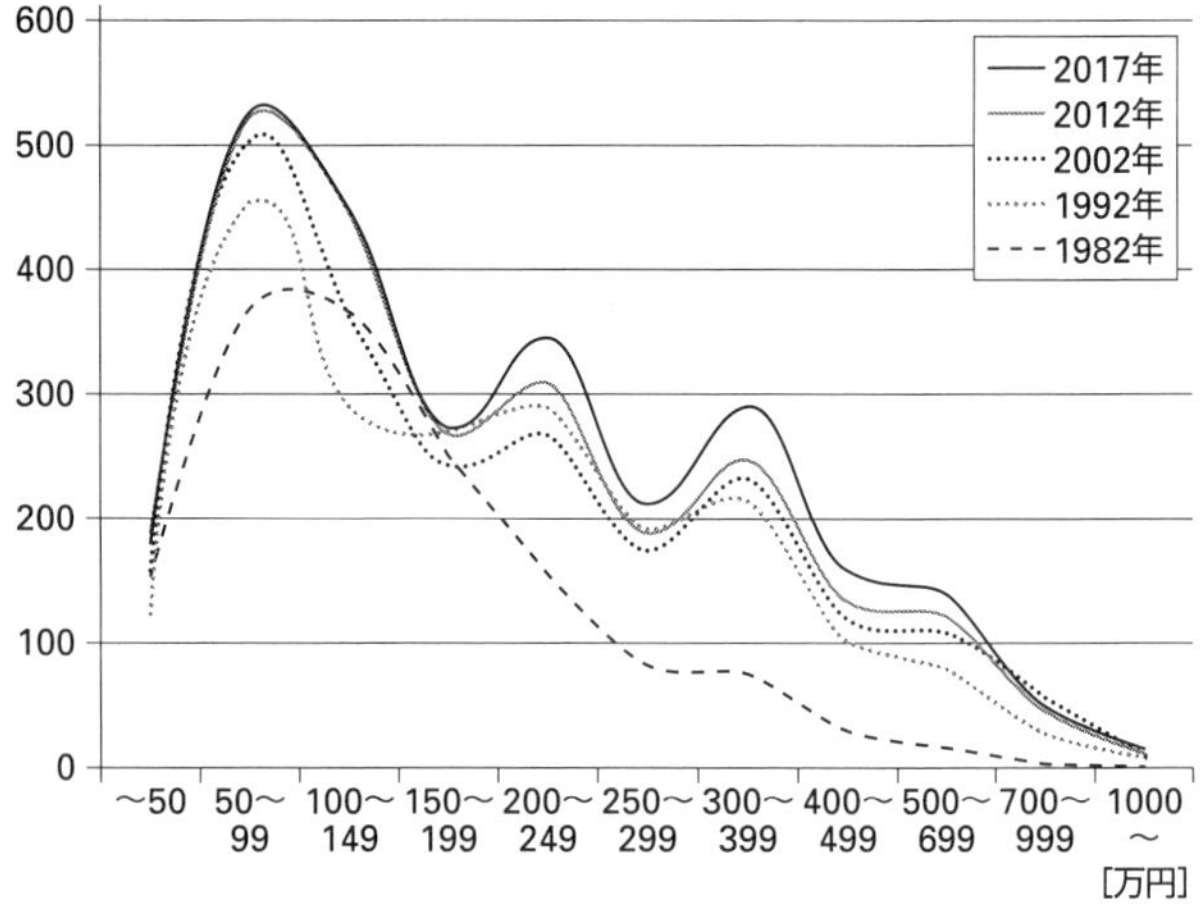

【2】男性

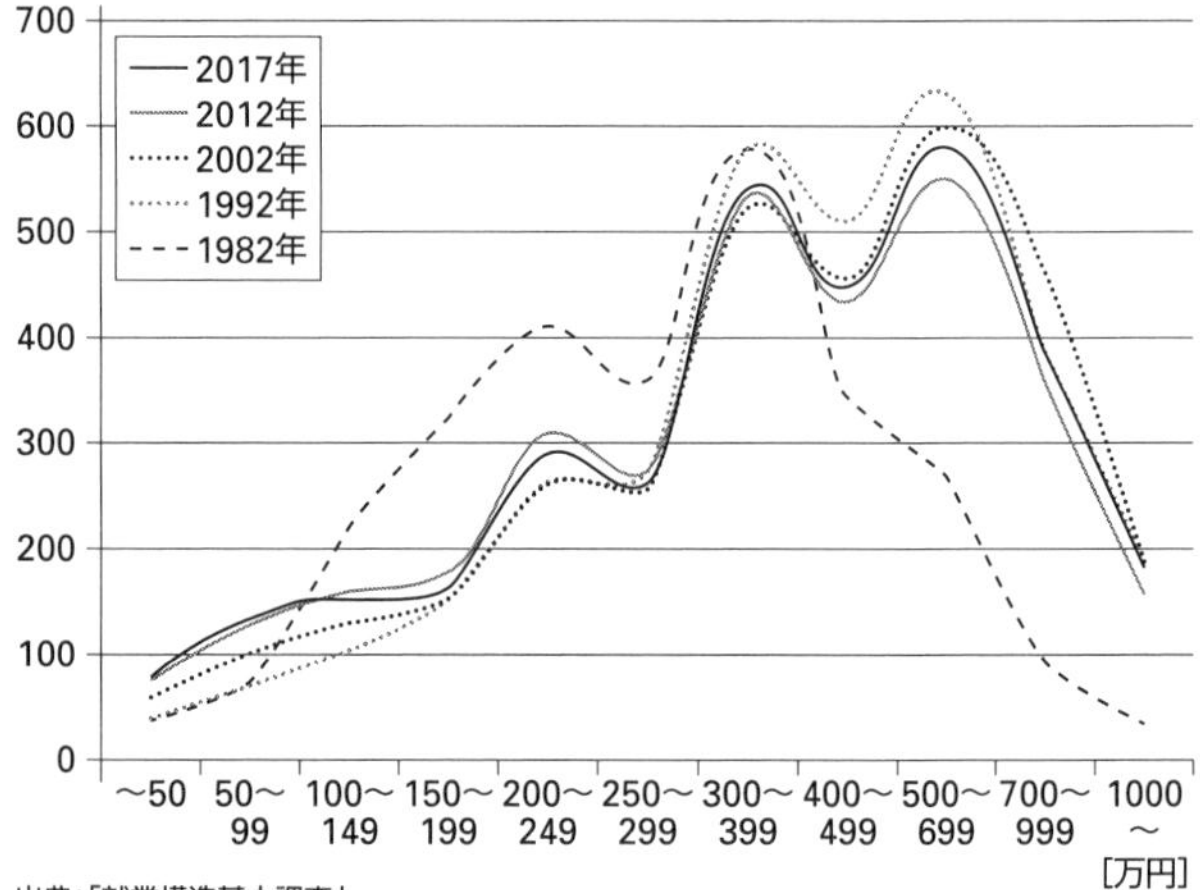

出典:「就業構造基本調査」。

[注]見やすくするため、グラフは平滑線にした。

まず女性から始まった。**図表8・4**は、雇用者の個人所得の分布の変化をみたものである。一九八二年の時点では、女性雇用者の所得分布は著しく低所得に偏り、ほとんどの女性が年収二五〇万円までに収まっていた。もっとも多いのは年収一〇〇万円前後の、主にパート労働者とみられる女性たちと、年収が一五〇万円から二五〇万円の、主に若年正規雇用者とみられる女性たちだが、二五〇万円を超える女性の比率は小さい。女性はおしなべて低所得だったため、女性内部の格差は今日ほど大きくはなかったのである。ところが一九九二年になると、平均所得が伸びて年収二〇〇万円から七〇〇万円の中高所得者が大幅に増加したにもかかわらず、年収一〇〇万円未満の低所得者も増加し、変化の小さい一〇〇―二〇〇万円の部分をはさんで、両極の部分が厚みを増している。つまり所得分布の両極分化が進んだのである。二〇〇二年以降も、変化がやや緩やかになったものの、この傾向が続いている。

こうした変化は、ジニ係数にもはっきり現れる。**図表8・5**は、同じデータから男女別にジニ係数の変化をみたものである。ジニ係数は全体的に上昇トレンドを描いているが、とくに八七年から〇二年にかけて女性のジニ係数の上昇が著しい。これに対して男性のジニ係数は、上昇トレンドは続いているものの、八七年から九七年まではわずかしか変化していない。このため男女の合計でみても、この時期のジニ係数の上昇は前後の時期と比べ

図表8・5 男女別ジニ係数の推移[雇用者・個人所得]

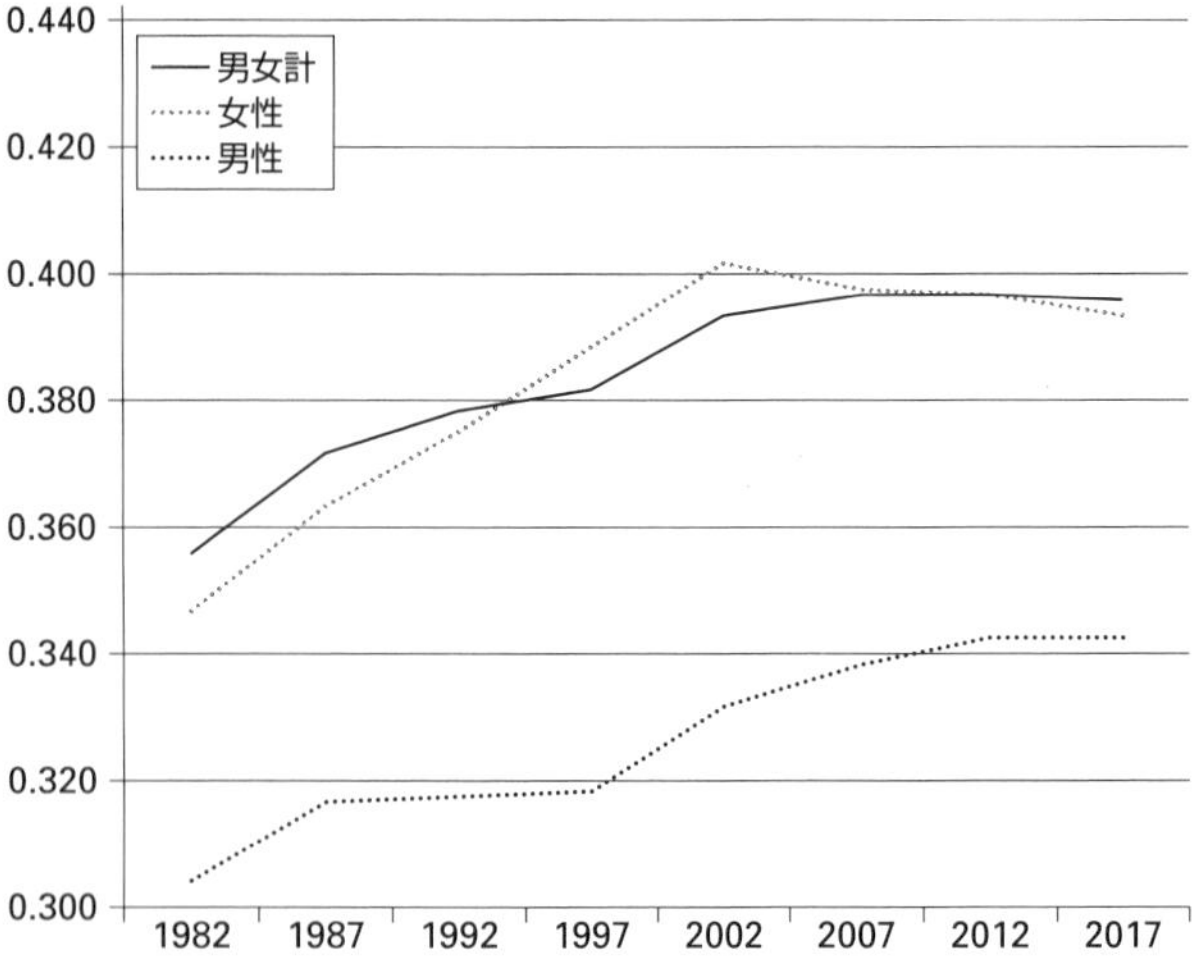

出典:「就業構造基本調査時系列統計表」「平成19年就業構造基本調査」より作成。
[注]2012年以降の所得のカテゴリー数は、他の年次より多くなっている。

てゆるやかである。今から考えると、非正規労働者の増加が女性を中心に進んだこの時期、女性を中心に格差拡大が起こったというこの事実は、女性に続いて男性労働者の非正規化が始まるなら、ジニ係数は全体として急上昇するはずだということを示唆していたことになる。

そして九〇年代末以降、男性非正規労働者が激増を始めるとともに、これは現実のものとなる。**図表8・4**の下半分にみるように、男性雇用者の所得は、一九八二年から九二年の間に全体的に増加したが、その後になると中高所得者はゆるやかに減少していくのに対して、二五〇万円未満の低所得者が大幅に増加していく。このため女性のジニ係数は二〇〇二年以降、高水準のまま横ばいとなったのに対して、男性のジニ係数は二〇〇二年から急上昇を始めるのである。有配偶の女性パートであれば、家計への貢献度はさほど大きくないから、増加しても世帯収入の格差への影響は限定的だが、男性非正規労働者の増加は世帯収入の格差拡大に直結する。こうして、人口学的要因では説明のつかない実質をもつ、誰の目にも明らかな格差拡大が本格化するのである。

　バブルとバブル崩壊、そして日本経済の再編成という流れの中で、八〇年代末に姿をみせ始めていた「階級」に関する言説は、激変を続けた。大宅壮一文庫のデータベースによると、「階級」をタイトルやキーワードに含む一般雑誌の記事は、八〇年代前半で一三九件、後半で一二一件に上った（格闘技の体重別階級、軍隊・警察の「階級」、慣例的用法のものは含まない）。しかし前半と後半では、取り上げられ方がまったく異なる。

　九〇年代前半に多かったのは、海外の上流階級と中産階級・中流階級に関する記事である。記事の内容をみると、「イメージはイタリアの上流階級――マダム・リングの贅沢な存在感」（『ＣＬＡＳＳＹ』一九九〇年七月号）、「英国式田舎趣味の贅沢――上流階級のステイタスである〝田舎育ち〟のセンス」（『エスクァイア日本版』一九九〇年一〇月号）、「古き良きアメリカが残る上流階級の避暑地に素敵なＩＮＮを訪ねる旅」（『家庭画報』一九九一年九月号）、「イギリス上流階級の重厚な人生ドラマを味わいたい」（『クリーク』一九九二年七月五日号）など、海外の上流階級の生活や趣味を紹介し、これを模倣しようとする記事が目立つ。バブル経済を背景に、富裕層はもちろんのこと、多くの人々が消費を伸ばし、バブル崩壊後もその余韻が続いていた時期である。欧米の上流階級のテイストが、多くの人々に手の届くものとして認知されていたことがうかがえる。その他では、社会主義崩壊後のロシアに出現した新しい富裕層や、経済成長とともにアジア諸国に出現した中産階級の姿を扱った記事も目立つ。ここには、やはりバブル経済を背景に、海外の恵まれた階級への関心が高まったことが示されている。

　ところが景気の低迷がはっきりする九〇年代後半になると、このような記事は大幅に減り、かわって日本の中産階級・中流階級に関する記事が多くを占めるようになる。とくに北海道拓殖銀行と山一證券の経営破綻があった一九九七年以降になると、バブル期の無邪気な明るさや上流志向はすっかり影を潜め、「病める日本の中産階級――神戸小学生殺人事件が予感させるニュータウンの内なる崩壊と中産階級の解体」、「中産階級の没落は日本を再起不能にする」、「階層分化が日本を滅ぼす」など、中産階級・中流階級の不安や没落を扱った記事が目立つようになる。「格差社会」が流行語になるのはまだ先のことだが、その素地は着実に準備されていたのである。

4　格差拡大をもたらしたもの

　このような格差拡大は、自然の成り行きによってもたらされたのではない。一九八〇年代後半から九〇年代にかけては、後の格差拡大へのレールを敷く、いくつもの動きがあった。

　八六年には、労働者派遣法が施行された。それまで認められていなかった、他の事業者に労働者を派遣する事業が認められるようになったのである。最初のうち、派遣対象は専門性の高い業務を中心に狭く限定され、賃金は比較的高かった。しかし九九年には派遣の範囲が原則自由化され、〇三年には製造業への派遣も解禁されて、派遣労働者は一気に増加し、その賃金は低下した。

　八七年には、リクルート社が「フリーター」という言葉を使い始めた。同じ年には『フリーター』（横山博人監督）というタイトルの映画まで制作し、「近頃、社会を自由型で泳ぐ奴らがいる」「バイトも完全就職も超えたいま一番新しい究極の仕事人・フリーター」などと、フリーターに対する華やかで楽観的なイメージを振りまいた。フリーターは正社員と違い、繰り返しリクルート社の顧客になるから、マーケティング戦略としては優れていたかもしれない。しかしこのことが、若者たちの非正規労働に対する抵抗感を薄れさせ、フリーターという名のワーキングプアの増加に道を開いた一因だろう。

新規学卒労働市場にも、変化があった。高校生が正規労働者として就職することが困難になったのである。日経連と東京経営者協会が二〇〇〇年に行なった調査によると、高校生を採用したことのある企業五二三社のうち四七％にあたる二四五社が、九〇年代に入ってから高卒採用を中止していた[16]。実際、「学校基本調査」の進路別高校卒業者数から、進学者、臨床研修医など就職以外の進路に進んだ者を除いた上で、フリーター・無業者比率（「一時的な仕事に就いた者」「左記以外の者」「不詳・死亡の者」の合計）をみると、一九九〇年が一三・二％だったのに対して、二〇〇〇年には三五・五％にまで上昇した。二〇〇〇年は、いわゆる就職氷河期の頂点にあたる年という特殊条件もあったが、この比率はその後も高水準を保ち続ける（大卒者を含めた詳細については、第9章で論じる）。

八九年には消費税が導入され、同時に所得税減税が行なわれた。消費税は低所得者ほど収入に対する税額の割合が大きくなる逆進税であり、所得税減税は高所得者の税率引き下げを中心に行なわれたから、全体として可処分所得の格差は拡大することになった。

九二年には、大規模小売店舗法の改定によって出店規制が緩和され、以後も何度かにわたって規制緩和が繰り返されて、最終的には廃止された。これにより郊外に大型店舗が続々と建設され、市街地の商店街は経営難に陥り、膨大な数の個人商店が姿を消した。九一年に一六一万店あった小売店は、〇七年には一一四万店にまで減った。それだけ多くの人々が仕事を失い、また仕事を得る機会を失ったのである。このように自営業者への参入が困難になったことも、九〇年代における就業機会減少の大きな原因だった[17]。

九五年には、日経連が「新時代の『日本的経営』」と題する報告書を発表する。その内容は、終身雇用を中心とする従来の雇用のあり方を全面的に見直して、終身雇用は一部の管理職・総合職・基幹職に限定し、専門職・技術職は有期雇用の年俸制に、一般職・技能職・営業職はパートや派遣に置き換えるというものだった。このことは、これまで家族を養うだけの賃金を得てきた男性正社員の多くを、パートや派遣に切り替えることを意味するが、これらの人々の賃金については、職務内容に応じ、市場賃金を考慮して決めるとされただけだった。多くの男性を、従来の主婦パートと同等の賃金水準で雇用する方向が打ち出されたのである。

そして一九九九年二月、その後の日本の運命を決定づけたといってもいい答申が発表された。経済戦略会議の「日本経済再生への戦略」である。一九九八年八月、小渕内閣のもとで総理大臣の諮問機関として設置され、「我が国経済の再生と二一世紀における豊かな経済社会の構築」という大きなテーマを掲げて審議を始めてわずか半年後のことである。

答申によると、日本の経済成長をさまたげている最大の要因は「過度に平等・公平を重んじる日本型社会システム」である。このようなシステムのもとでは、「頑張っても、頑張らなくても、結果はそれほど変わらない」から、人々は怠惰になったり、資源を浪費したりする。だから日本経済を再生させるためには、「行き過ぎた平等社会」と決別し、「個々人の自己責任と自助努力」をベースとした「健全で創造的な競争社会」を構築することが必要だ——。答申は、このように主張している。

この答申は、これまでの日本が「過度に平等・公平を重んじる」社会だったという証拠を、何ひとつあげていない。しかも会議が発足した九八年には、経済格差はすでにかなりの程度に拡大していたし、当時入手できた統計からも、すでに九〇年代前半までに格差が拡大していることは容易にわかったはずである。おそらく会議のメンバーたちは、「日本は平等な国」「一億総中流」という俗説を単純に信じていたか、でなければ、事実に反すると知っていながらこの俗説を利用したのだろう。

このように経済戦略会議は、根拠も示さずに日本の社会を「過度に平等」だと決めつけ、さらに格差を拡大する方向に政府を誘導していった。会議はさまざまな政策を提案したが、そのなかには先に触れた派遣労働の原則自由化や、「努力した人が報われる公正な税制改革」と称する税体系の変更、具体的には所得税の最高税率の引き下げと課税最低限の引き下げによる、富裕層の減税と低所得者の増税が提言されている。この意味で経済戦略会議は、格差拡大を助長するその後の政府の政策を主導したということができる。

しかし、それ以上に重要なことがある。それは、経済戦略会議のこの答申以後、日本社会は「過度に平等」だというのが、いわば政府の公式見解となったため、政府が格差拡大の事実を直視することはなくなり、また格差拡大を食い止めるような政策が実行される可能性もなくなってしまったということである。

その効果は、九〇年代の終わりからはっきり現れ始めた。

第9章

新しい階級社会の形成——二〇〇〇年代

1　秋葉原の惨劇と男性非正規雇用

二〇〇八年六月八日、午後〇時三〇分ごろのことである。休日で賑わう東京・秋葉原の歩行者天国に、暴走してきた二トントラックが突っ込み、通行人をはね飛ばした。トラックはそこで止まり、降りてきた男がダガーナイフで通行人を次々に刺す。死者七人、重軽傷者一〇人。死者のうち、三人はトラックにはねられたことによる全身または頭部の打撲、四人はナイフで一突きされたことによる失血が死因だった。

犯人の加藤智大は、一九八二年青森市生まれ。教育熱心な両親のもとで育ち、中学時代には成績優秀で地元の有名進学校に入学、当初は北海道大学への進学を希望していた。しかしその後の成績は伸び悩み、同級生のほとんどが四年制大学に進学するなか、自動車整備工を養成する短期大学に入学する。卒業後は、派遣社員などとして職を転々とし、犯行の直前までは、静岡県にあるトヨタ自動車の子会社の工場で、派遣社員として働いていた。

ところが六月の初め、会社は派遣社員二〇〇人のうち一五〇人を削減すると発表する。ふとしたことから、自分が削減対象になったと思い込んだ加藤は、工場を飛び出して犯行を決意、心境を携帯電話の掲示板サイトに書き込みながら準備を進め、ついに実行に至る[1]。

派遣がやってた作業をやりたがる正社員なんているわけない
自分は無能です、って言ってるようなもんだし
人が足りないから来いと電話が来る　俺が必要だから、じゃなくて、人が足りないから　誰が行くかよ

勝ち組はみんな死んでしまえ。そしたら、日本には俺しか残らないか。あはは

掲示板には、誰にも相手にされないという孤立感、派遣労働者である自分の境遇への劣等感、そして将来に対する絶望が、赤裸々につづられていた。雇用は不安定で、継続したとしても職場が固定せず、しかも仕事内容はつねに単純労働の繰り返し。こうした境遇におかれた製造業派遣で働く若者の寒々とした心象風景が、やや極端な形とはいえ鮮明に描かれていたことが、犯行そのものと並んで社会に衝撃を与えた。

　こうした若者たち、そして若いとはいえない年齢の男たちが、九〇年代終わりから激増した。**図表9・1**は、そのようすを示したものである。ちなみに二〇〇八年のリーマン・

図表9·1 非正規雇用者の増加

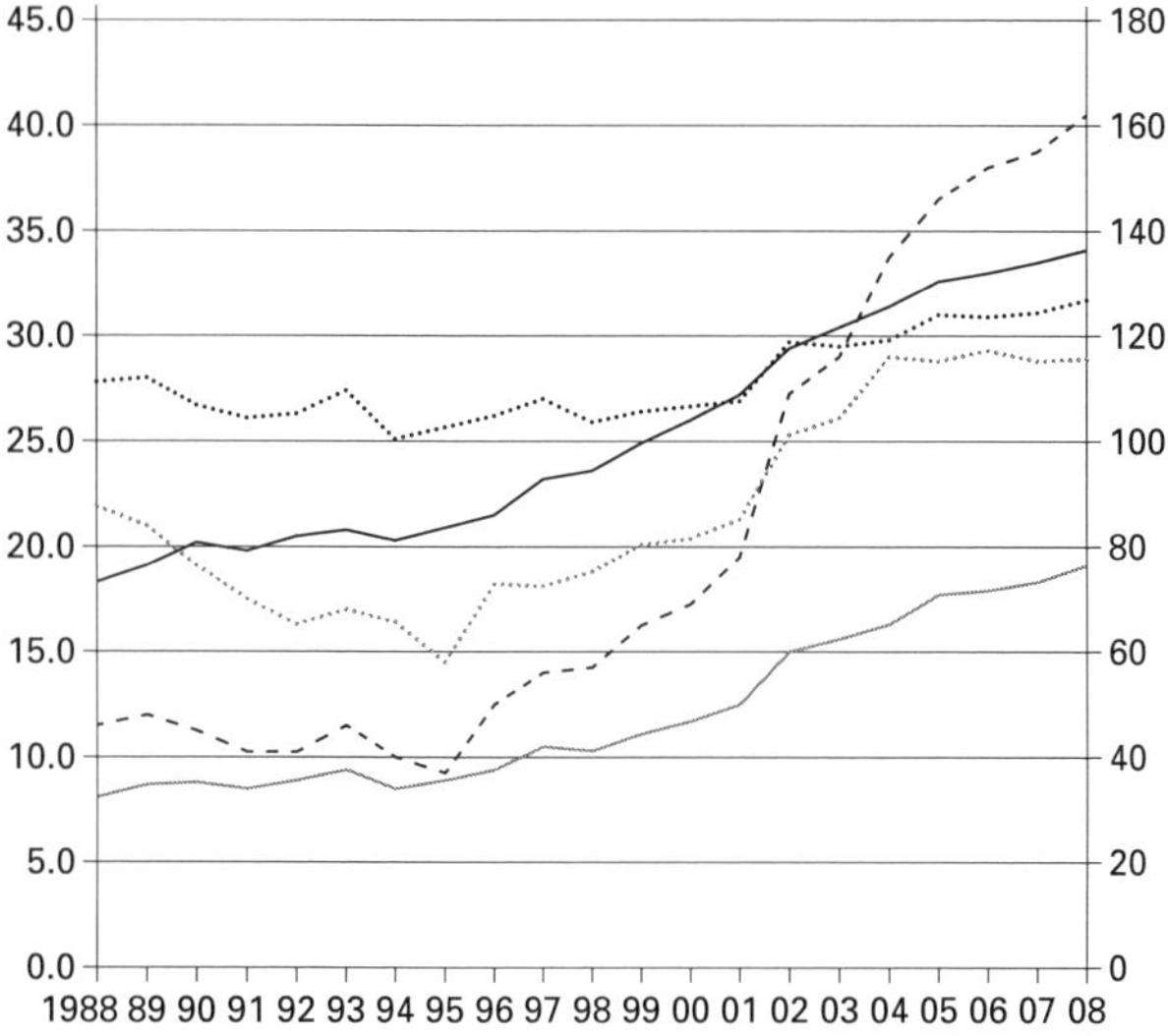

—— 非正規雇用者比率(男女)
‥‥‥ 男性非正規雇用者に占める25-44歳の比率
—— 非正規雇用者比率(男)
- - - 25-44歳男性非正規雇用者数[万人・右目盛]
‥‥‥ 非正規雇用者に占める男性の比率

出典:「労働力調査」。
[注]2001年までは2月値、2002年以降は年平均。
非正規雇用者の定義は時期によって異なるため、数字は厳密には接続しない部分がある。

ショックにともなって、「派遣切り」など非正規労働者の雇い止めが行なわれた結果、非正規雇用者が実数・比率ともに減少した二〇〇九年は、グラフから省いた。八〇年代初めから増加を続けていた非正規雇用者比率は、バブル期の労働力不足の時期にはやや足踏みするが、九〇年代後半からは急ピッチの増加が続いた。男性の非正規雇用者比率は、かつては一ケタ台にすぎなかったが、二〇〇〇年代末には二〇％近くに達した。とくに、従来なら当然のように正社員として働いていたはずの年代にあたる、二五―四四歳男性の非正規雇用者の増加は著しい。男性非正規雇用者の総数は、一九八八年の二一〇万人から、二〇〇八年には約二・七倍の五六〇万人となったが、二五―四四歳の男性非正規雇用者は四六万人から一六二万人へ、三・五倍の増加である。非正規雇用者全体に占める男性の比率も上昇し、非正規雇用者の総数一七六五万人の三一・七％を占めるようになった。

　かつて非正規雇用は、学生・生徒のアルバイトや中高年の嘱託など、人生の限られた時期に数年間のみ働くケースを除けば、主婦などが家計補助のために働く女性パートが中心だった。また多くの女性労働者の賃金は、夫が定職をもち生活費の大半を稼いでいることを前提に、低い水準に抑えられてきた。だから女性が、夫と死別または離別するなどして自活を始めようとしたとき、最大の障害になるのは、賃金があまりにも低すぎることだった。ところが二〇〇〇年代に入ると、主婦のパート労働者とさほど変わらない賃金で働く、男性非正規雇用者が激増したのである。

　それではいくつかのデータから、非正規雇用者がどのようなプロセスを通じて増加したのかをたどってみることにしよう。

図表９・２は、一五―二四歳の若年者における正規雇用者比率の推移をみたものである。

図表9·2 15-24歳の正規雇用者比率の推移

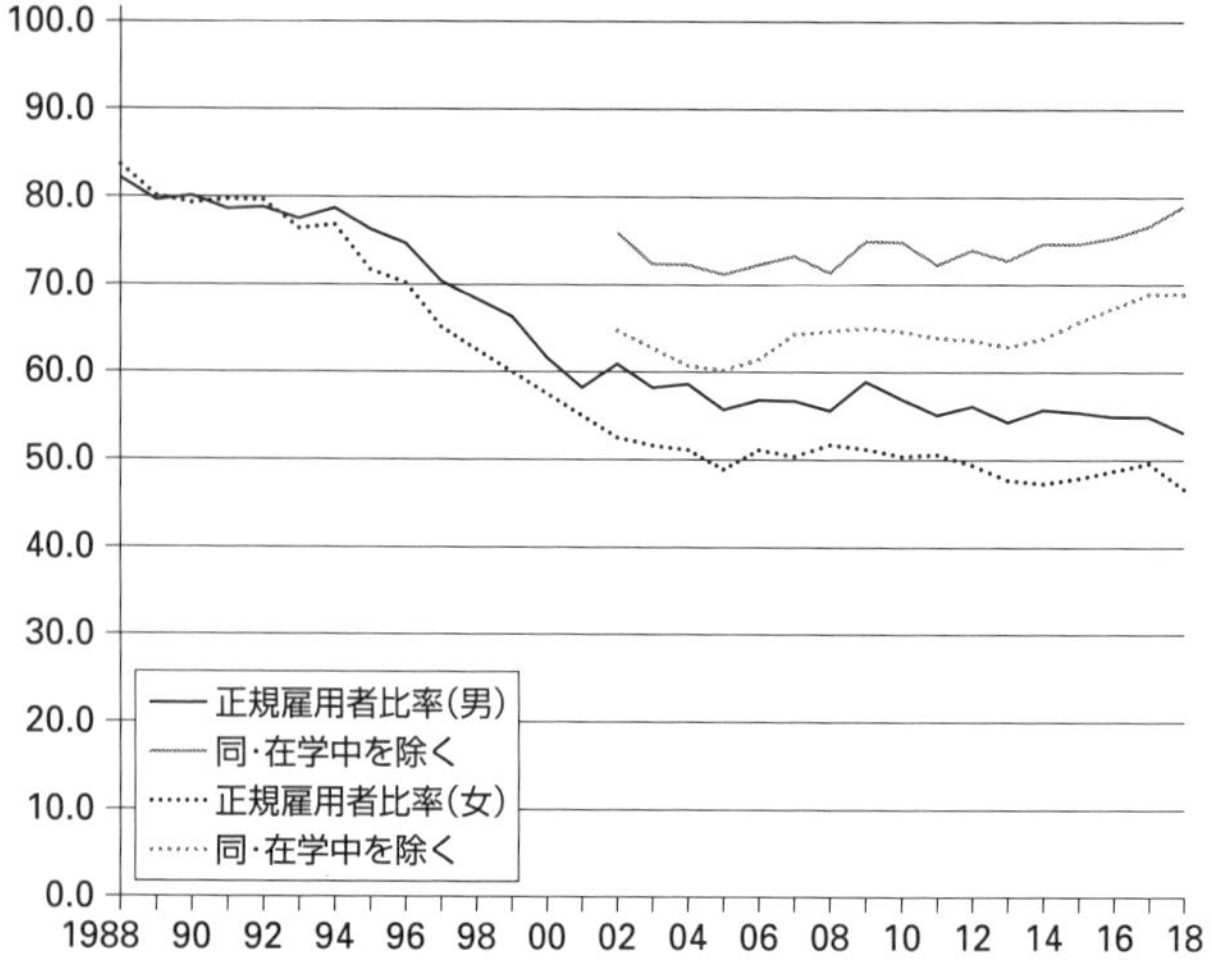

出典:「労働力調査」。

[注]2001年までは2月値、2002年以降は年平均。

一九八八年の段階では、男性の八二・一%、女性の八三・六%が正規雇用だった。これは在学者、つまり学生・生徒のアルバイトなどを含んだ数字だから、これを除けば非正規雇用は例外的な存在だったと考えていい。ところがこの比率は、一九九五年から急降下を始め、二〇〇三年以降になると男性は六割以下、女性は五割前後と低迷する。二〇〇二年からは在学者を除いた数字が公表されている。在学者を含む場合よりはいくぶん正規雇用者比率が高いが、それでも男性で七割強、女性は六割強にとどまる。学校を出てまもない若者たちが、ごく普通に非正規雇用者として働く時代になったのである。

図表９・３は、新規高卒・大卒者の就職率と、卒業時に非正規労働者または無業者となった若者（フリーター・無業者）の数の推移をみたものである。もっとも基本的な教育統計である学校基本調査では、卒業者の進路を進学者、就職者などのほか、いくつかのカテゴリーに分類している。進学も就職もしていない卒業者は「左記以外の者」（時期によっては「無業者」）と分類されるが、二〇〇四年からは、このうちパート・アルバイトなどに就いた者が「一時的な仕事に就いた者」として区別されるようになった。卒業してから調査の基準日である五月一日までに死亡した者と進路が把握できなかった者は「死亡・不詳」と分類されるが、死亡者はごく少数と考えられるので、その実態は「左記以外の者」とほぼ同じだろう。そこでこの三つを合算した数を、フリーター・無業者数としておいた。

一九九一年の就職率は、卒業者総数を分母とした場合、高卒者で三四・四％、大卒者で八一・三％だった。しかし卒業者には進学者や臨床研究医も含まれるので、これは分母から除いた方がよい。そこで高卒者では大学・短大・高専・専門学校（専修学校専門課程）への進学者を、大卒者では大学院への進学者と臨床研修医を分母から除いて就職率を計算すると、それぞれ六四・〇％、八九・〇％となる。この就職率は、日本経済の再編成が始まった一九九〇年代に急落し、二〇〇三年に高卒者で四四・九％、大卒者で六三・二％と底

図表9·3　高卒者·大卒者の就職率とフリーター·無業者数の推移

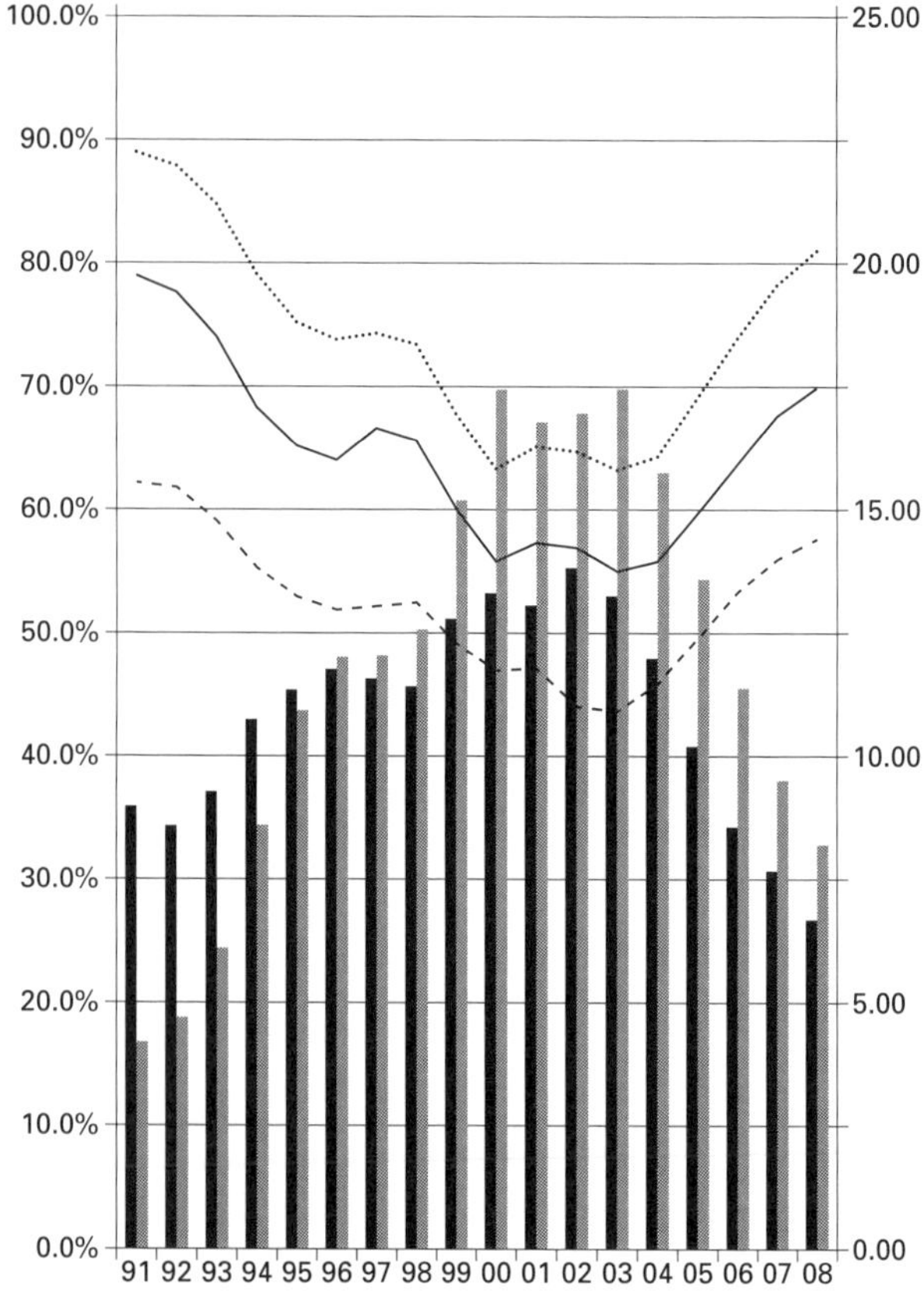

■ 高卒のフリーター・無業者数［右目盛・万人］
▒ 大卒のフリーター・無業者数［右目盛・万人］
- - - 高卒者（大学・短大・高専・専門学校進学者を除く）の就職率
—— 大卒者の就職率
…… 大卒者（進学者・臨床研修医を除く）の就職率

出典：「学校基本調査」

に達した。ちなみに進学者等も含めた大学卒業者全体に対する就職者の比率は、わずか五五％だった。この前後が、いわゆる「就職氷河期」である。このためフリーター・無業者数は、一九九一年から二〇〇三年の間に、高卒者で九・〇万人から一三・三万人へ、大卒者で四・二万人から一七・四万人へと増加した。二〇〇三年だけで、三〇万人以上の高卒者と大卒者が、フリーター・無業者になったのである。ここで就職率の低下が始まった一九九三年から二〇〇八年までにフリーター・無業者として卒業した者の数を合計すると、高卒者一七七・四万人、大卒者二〇四・五万人、合計三八一・九万人となる。もちろんこれ以外に、中卒者、短大・高専卒業者、専修学校卒業者もいるから、その数は膨大である。二〇〇八年には就職率は、高卒者で五九・三％、大卒者で八一・〇％とかなり改善しており、フリーター・無業者もそれぞれ六・七万人、八・二万人にまで減少していたが、この年に起きたリーマン・ショックの影響で翌年からは就職率が再び急落することになる。これについては次章で触れることにしよう。

2 誰が非正規労働者となったのか

就職氷河期の前後から、多数の若者たちがフリーター・無業者として学校から排出されていくようになった。しかし学校基本調査は卒業の一ヶ月後の五月一日までしかカバーしていないので、これらの若者たちがその後、どのような進路に進んだかを知るためには、別のデータでみる必要がある。そこで二〇一五年ＳＳＭ調査データから、学校を出たあとの就業状況をたどることにしよう[2]。

図表9・4は、学校から職業への移行の状況を、出生コーホート別にみたものである[3]。高度経済成長末期から一九八〇年代前半にかけて学校を出た、一九五〇—六四年生まれの世代では、卒業してすぐに就職したという人が九〇％を超えている。しかしこの比率は、バブル経済期に学校を出た一九六五—六九年生まれから低下し始め、就職状況がもっとも悪かった時期に学校を出た一九八〇—八四年生まれでは八一・四％となる。ほぼその分だけ増えたのは「少ししてから（一—三ヶ月）」、あるいは「だいぶしてから（四ヶ月以上）」就職したという人だが、就業を経験していない人の比率も無視できない数となり、一九八五—八九年生まれで二・一％、学校を出てまもない人を含む一九九〇—九四年生まれでは、

図表9·4　学校から職業への移行［出生年別］

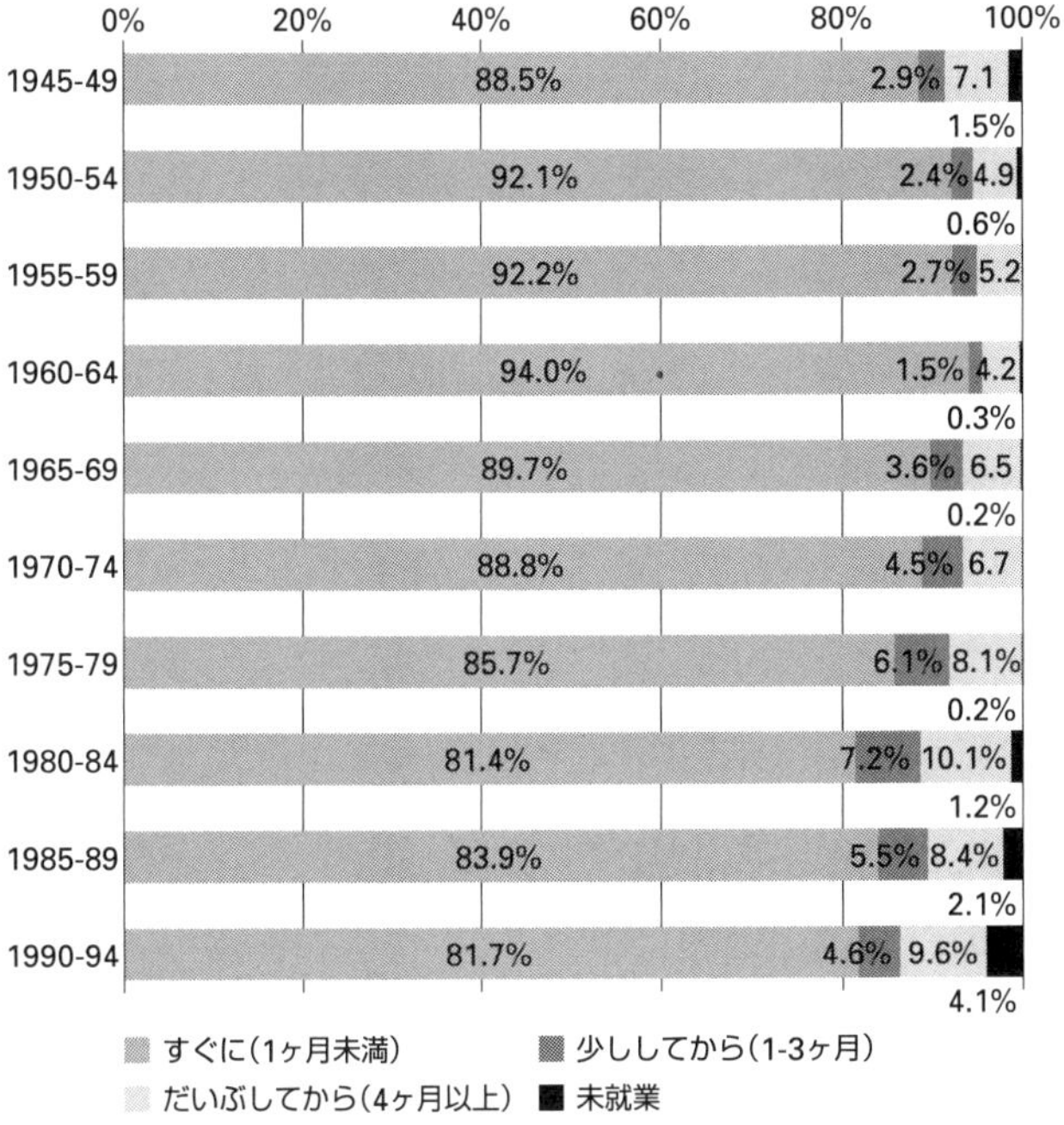

出典：2015年SSM調査データより算出。学生は含まない。

四・一%に達している。

図表9・5は、最初に仕事に就いたときの所属階級の推移をみたものである。所属階級は階級四分類を基本としながら、労働者階級については正規雇用と非正規雇用を区別しておいた[4]。高度経済成長期の後半に学校を出た一九四五―四九年生まれでは、家業に入ったと思われる旧中間階級が五・六%を占めているが、その後の世代で

図表9·5 初職時の所属階級［出生年別］

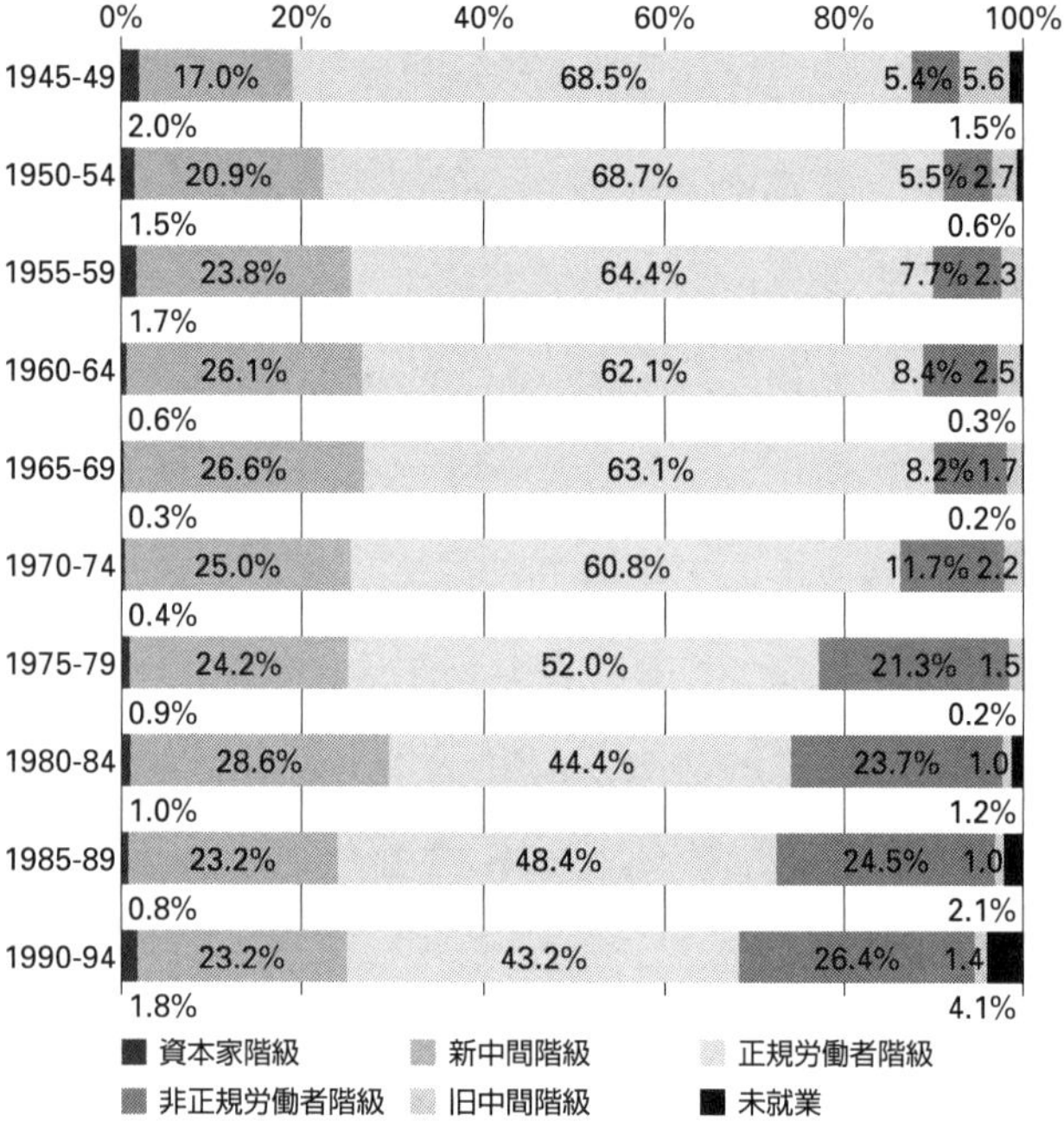

出典：2015年SSM調査データより算出。学生は含まない。

は、この比率がほぼ無視していい値にまで低下する。こうしてバブル経済の始まるころに学校を出た一九六五—六九年生まれの世代までは、新中間階級と正規労働者階級が全体のほぼ九割を占めている。新中間階級が少しずつ増加して、ほぼその分だけ正規労働者階級が減少するが、非正規労働者階級は数%にとどまっている。ところが、その後になると非正規

図表9·6　学校から職業への移行の仕方と非正規雇用労働者比率

［就職時期別］

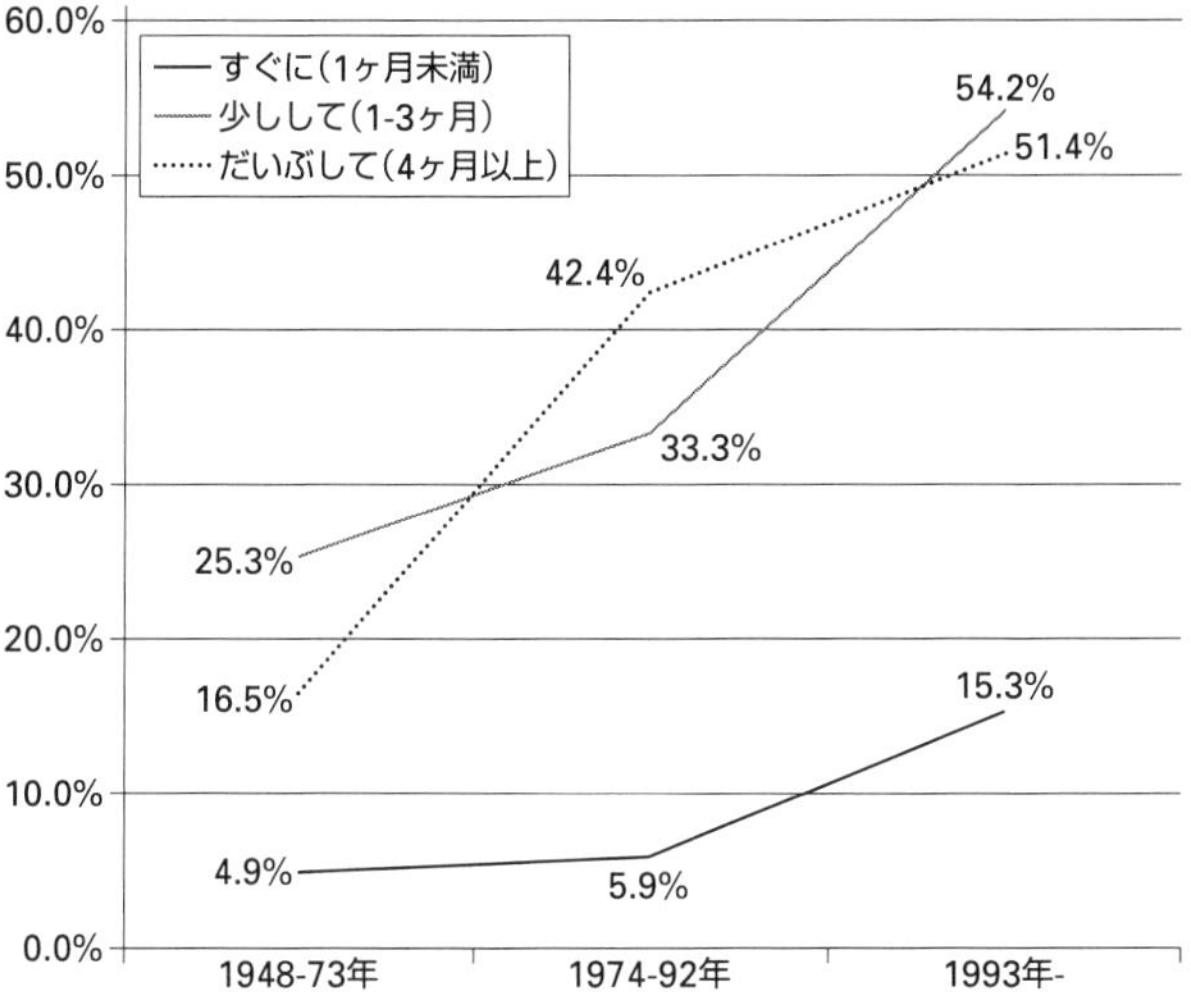

出典：2015年SSM調査データより算出。

労働者階級の比率が上昇し、就職氷河期を迎えた一九七五—七九年生まれでは二〇%を超え、その後も比率が上昇して、一九九〇—九四年生まれ（学生は集計に含めていないので、六割以上が非大卒者）では、二六・四%に達した。

もちろん、学校から職業への移行がスムーズであるかどうかと、正規雇用者として就職できるかどうかは、互いに関係している。しかしその関係の仕方は、時期によって変化している。**図表9・6**は、就職時期を高度成長期まで（一九四八年〜七三年）、高度成長期以後（一九七四年〜九二年）、就職氷河期以降（一九九三年

〜）の三つに区別して、両者の関係を示したものである。いずれの時期でも非正規労働者比率は、学校を出てすぐに就職した人で低く、学校を出てから就職までに一ヶ月以上の空白がある人で高いのだが、その差は拡大傾向にある。高度成長期までは、空白があっても非正規労働者比率が二割前後にとどまっていたのに対して、高度成長期以降にはその比率が大幅に上昇し、就職氷河期以降になると五割を超えるのである。すぐに就職した人の非正規労働者比率も一五・三％にまで上昇しているが、両者の差は大きい。卒業後にいったん無業者となった若者の多くが、非正規労働者になっていることは明らかである。

それではこの時期、フリーター・無業者になったのは、どのような若者たちだったのだろうか。出身階級、学歴、性別の三つについてみていこう。

図表9・7aの[1]は、出身階級別に初職時点で非正規労働者だった人々の比率をみたものである。一九四八—七三年に就職した世代では、非正規労働者比率が労働者階級出身者（八・一％）で高く、資本家階級と新中間階級（一・九％、四・〇％）出身者で低いという、かなり明確な関係があった。しかし一九九三年以降になると、どの出身階級でもおしなべて非正規労働者比率が上昇したため、はっきりした関係はみられなくなっている。資本家階級出身者ではやや低くなっているが、これは学校を出ると同時に資本家階級になった人々、つまり家業を手伝うようになった人々が一定数いるからで、労働市場に出た場合に

図表9·7a 非正規労働者（初職時点）と出身階級[就職時期別]

[**1**]出身階級別非正規労働者比率

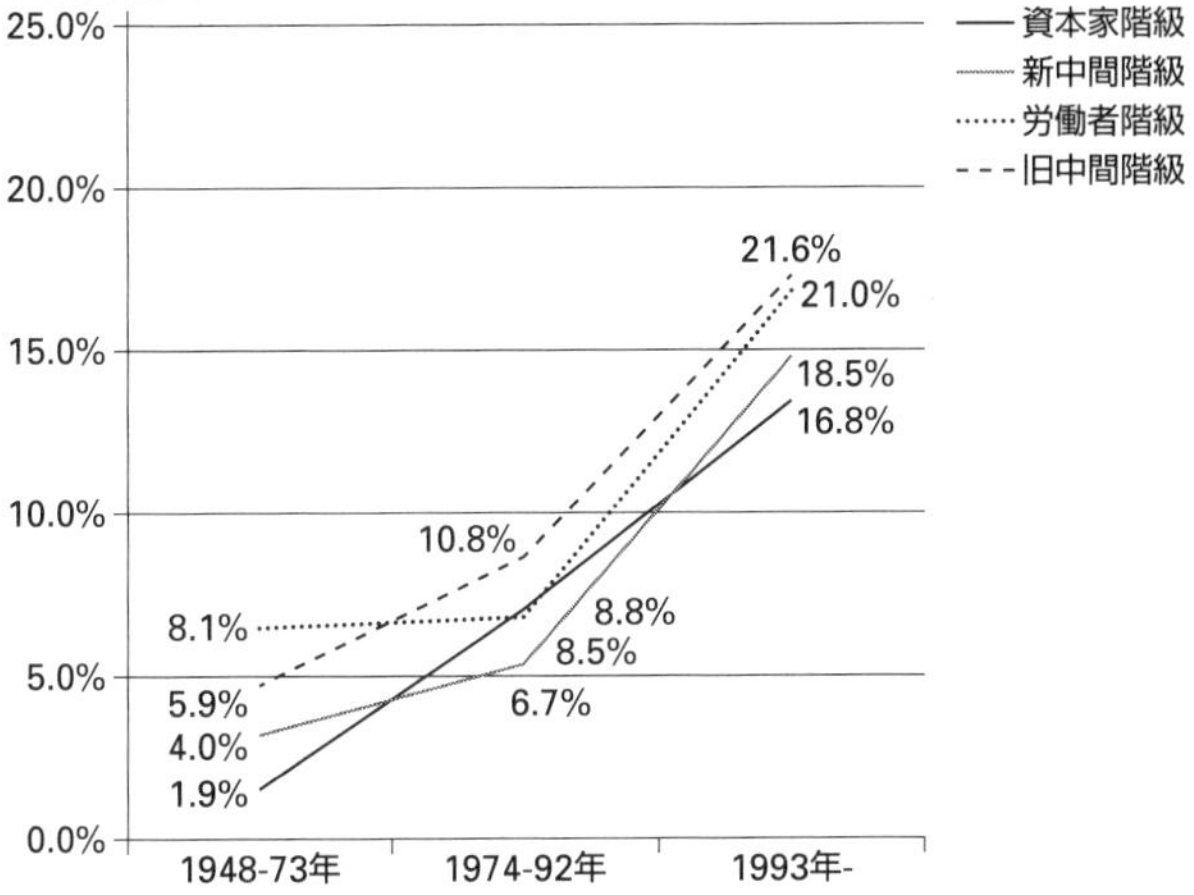

[**2**]非正規労働者の出身階級構成

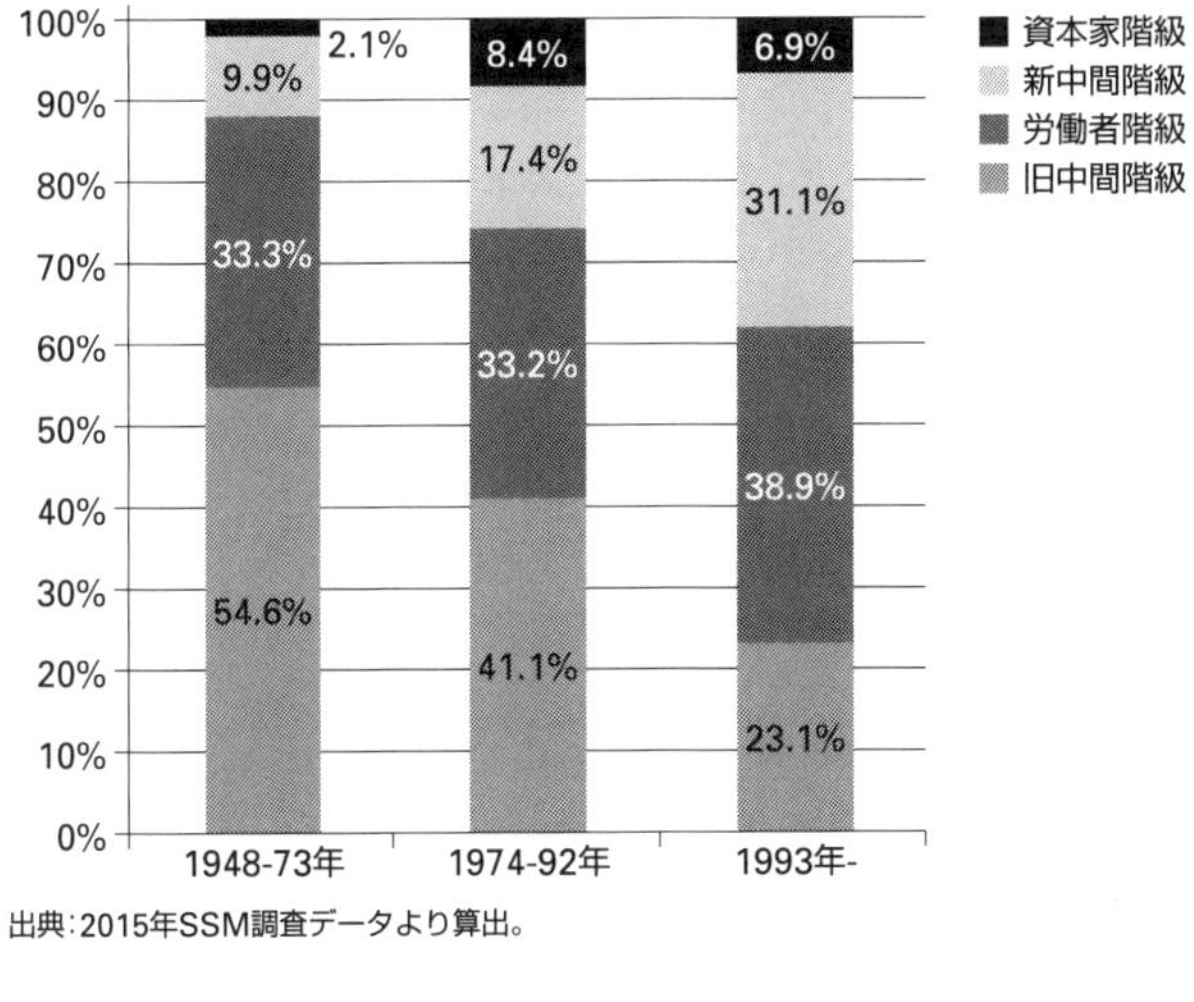

出典：2015年SSM調査データより算出。

は他の階級の出身者と変わらない状況におかれているとみてよい。[2]は見方を変えて、初職時点で非正規労働者だった人の出身階級の内訳をみたものである。かつては旧中間階級出身者と労働者階級出身者の比率が高かったが、一九九三年以降になると労働者階級出身者と新中間階級出身者がそれぞれ約四割と三割を占めるようになった。新中間階級出身者の比率が、労働者階級出身者の比率と八%程度しか違わないというのは、注目してよい。

図表9・7bは、同様のことを学歴についてみたものである。初職時点で非正規労働者となった人の比率は、一貫して学歴が高いほど低い。一九九三年以降になると、中卒者の非正規労働者比率が五割を超えており、すでに中卒者が正規雇用の労働市場から排除されていることを示している。しかし高卒者と大卒者も、それぞれ二四・九%、一六・四%と高くなっており、両者の間に本質的な差異があるとはいえず、大卒者でも初職時点で非正規労働者となる可能性は十分あるといっていい。このことを反映して、非正規労働者に占める大卒者の比率は、急上昇している。一九四八—七三年に就職した世代では、非正規労働者の約半数を中卒者が占めていたが、一九七四—九二年になると高卒者が六割を占めて主流となる。ところが一九九三年以降になると大卒者が三八・七%と急増し、高卒者の構成比は低下した。高学歴化により、新規学卒で職を求める若者の最大多数は大卒者となっており、**図表9・3**からもわかるように、フリーター・無業者の数は一九九六年以降、高

図表9·7b　非正規労働者（初職時点）と学歴［就職時期別］

［**1**］学歴別非正規労働者比率

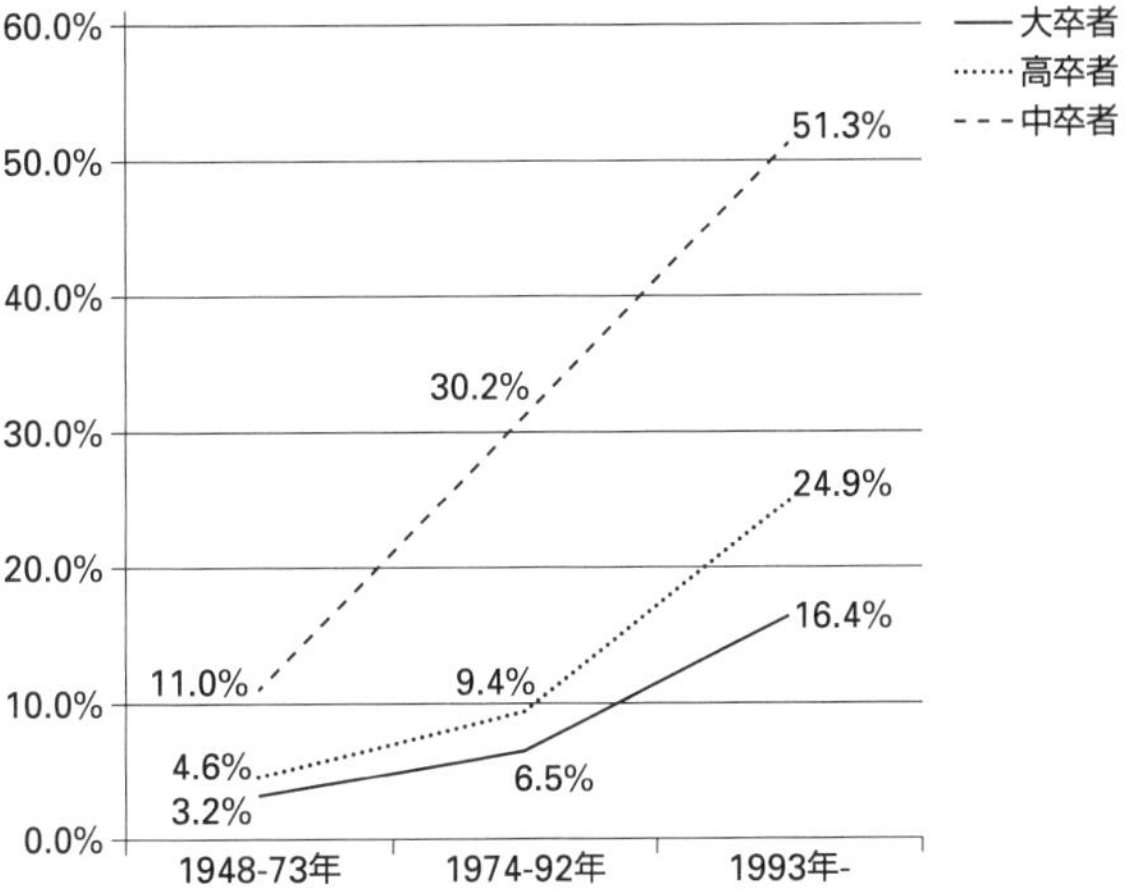

［**2**］非正規労働者の学歴構成

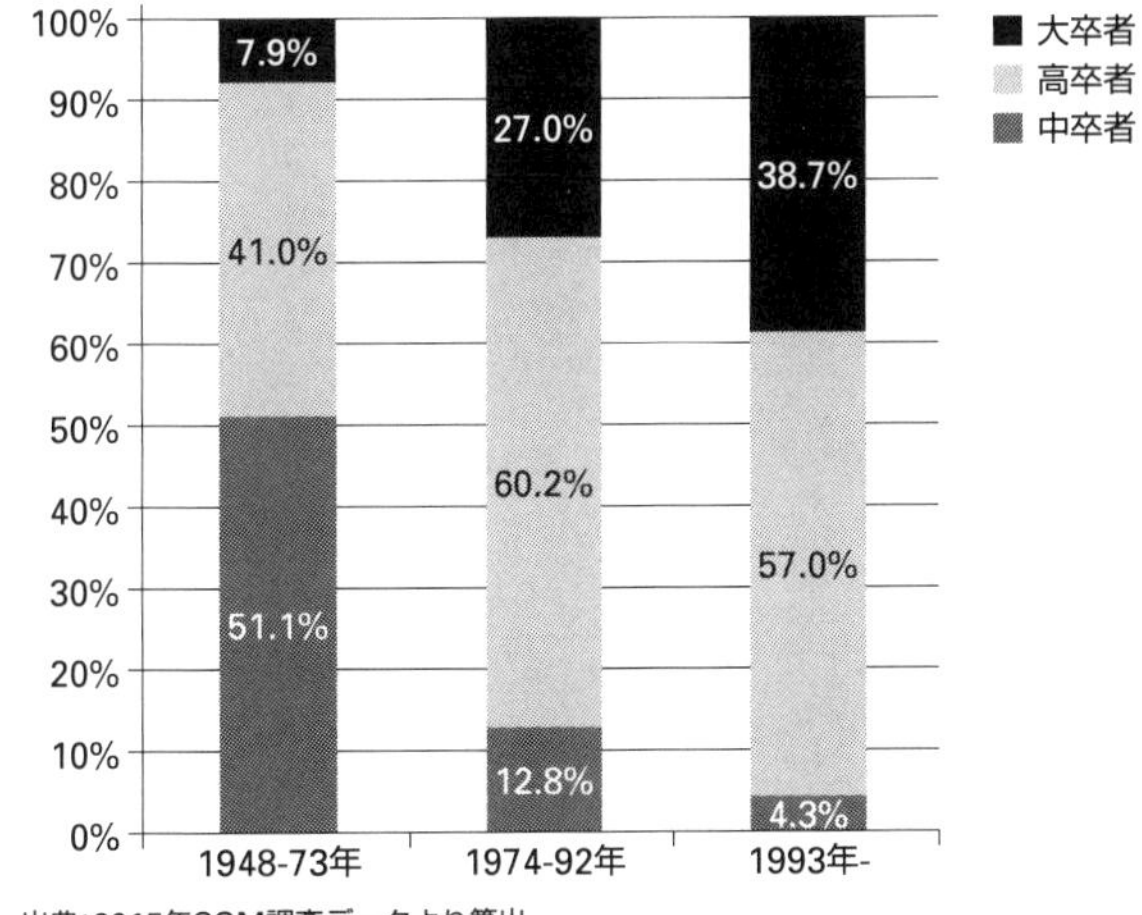

出典：2015年SSM調査データより算出。

卒者より大卒者の方が多くなっている。こうして非正規労働者に占める大卒者の比率は、必然的に増大するのである。

図表9・7cは、性別についてみたものである。初職時点で非正規労働者となった人の比率は、一貫して男性より女性で高い。男性の一・四倍から一・五倍程度と、すべての時期を通じてほぼ一定で、結果として非正規労働者に占める女性比率は、どの時期でも六割強となっている。

以上からわかるように、就職氷河期以降では、非正規労働者になるかどうかと出身階級の間には、ほぼ関係がない。すんなり家業に入ることができるならともかく、資本家階級や新中間階級の出身者であっても、初職時点で非正規労働者となるリスクからは逃れられない。大学に進学することは、初職時点で非正規労働者となるリスクを、ある程度まで低下させるが、決定的に低下させるというわけではない。つまり安定した仕事をもつサラリーマンの子どもが、初職時点で非正規労働者になる可能性は十分にあるし、たとえ大学を出ていたとしても、この可能性を避けることはできないということである。そしてこのリスクは、女性の場合にはさらに高まることになる。

図表9·7c　非正規労働者（初職時点）と性別［就職時期別］

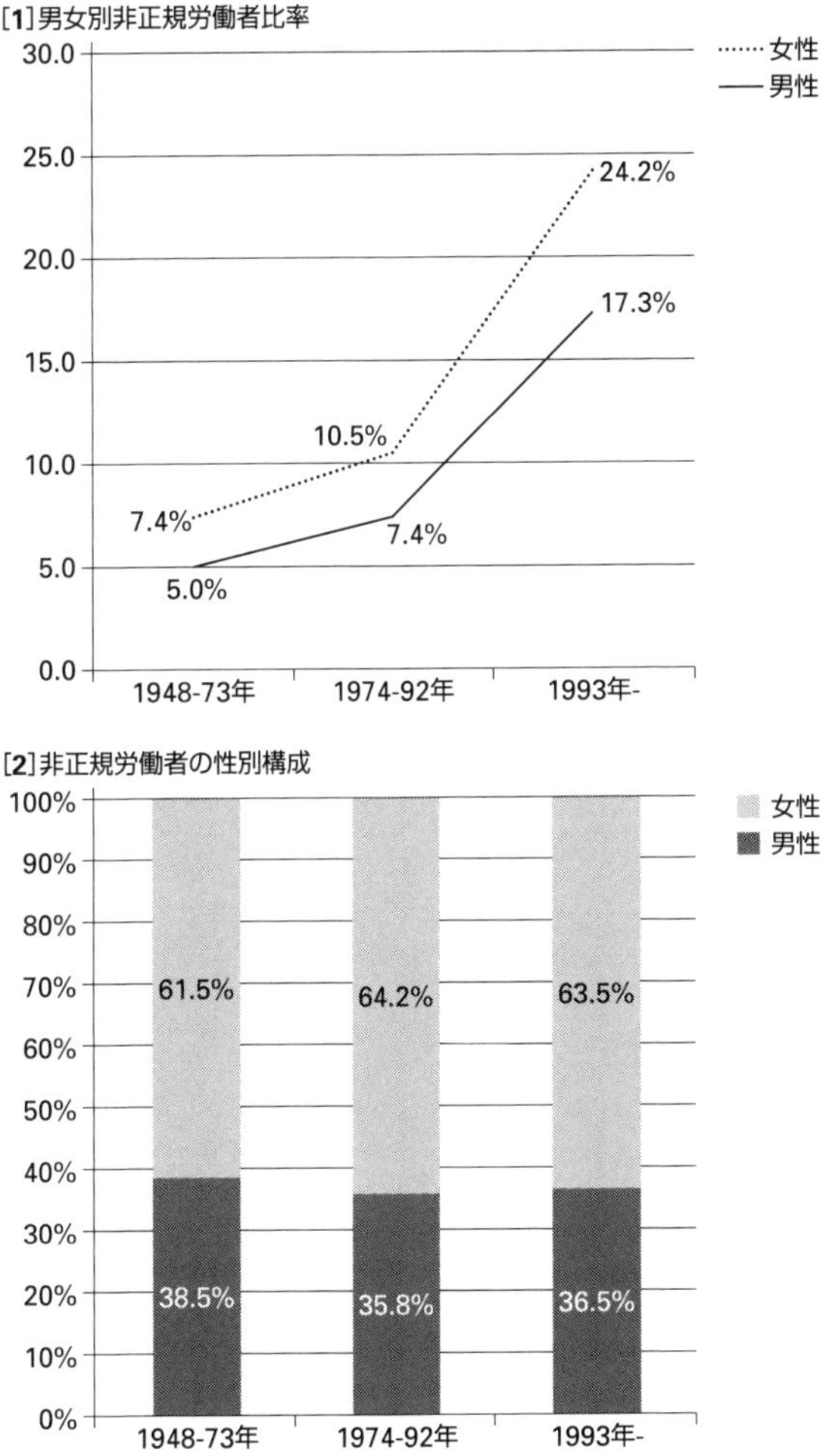

出典：2015年SSM調査データより算出。

3　二〇〇〇年代の格差拡大と新しい下層階級の出現

非正規労働者の増加は、経済格差の構造を大きく変えることとなった。したがって、二〇〇〇年代以降の格差の構造をみるためには、労働者階級を正規労働者と非正規労働者に分けてとらえることが不可欠である。

図表9・8は、二〇〇五年の経済格差を示したものである。これまでと同様に、経年比較のため対象は男性のみとした。一九九五年に比べると、農民層の個人年収を除いて、すべての階級で収入が減少している。しかし新中間階級の個人年収が六五一万円から六三〇万円へと、わずかな減少にとどまったのに対して、労働者階級の個人年収は四二七万円から三七四万円へと、大幅に下落した。このため労働者階級と新中間階級の個人年収の格差は、一・五三倍から一・六八倍へと拡大した。ところが正規労働者の年収は四〇四万円と比較的高く、これとの比較では新中間階級の個人年収は一・五六倍となり、一九九五年とさほど変わらない。これに対して非正規労働者の個人年収は二七三万円と著しく低く、正規労働者の七割弱、新中間階級の四割強にすぎない。この非正規労働者の比率が増大したことが、労働者階級と新中間階級の格差拡大をもたらしたのである。非正規労働者の平均

世帯年収は四五一万円で、一般的なイメージほど低くないが、これは現役で収入のある親と同居している若年者が含まれていることによる部分が大きく、実際には三〇〇万円未満が三五・九％、四〇〇万円未満が五九・三％を占める。

図表9・9は、九五年と〇五年の貧困率を比較したものである。[5] この一〇年間に、貧困率は四・三％上昇したが、細かくみると貧困率がこの四・三％を超えて上昇したのは、一―二九人の小零細企業労働者、非正規労働者、そして無職だけである。このうち、全体に占める構成比が大幅に増えたのは非正規労働者と無職で、それぞれが貧困層全体に占める比率は、一七・六％（九五年は六・六％）、四〇・三％（同三四・四％）に上った。つまり、もともと貧困率が高かった非正規労働者と無職の構成比が大きくなり、しかもこれらの貧困率自体が上昇したことが、全体の貧困率を押し上げたのであ

図表9·8 2005年の経済格差

[万円]

		個人年収	世帯年収
資本家階級		760.8	984.6
新中間階級	全体	630.0	812.2
	1-29人	472.3	645.8
	30-999人	598.5	802.1
	大企業·官公庁	711.5	872.2
労働者階級	全体	373.9	537.9
	1-29人	315.5	458.1
	30-999人	384.4	552.7
	大企業·官公庁	461.3	621.8
正規労働者		404.1	563.8
非正規労働者		272.9	450.9
自営業者層		447.7	619.5
農民層		566.4	778.0

出典：2005年SSM調査データより算出。男性のみ。

図表9·9 2005年の貧困率

[%]

		1995年	2005年	変化
全体		9.4	13.7	4.3
資本家階級		2.8	4.1	1.3
新中間階級	全体	1.7	1.9	0.2
	1-29人	5.0	6.3	1.3
	30-999人	2.6	2.7	0.1
	大企業·官公庁	0.0	0.0	0.0
労働者階級	全体	10.2	13.4	3.2
	1-29人	14.3	22.3	8.0
	30-999人	10.8	7.9	-2.9
	大企業·官公庁	3.9	7.7	3.8
正規労働者		9.1	8.7	-0.4
非正規労働者		22.4	29.2	6.8
自営業者層		10.0	14.1	4.1
農民層		18.8	18.9	0.1
無職		28.9	37.2	8.3

出典：SSM調査データより算出。男性のみ。

る。大企業・官公庁労働者の貧困率が上昇して、三〇—九九人規模との差がなくなったのも、非正規労働者の増加によるものである。

ただし、非正規労働者の内部はかなり多様である。男性では年齢による違いが大きい（**図表9・10**）。まず初職時に非正規労働者だった人の比率は、六〇歳代で五・五％、五〇歳代でも八・三％にすぎず、その他（それぞれ五・一％、四・七％）との差もほとんどない。しかし四〇歳代になると、この比率は一五・八％にまで上昇し、その他の五・四％を三倍近く上回る。そして三〇歳代以下になると、初職時点で非正規労働者だった人の比率が跳ね上がり、その他との差は四倍から五倍にも達するのである。また無配偶者の比率は、六〇歳代で一二・〇％、五〇歳代で二一・六％とやや高

図表9·10 年齢別にみた男性非正規労働者の特徴[2005年]

[**1**]初職時に非正規労働者だった人の比率

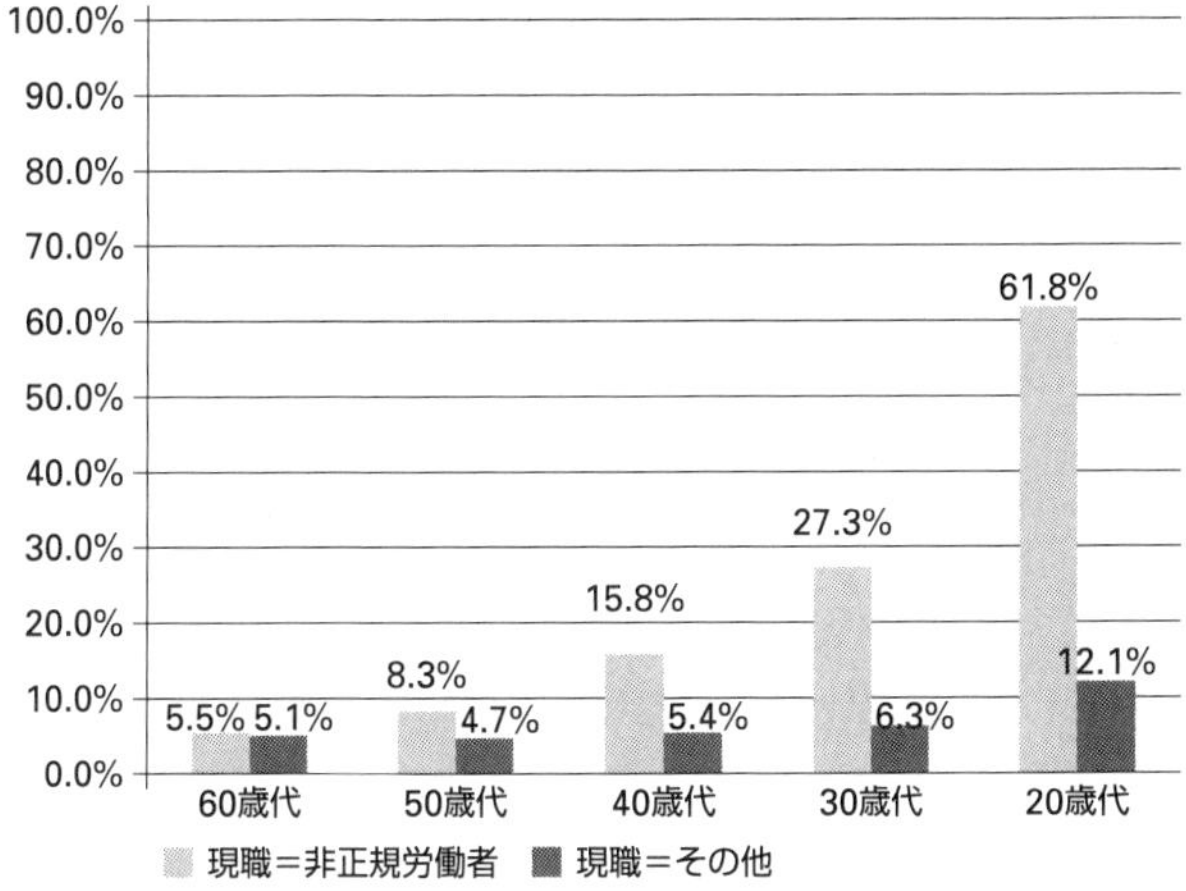

[**2**]無配偶者比率

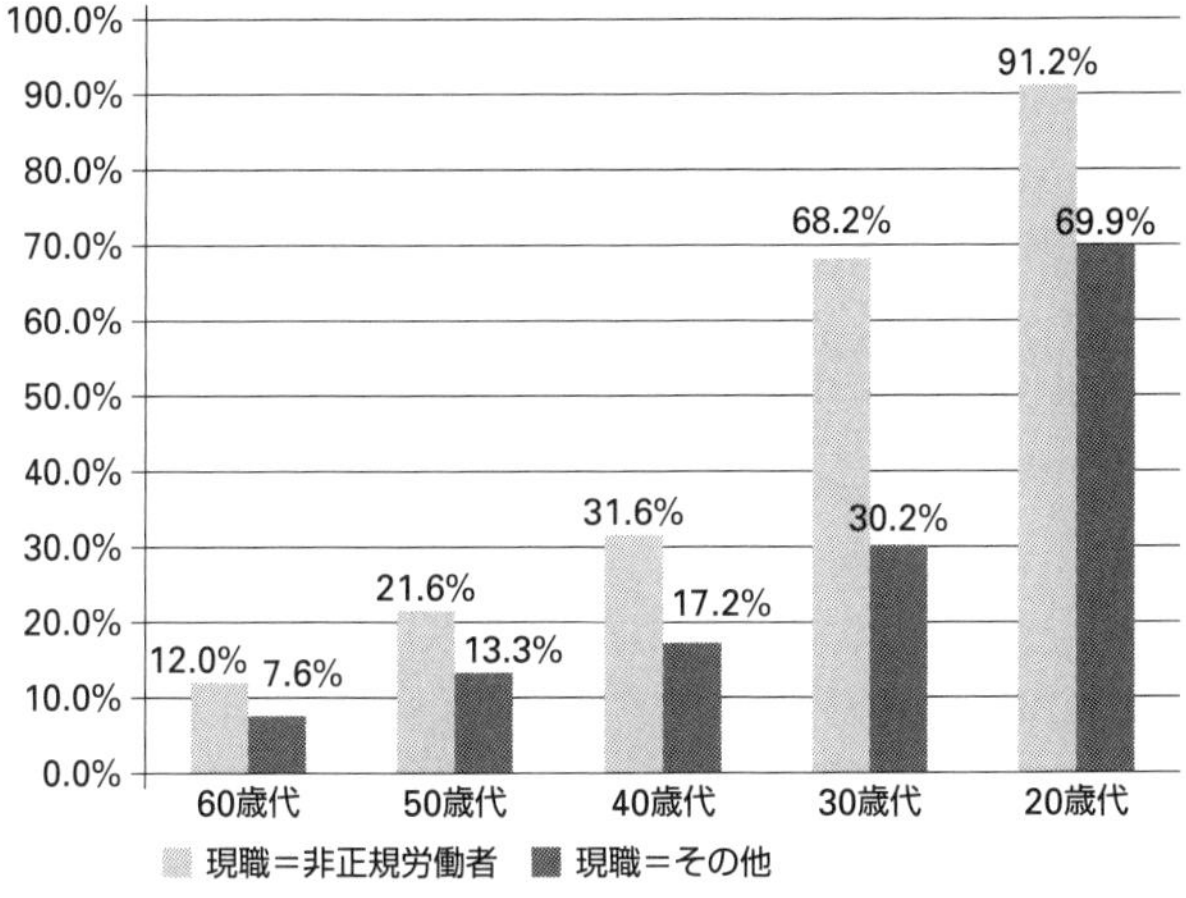

出典:2005年SSM調査データより算出。

いが、その他との差は数％程度である。しかし四〇歳代では三一・六％と、その他（一七・二％）の二倍近くになり、三〇歳代では六八・二％となって、その他（三〇・二％）の二倍を大きく上回る。そして二〇歳代では無配偶者が九一・二％を占めており、有配偶者の比率はその他の人々（三〇・一％）の三分の一以下である。

これに対して女性では、男性と同様に年齢による違いも大きいが、それ以上に配偶者の有無による違いが大きい（図表は省略）。この違いは収入に端的に現れる。有配偶者の個人収入が一〇一・三万円、世帯収入が六一二・一万円であるのに対して、無配偶者の個人収入は一五六・五万円とやや多いが、世帯収入は三二三・三万円で、有配偶者の五割強にとどまるのである。このため有配偶者の貧困率が一二・五％であるのに対して、無配偶者の貧困率は四六・五％にも達する。これはもちろん、有配偶の女性非正規労働者の大部分が家計補助的に働く、いわゆる「パート主婦」であるのに対して、無配偶の非正規労働者の大部分が、低賃金でありながら家計の主要な支え手となっているからである。

以上からいえるのは、一九八〇年代から始まった非正規労働の拡大によって、この時期までにひとつの新しい下層階級が形成されたらしいということである。五〇歳代以上の男性非正規労働者には、普通に家庭を形成し、長年にわたって正社員として働いたあとに、嘱託や契約社員などとして会社に残ったり、あるいは老後の生活の支えとして限定的に働いたりしている人々が多く含まれる。また夫のいるパート主婦の大部分は、夫の安定した収入を部分的に補うために人生の一時期だけ非正規労働者として働く、貧困とはあまり縁のない人々である。

ところが四〇歳代以下、とりわけ三〇歳代以下の、パート主婦以外の非正規労働者にとって、非正規労働は一時的な働き方ではない。初職の段階から、あるいは職業的キャリアのかなり早い時期から続く、永続的な働き方である。彼ら・彼女らは、永続的な低賃金状態におかれるのである。ここにわれわれは、新しい下層階級の誕生をみてとることができる。その全容については、次章で詳しく検討するが、ここではこの下層階級の二〇〇五年時点の、つまり一九八〇年代から就職氷河期にかけて形成された直後のようすについて、みておくことにしよう。

図表9・11は、二〇〇五年SSM調査の四九歳以下の回答者について、労働者階級を正規労働者・非正規労働者・パート主婦の三つに区別した上で、各階級・グループの特徴を比較したものである。これをみると、非正規労働者がきわだって特徴的であることがよくわかる。個人年収はわずか一八七万円で、正規労働者の約半分にすぎず、世帯年収も四〇一万円と低い。預貯金、株式、不動産などの資産を一切所有しない資産なし世帯の比率は、四一・七%にも上っている。そして貧困率は、実に四一・六%に達している。男性の配偶

図表9·11　各階級の特徴［2005年時点·49歳以下］

		資本家階級	新中間階級	正規労働者	非正規労働者	パート主婦	旧中間階級
個人年収		525万円	496万円	355万円	187万円	96万円	352万円
世帯年収		1054万円	792万円	591万円	401万円	640万円	676万円
資産ゼロの世帯の比率		6.8%	8.9%	18.3%	41.7%	14.6%	18.4%
貧困率		4.5%	3.2%	9.7%	41.6%	8.0%	13.2%
高等教育を受けた人の比率		44.7%	63.7%	24.9%	24.1%	23.4%	29.8%
配偶関係（男性）	未婚	15.4%	23.3%	34.9%	65.3%	－	24.0%
	有配偶	81.5%	74.5%	61.3%	30.7%	－	74.0%
	離死別	3.1%	2.2%	3.8%	4.0%	－	2.1%
配偶関係（女性）	未婚	7.9%	32.8%	42.9%	74.6%	－	15.9%
	有配偶	81.6%	61.1%	47.4%	－	100.0%	82.9%
	離死別	10.5%	6.1%	9.7%	25.4%	－	1.2%

出典：2005年SSM調査データより算出。

関係をみると、有配偶者はわずか三〇・七%で、未婚が六五・三%を占めている。これには他の階級・グループに比べて若年層を多く含むことによる部分もあるのだが、三五歳以上に限って集計しても、有配偶者は四八・三%で、正規労働者の七四・五%を大きく下回り、未婚者が四一・四%を占めている。グループの定義上、女性の有配偶者はパート主婦に分類されるため、女性の非正規労働者は無配偶者のみだが、離死別者が二五・四%に上っており、この比率は三五歳以上に限れば六二・五%に達する。

　一九八〇年代からの非正規労働者の増加、そして一九九〇年代の就職氷河期は、二〇〇〇年代のこの時期においてすでに、これほどまでに異質な、正規労働者とは明らかに区別される下層階級を生み出していたのである。こうして日本の階級構造は、四階級構造から四＋一階級構造へと転換した。こうして誕生した「新しい階級社会」は、二〇一〇年代にその成熟した姿を現すことになる。

4　世襲化する階級所属？

二〇〇〇年代になって、経済的な格差そのものと並んで格差をめぐる社会的関心のひとつの焦点となったのが、世代間移動の減少という問題だった。世代間移動についてのかつての研究では、「世代間移動は増大し続けている」という結論が広く受け入れられていた。一九八〇年代末以降になると、移動があまり増えなくなり、部分的には移動の減少もみられると指摘されるようになったが、世代間移動が減少しているとまで踏み込んだものはなかった。

これに対して佐藤俊樹は、その著書『不平等社会日本』（二〇〇〇年）で一九九五年のＳＳＭ調査データの分析結果を示し、彼の用いた階層分類では最上層のエリートにあたる

「雇用ホワイトカラー上層」の固定化が進み、エリート層出身でないとエリートになれない傾向が強まっているという、明快かつセンセーショナルな結論を示して、注目を集めたのである。すでに政治家や経営者、医者などの特権層・富裕層で、世襲が広くみられることは知られており、こうした傾向が他のエリート層にまで広まっているのではないかという漠然とした指摘は多かったから、この結論にはリアリティがあった。しかし、同時期に同じSSM調査データを分析した専門の研究者の間では、世代間移動の増加に歯止めがかかっているという点については、ほぼ合意されるようになったものの、はっきりした固定化傾向が始まったという結論まで支持する人は少なかった。

ここで二〇一〇年以降も含めて、世代間移動の動向をまとめておこう。第2章の**図表2・5**を、もう一度みていただきたい。非移動率でみた場合も、オッズ比でみた場合も、一九五五年から一九七五年まで世代間移動が増加していたことは明らかである。しかし一九八五年になると、資本家階級が閉鎖性を強めるようになり、この傾向は二〇一五年まで続いている。これに対して非移動率、労働者階級のオッズ比、旧中間階級のオッズ比は一九八五年まで低下したあと、一九九五年に反転上昇し、新中間階級のオッズ比は一九九五年まで低下したあと、二〇〇五年に反転上昇する。[6] その後はというと、非移動率と労働者階級のオッズ比が緩やかに上昇し続けているのに対して、旧中間階級のオッズ比は三・三から三・四の間で高止まりし、新中間階級のオッズ比は二〇一五年に低下した。したがって資本家階級については明らかに、また非移動率、労働者階級、旧中間階級についてはある程度まで固定化傾向を示しているとみてよいが、新中間階級は逆に開放性を強めたということになる。

資本家階級が閉鎖性を強めたことは、高度経済成長の終焉によって説明がつく。高度成長期には、労働者が独立して会社を作る機会がふんだんにあった。だから一九五七年から一九八一年までの間に、従業員規模五人以上の事業所は、建設業で四・八万から二六・三万、製造業で二五・六万から四二・三万、卸売・小売業では二六・四万から七四・一万へと、激増を続けたのである。しかしこれらの数はその後、建設業と卸売・小売業では微増となり、製造業でははっきりと減少に転じる。[7] 低成長期に入るとともに、独立して会社を作る機会は失われたのである。こうして経営者となることのできるのは経営者の子に限られるようになり、高度成長期に資本家階級への移動を果たした人々が高齢化するとともに、急速にオッズ比が低下してきたのである。

同様に、自営業者として独立する機会も、失われてきた。旧中間階級は農民層と自営業者層からなるが、このうち農民層は、第5章で明らかにしたように農地所有が前提になることからきわめて閉鎖性が強い。しかし旧中間階級に占める農民層の比率は急速に低下してきたから、結果的に旧中間階級の閉鎖性は弱まるはずで、事実、一九八五年まではオッズ比が低下し続けていた。分厚い自営業セクターが存在していれば、労働者階級は独立して自営業者となることができるからである。ところが高度経済成長の終焉とともに、自営業への参入機会が閉ざされるようになった。**図表1・5**からも、自営業者層が一九八五年から減少に転じていることがわかる。先と同じ統計からみても、従業員規模一―四人の事業所数は、一九五七年から一九八一年までの間に、建設業で一三・一万から二八・七万に、製造業で二八・九万から四四・九万に、卸売・小売業で一五四・三万から二二八・八万に増加したが、その後、建設業は微増に、製造業と卸売・小売業では減少に転じている。[8] こうして旧中間階級の閉鎖性は高まることになった。

　結果的に労働者階級は、資本家階級や旧中間階級への移動の機会を失った。労働者階級出身者の多くは、初職時点で労働者階級となる。そして分厚い自営業セクターが存在していれば、また高度成長によって独立のチャンスが広がっていれば、世代内移動を通じて旧中間階級や資本家階級へと移動することができたのだが、その後はこのような機会が失われてきた。**図表9・12**は、そのようすをみたものである。労働者階級出身者の所属階級は、一貫して労働者階級が五割前後を占めてきた。[9] これに対して旧中間階級比率は、一九五五年から一九六五年にかけて低下したものの、一九七五年まで二割程度を維持したあと、低

図表9·12　労働者階級出身者の所属階級

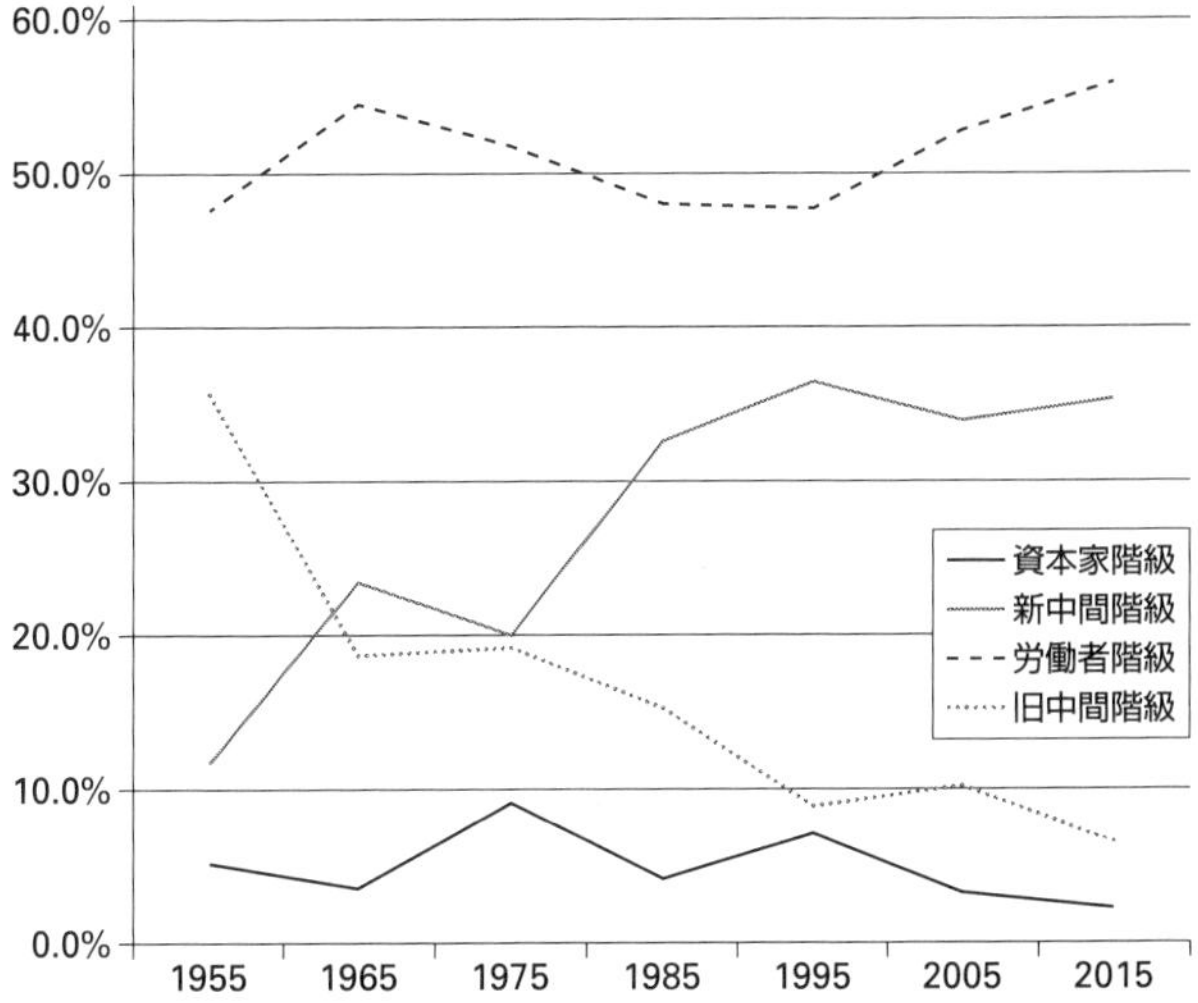

出典：SSM調査データより算出。35-54歳男性。

下を続けて二〇一五年ではわずか六・七％となっている。資本家階級比率は高度経済成長期に上昇し、一九七五年には九・二％に達したが、その後は低下して、二〇一五年にはわずか二・四％となった。これらによる移動の減少は、かなりの部分、新中間階級への移動によって埋め合わせられたが、それも限界があり、一九九五年以降は労働者階級比率が上昇傾向にある。労働者階級は移動の機会を失って、結果的に閉鎖性を強めたのである。

それでは、新中間階級はなぜ二〇一五年になって開放性を強めたのか。私の仮説は、就職氷河期が原因では

図表9·13 出身階級別にみた新中間階級になった人の比率

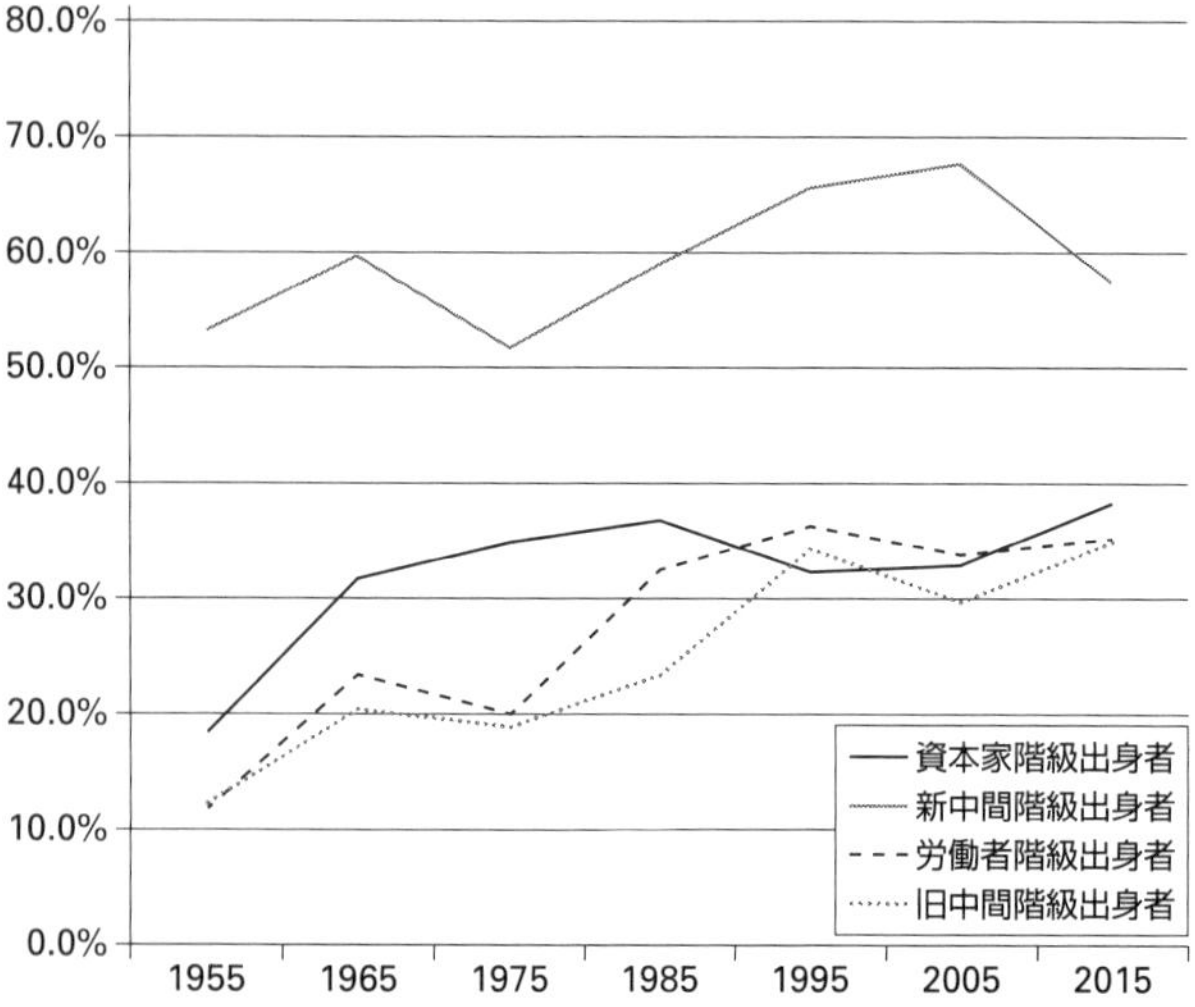

出典:SSM調査データから算出。35-54歳男性。

ないか、というものである。**図表9・13**は、新中間階級になった人の比率を出身階級別にみたものである。新中間階級は最近まで拡大を続けてきた階級だから、多少の上下動はあるものの、一九九五年まではどの階級の出身者でも、新中間階級比率が上昇傾向にあったとみてよい。新中間階級になった新中間階級出身者の比率（非移動率）は、一九七五年に低下したあと上昇を続けたが、一九九五年までは労働者階級出身者と旧中間階級出身者の新中間階級比率の上昇が著しかったため、オッズ比は低下することとなった。ところが二〇〇五年になると、新中間階級出身

図表9·14　初職と現職時点での新中間階級比率
[新中間階級出身者とその他の比較]

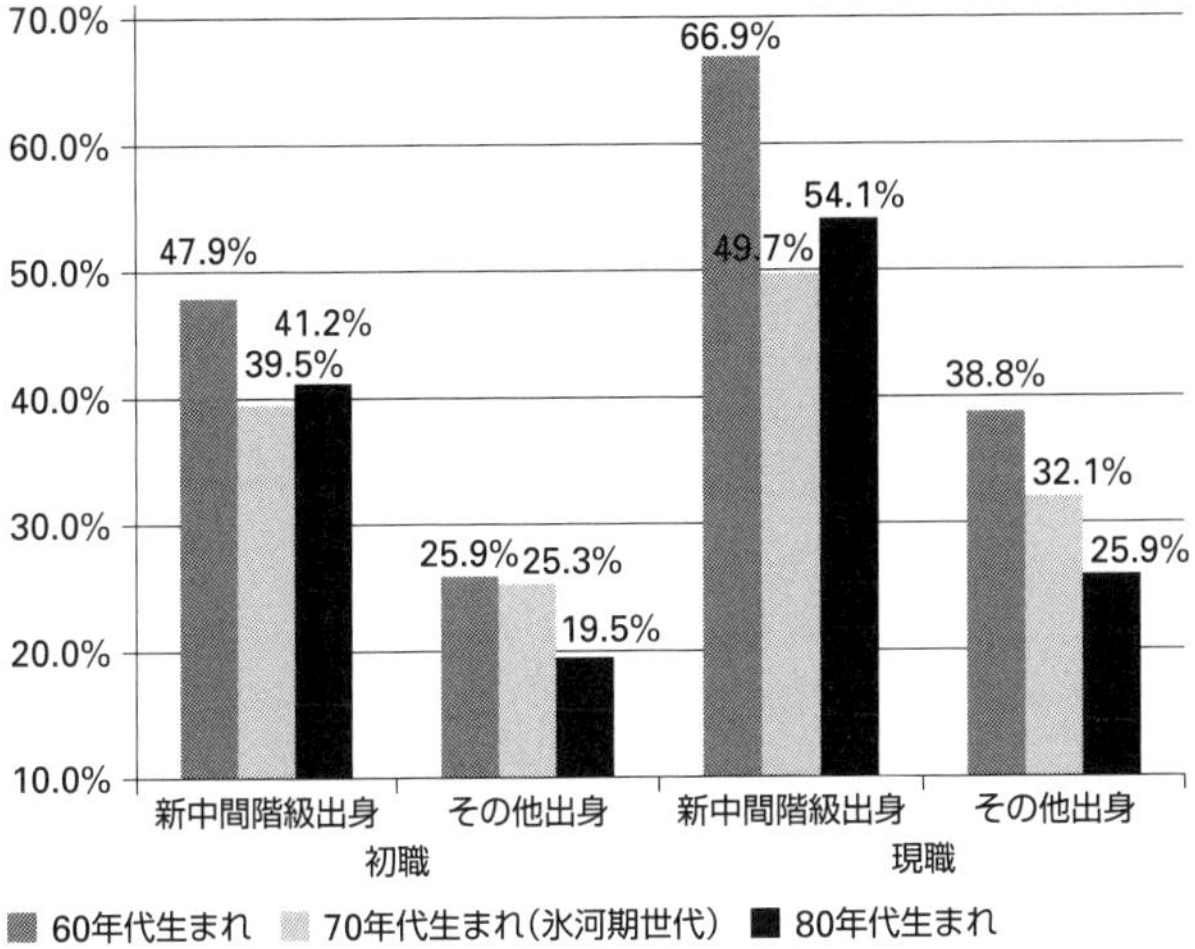

出典：2015年SSM調査データより算出。男性のみ。

者の新中間階級比率が上昇を続けたのに対して、労働者階級出身者と旧中間階級出身者では低下し、このことがオッズ比を上昇させたのである。

そして二〇一五年、突然逆の動きが生じ、新中間階級出身者の新中間階級比率が急落して、他の階級の新中間階級比率は上昇した。なぜか。

どうも原因は、就職氷河期にあるようだ。**図表9・14**は、新中間階級出身者とそれ以外とを区別し、初職と現職の新中間階級比率を示したものである。就職氷河期に学校を卒業したのは、一九七〇年あたりから八〇年代初めに生まれた若者たちである。そこで七〇年代に生まれた人々を就職氷河期世代とみなし、その前後の世代と比較している。新中間階級出身者の初職をみると、就職氷河期のひとつ前の世代では初職時点で四七・九％、現職時点で六六・九％までが新中間階級となっている。ところが氷河期世代では、この比率がそれぞれ三九・五％（八・四％減）、四九・七％（一七・二％減）と急落する。これに対して新中間階級以外の出身者の新中間階級比率は、初職時点ではほとんど変化がなく、現職時点でも七ポイント弱しか低下していない。六〇年代生まれと七〇年代生まれでは、調査時点の年齢がそれぞれ四五―五四歳、三五―四四歳と異なるので、これから昇進を迎える人の多い後者の方が新中間階級比率が低いのは当然なのだが、下落幅の違いは明らかだろう。つまり就職氷河期によって、新中間階級出身者は他の階級出身者以上に深刻な影響を受けたのである。

八〇年代生まれは、**図表2・5**に示した指標の計算に含まれない、若い世代である。氷河期後とはいえ、リーマン・ショック後の雇用縮小の影響も受けた世代で、その初職時点での非正規労働者比率は依然として高い。それでは、新中間階級は開放性を強めたままなのか。どうやら、そうではないらしい。七〇年代生まれと八〇年代生まれを比べると、新中間階級出身者の新中間階級比率は下げ止まっているのに、その他の出身者では低下している。就職氷河期はすぎたとはいえ、依然として雇用環境が厳しいなか、新中間階級出身者はなんとか持ち直したが、その他の出身者は厳しい状況にある。どうやら新中間階級の開放性の高まりは、氷河期前後の一時的なものに終わりそうである。ちなみに六〇年代生まれ、七〇年代生まれ、八〇年代生まれの新中間階級に関するオッズ比は、就職してからの経過時間が異なるので厳密には比較できないのだが、それぞれ三・一八八、二・〇九〇、三・三七二である。

5　格差社会論ブームと民主党政権の成立

二〇〇六年、「格差社会」が新語・流行語大賞のトップテンに選ばれた。授賞式には『希望格差社会』（二〇〇四年）の著者で社会学者の山田昌弘が招待されて賞を受けとっている。第7章でも触れたように、山田がこの言葉を作ったというわけではないが、この言葉が定着するきっかけを作ったのは事実だろう。二〇一三年には、この賞が三〇周年を迎えたのを機に「新語・流行語の三〇年のトップテン」にも選ばれている。このトップテンには、その後すっかり定着し、現代日本を語る上で不可欠な言葉となった、「セクシュアル・ハラスメント」「サポーター」「安全神話」などが並んでいる。「格差社会」も、その

図表9・15 「格差社会」をキーワードに含む雑誌記事件数と図書出版点数

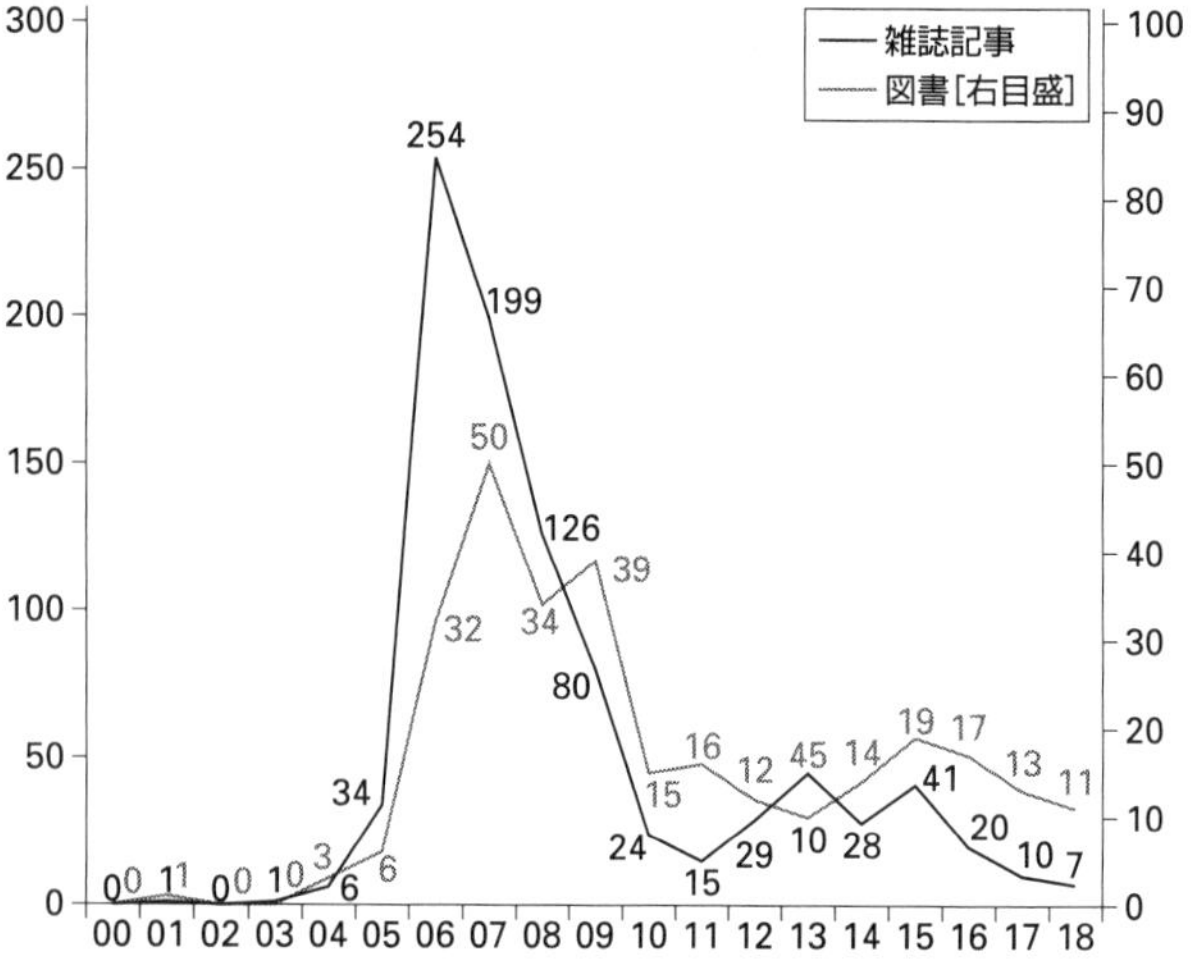

出典：「大宅壮一文庫雑誌記事索引検索Web版」「国立国会図書館オンライン」
［注］図書はISBNが付けられたもののみ。

ひとつというわけである。

「大宅壮一文庫雑誌記事索引検索Ｗｅｂ版」で「格差社会」をキーワードに含む記事を検索すると、一五四四件がヒットした。ただし、このうち六一七件は、経済評論家の森永卓郎が「格差社会を生き抜け！」と題して二〇〇七年に連載を開始し、現在も続く週刊誌のコラムなので、これを除外すると九二七件となる（二〇一九年七月二四日時点）。この記事数を掲載年別に示したのが、**図表9・15**である。グラフには同時に、国立国会図書館のデータベースから、「格差社会」をキーワードに含む図書の出版点数も示しておいた。

　最初に登場する記事は二〇〇一年の書評で、この年は一件のみ。二〇〇二年には記事がなく、二〇〇三年はやはり書評が一件のみだった。ところが二〇〇四年になると、八月に中国の所得格差を扱った記事が出たあと、一一月に出版された『希望格差社会』を扱った記事が五件相次ぐ。二〇〇五年に入ると、同書を扱ったもの以外にも多くの記事が出るようになり、次第にテーマも高齢者の格差、団塊世代の格差、芸能人の格差などと広がりをみせ、一二月までに記事は三四件を数えた。

　二〇〇六年になると、記事は爆発的に広がっていく。テーマも教育問題、若者論、世界経済、「小泉改革」に対する評価などへと広がり、この一年だけで記事は二五四件に達した。その後も、二〇〇七年が一九九件、二〇〇八年が一二六件、二〇〇九年が八〇件と、二〇〇四年からの六年間で六九九件に達している。

　図書の出版も、盛んになった。二〇〇一年に初めて出版された一冊は、苅谷剛彦の『階層化日本と教育危機』で、副題に「意欲格差社会」という言葉が使われている。二年おいて二〇〇四年に出版された三冊は、『希望格差社会』のほか、谷沢弘毅の『近代日本の所得分布と家族経済』と佐道正彦の『社会医学と日本の母子衛生』で、前者は副題に「高格差社会」、後者は章のタイトルに「格差社会」が使われていた。二〇〇五年になると六冊が出版されたが、ここには暉峻淑子の『格差社会をこえて』、大竹文雄の『日本の不平等

──格差社会の幻想と未来』、近藤克則の『健康格差社会』が含まれる。そして二〇〇六年は三二冊と激増し、二〇〇七年に雑誌記事より一年遅くピークを迎えて五〇冊が出版されたあと、二〇〇八年が三四冊、二〇〇九年が三九冊と、雑誌記事よりは息の長い出版ブームが続いたのである。

格差の問題に対する社会的関心、とりわけ格差拡大に対する批判の高まりにもかかわらず、初めのうち政府は、格差拡大の事実を認めようとしなかった。二〇〇六年一月に開会した通常国会では、自民党と公明党を含む各党の代表が、格差拡大の事実を指摘するとともに、政府の責任を追及した。これに対して当時の小泉首相は、最初の段階では、「統計データからは、所得再分配の効果や高齢者世帯の増加、世帯人員の減少といった世帯構造の変化の影響を考慮すると、所得格差の拡大は確認されない……との報告を受けております」と、直前に出された月例経済報告とほぼ一字一句変わらない答弁を繰り返した[10]。しかし格差拡大を示す事実はいくらでも存在する。与野党の議員たちからさまざまな事実を突きつけられ、格差拡大の事実を否定しきれなくなると、小泉は開き直りに転じ、「私は格差が出るのは別に悪いこととは思っておりません」「貧困層を少なくするという対策と同時に、成功者をねたむ風潮とか、能力のある者の足を引っ張るとか、そういう風潮は厳に慎んでいかないとこの社会の発展はないんじゃないか[11]」などと、持論を展開し始めた。

当時は、前章で触れた経済戦略会議の答申「日本経済再生への戦略」が示した方向に沿って、格差拡大を助長するような政策が次々と打ち出されていた時期である。二〇〇三年には、株式の配当や譲渡益は、他の所得から切り離して課税されるようになり、しかも税率は軽減されて一〇%となった（軽減税率は二〇一三年末までで廃止）。同年、相続税の最高税率も引き下げられた。製造業への労働者派遣が解禁されたのも、この年である。二〇〇六年には住民税率が、所得に関わらず一律一〇%となり、低所得者は増税、高所得者は減税となった。格差拡大に社会的関心が高まったこのとき、政府が格差拡大の弊害を認めて政策を転換していれば、その後の日本の運命は違っていただろう。

二〇〇六年九月に小泉が退陣すると、流れが変わり始める。かわって首相となった安倍晋三は、格差拡大の事実を潔く認めず、認めざるを得なくなると格差拡大を擁護するという小泉のスタンスを受け継いだ。この延長線上で安倍が唱え始めたのが、格差が拡大しても再チャレンジするチャンスさえあれば問題ないとする「再チャレンジ」論である。しかし小泉とは違って、国民からの人気に欠ける安倍は、無理のある主張への批判をかわすことができなかった。二〇〇七年の参議院選挙では自民党が惨敗し、直後に体調を崩した安倍は退陣。続いて福田康夫と麻生太郎がそれぞれ約一年間首相を務めたが、二〇〇九年の衆議院選挙で再び自民党は惨敗し、民主党政権が誕生した。いずれの選挙でも、「消えた年金」問題、そして「政治とカネ」をめぐる自民党の政治体質が問われたが、格差拡大に対する批判がボディブローのように自民党の支持基盤を侵食していたことは疑いがない。

政権交代の背景には、国民の政党支持構造の激変があった。**図表9・16**は、JGSS調査データにもとづいて、二〇〇〇年代の政党支持率を階級別にみたものである。[12]小泉政権の時代には、国民の政党支持の構造に大きな変化があった。それまで増え続けていた無党派層が、減少に転じたのである。無職も含む全体でみた場合、二〇〇二年には六二・二%もあった支持なし層が、二〇〇三年には四〇・七%にまで激減し、自民党と民主党がそれぞれ九・四%、八・五%も支持率を伸ばした。その後自民党支持率は低下に転じるが、民主党支持率は上昇を続け、政権交代の前年の二〇〇八年には一七・三%となり、政権交代後の二〇一〇年には一八・六%となって自民党を逆転している。階級別にみると、どの階級でも支持なし層が最大幅で二〇%程度減少し、いったん自民党支持率が上昇したあと民主党支持率が急伸するという経過をたどっている。もともと自民党支持率が高かった資本家階級と旧中間階級では逆転するには至らなかったが、新中間階級では自民党支持率が一一・七%だったのに対して、民主党支持率は二二・〇%に達して、二倍近くの差をつけている。これに対して労働者階級はそれぞれ一一・六%、一六・一%で、新中間階級ほどの差がついていない。新中間階級の政党支持が大きく民主党にシフトしたことが、全体での支持率の逆転をもたらしたとみてよい。

　話は先走るのだが、その後の支持構造の変化も確認しておこう。民主党政権崩壊後の二〇一二年になると、民主党支持率は急落し、ほぼその分だけ支持なし層が増加している。自民党、民主党支持率と支持なし層の動向を比較すると、民主党支持率の低下と同様に、自民党支持率の低下も支持なし層比率の上昇と連動している。しかし、支持なし層比率との関連の強さを示す相関係数をみると、自民党支持率がマイナス〇・四九六、民主党支持率がマイナス〇・七五八だから、後者の方がずっと大きい。そして新中間階級に限ってみれば、相関係数はマイナス〇・八七四と、ほとんど完全相関に近い。政治に無関心なのではなく、政治に関心をもちはするものの特定の支持政党のなかった人々、とりわけ新中間階級が、いったん民主党支持に流れ、後に離れていったことが、この間の政治の激変の主要な背景だったとみていいだろう。

　このように政治に関心のある無党派層の存在は、二〇世紀の終わりごろから、世界的に注目されてきた。米国の政治学者、ロナルド・イングルハートによると、教育水準の上昇によって政治に関する情報に触れる人々が増加したこと、また女性の政治参加が進んだこと、さらに脱物質的価値観の浸透によって、政治に対する関心は高まる傾向にある。しかし、これらの人々は、動員されて特定の政党を支持するのではなく、個人的な認知にもと

【労働者階級】

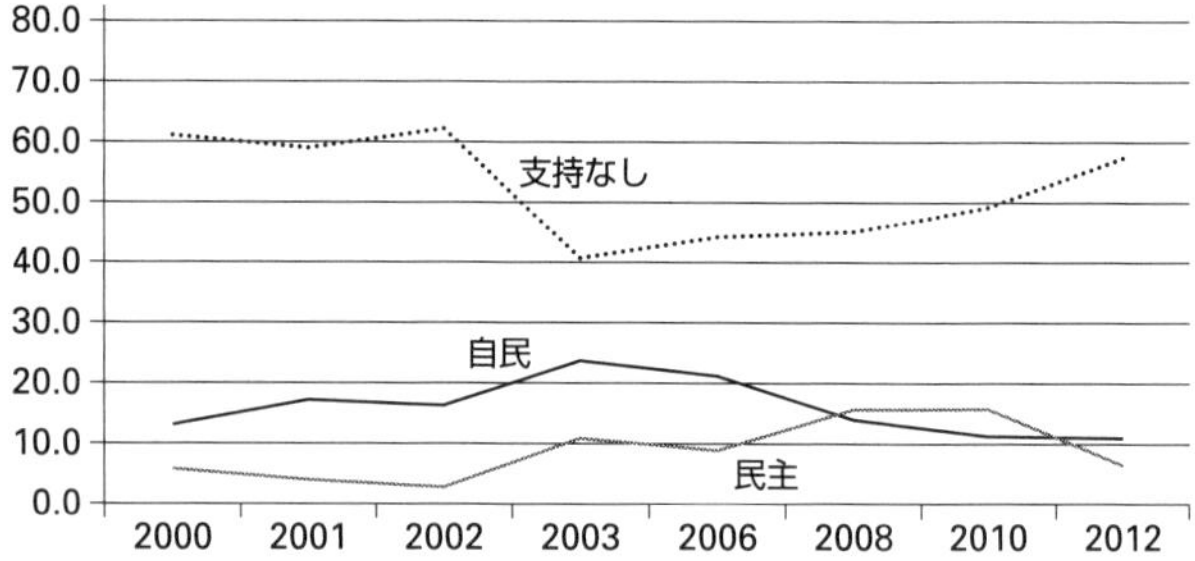

【旧中間階級】

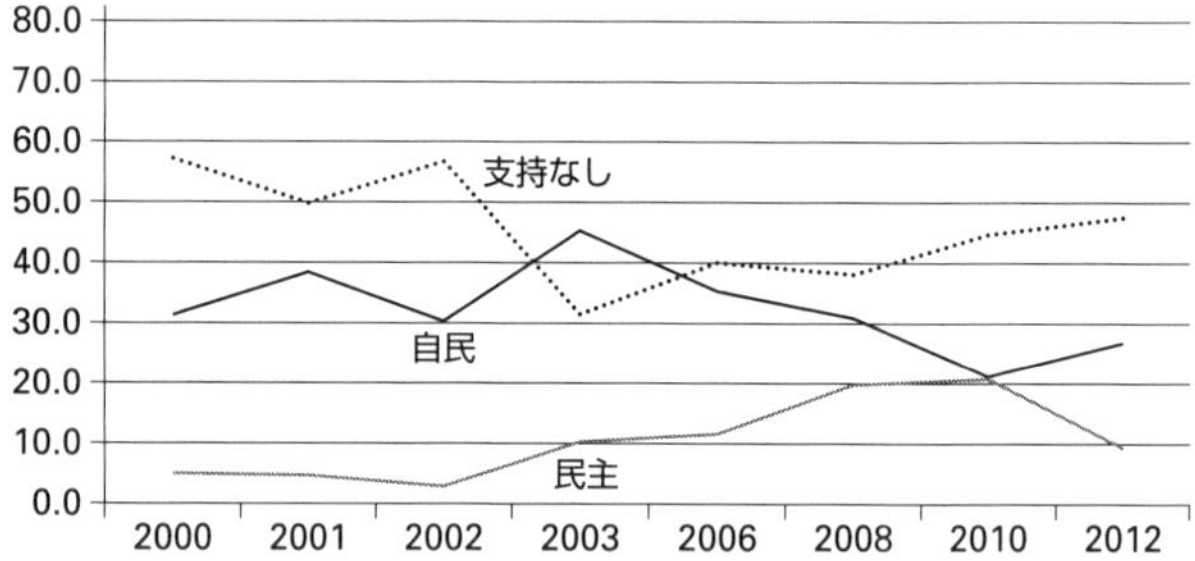

出典:JGSS調査データより算出。

図表9·16　階級別にみた政党支持率の変化［2000-2012年］

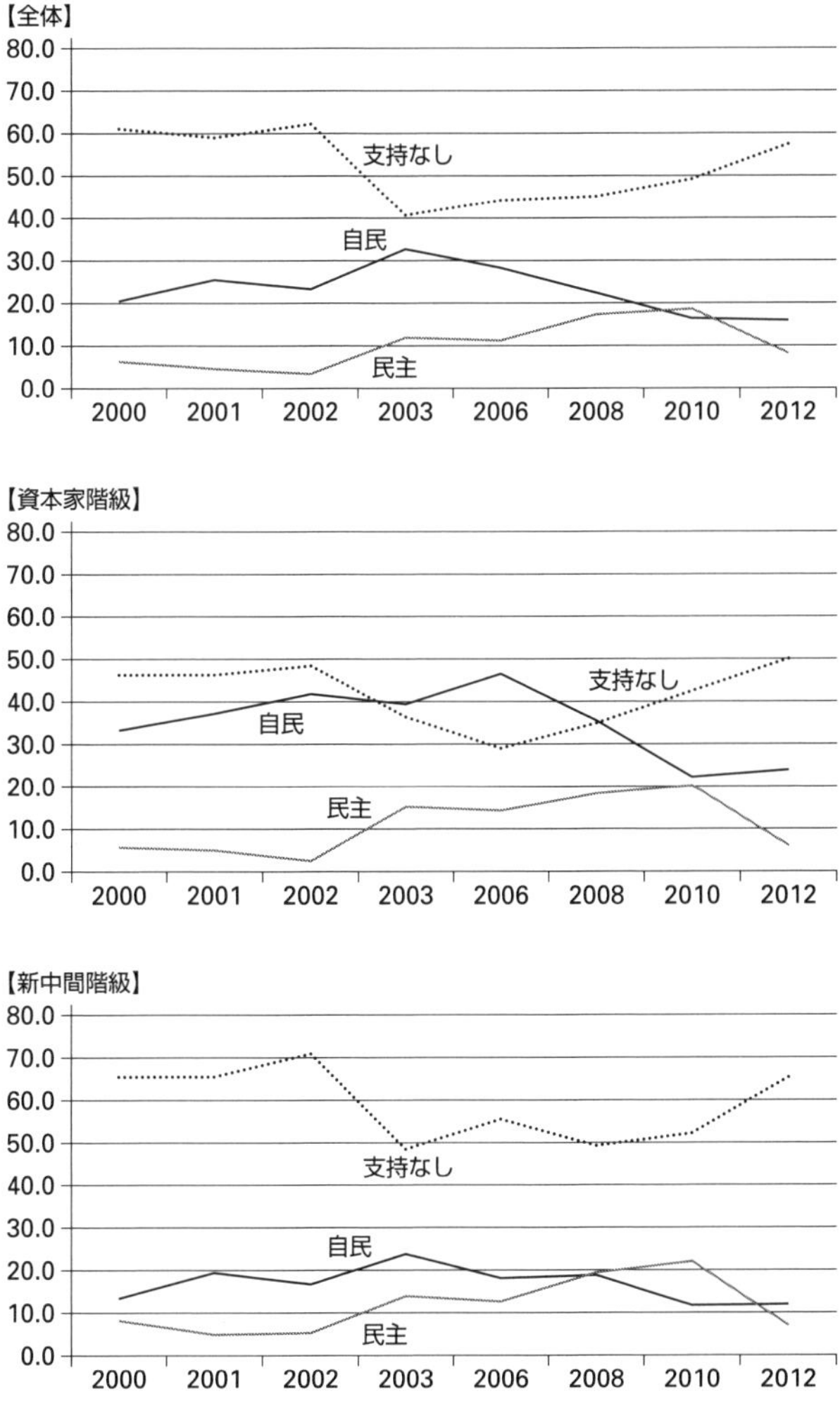

づいて自発的に政治参加する「認知的動員型非政党帰属者」になるのだという。[13] 日本でも多くの研究がある。たとえば政治学者の田中愛治は、無党派層を「積極的無党派層」と「政治的無関心層」に区別した上で、前者は教育水準が高く、政治的関心も強いが、政党・政治家への信頼感の弱い人々であることを明らかにし、このような人々が大都市圏の有権者の約一五％を占めるとしている。[14] また片瀬一男と海野道郎は、ＳＳＭ調査データの分析から、一九八五年時点では支持なし層よりも支持政党のある層の方が政治的認知能力が高かったが、一九九五年にはこれが逆転していること、政治的認知能力のある支持なし層（認知的無党派層）は、主に高学歴の男性で、都市部に住む若い専門職と大企業ホワイトカラーが多いことを明らかにし、これらの人々は、その時々の政治状況に対する自らの政治認識にもとづいて、自らの判断で政治に参加するのだとしている。[15]

　格差社会論ブームのなかで、格差の問題に関心をもってさまざまな出版物を手にした人々の多くが新中間階級であることは、想像に難くない。政治的関心が高く、そして格差の問題にも関心をもったこの新中間階級が、おそらくは二〇〇〇年代の政治変動の主役だった。新中間階級の政党支持構造が大きくシフトしたことが民主党政権の誕生をもたらした。しかし、その崩壊は早かった。

第10章

アンダークラスの時代——二〇一〇年代

1　東日本大震災と「中」意識

二〇一一年三月一一日、東日本大震災と、これに続いて起こった福島第一原発事故のあと、格差に対する日本人の認識は大きく揺らいだ。格差に関する状況が、大きく変化したわけではない。一九八〇年代に始まった格差拡大は続いていたし、非正規労働者の増加も続き、のちにみるようにその状況はますます悪化していた。

ところが、である。「国民生活に関する世論調査」によると、自分の生活程度は「中」以上だと考える人の比率（「上」「中の上」「中の中」の合計）は震災後に跳ね上がり、二〇一三年には七〇・三％となって、格差の小さかった一九七〇年代から八〇年代初めを上回って史上最高を記録し、以後も上昇が続くのである。いったい何が起こったのか。第6章でも述べたように、この設問への回答から「中の上」「中の中」「中の下」を合計して「中」が九割を占める、などという議論にはあまり意味がない。しかし発想を変えて、「上」と「中の上」の合計、「中の中」、「中の下」と「下」の合計というように三つに区分し直せば、それぞれは自分を「人並みより上」「人並み程度」「人並み以下」と考えている人の集合を意味すると考えていいから、人々の意識の動向をみるのに好都合である。**図表10・1**は、

図表10・1 日本人の階層帰属意識

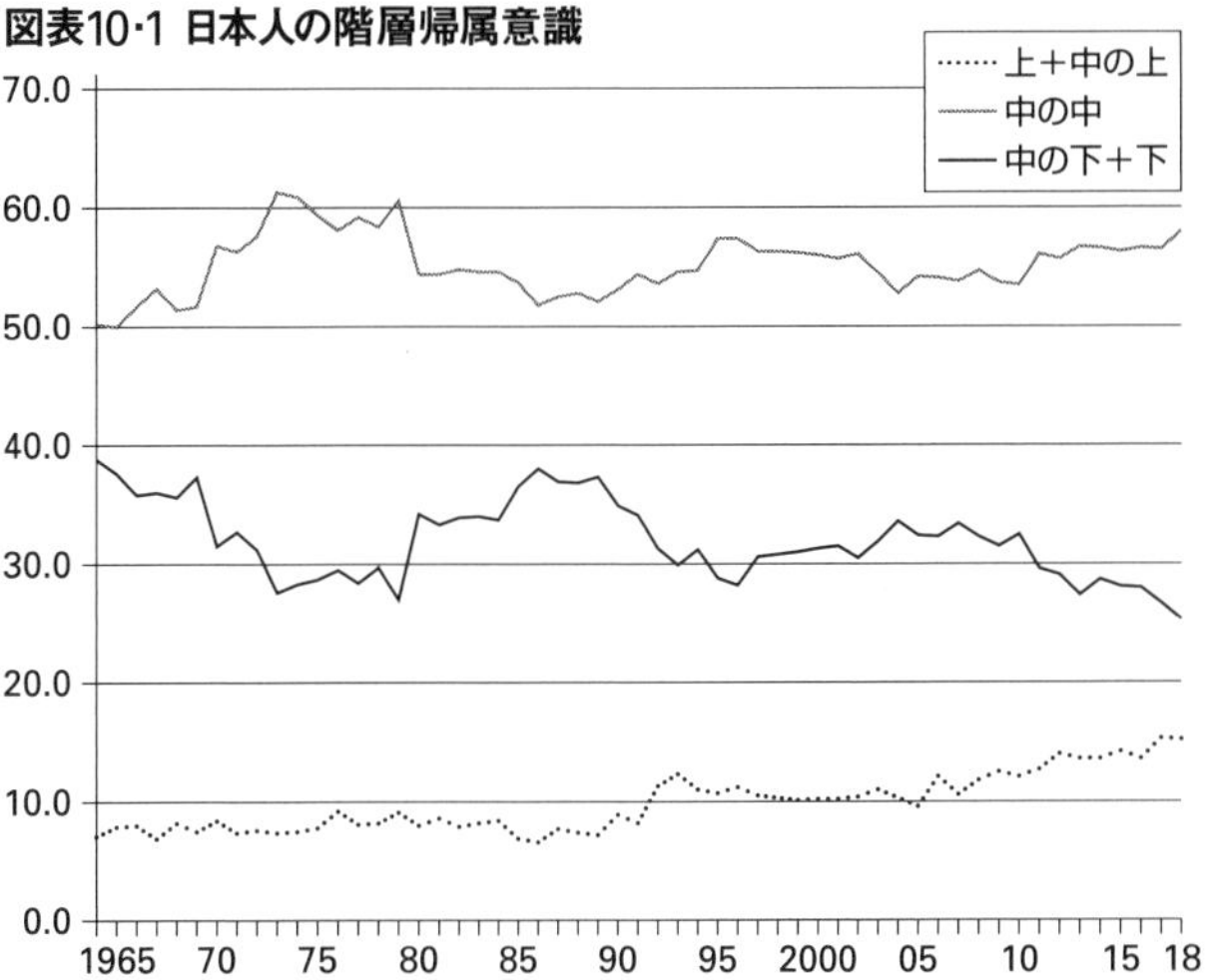

出典：内閣府「国民生活に関する意識調査」より。
［注］1998年と2000年には他の年と同じ設問がないので、前後の年の平均値をとった。
2015年までは20歳以上、2016年からは18歳以上。

図表6・1と同じ集計結果をもとに、このように回答を三つに区分し直して、調査の始まった一九六四年から二〇一八年までの変化を示したものである。

一九七五年までは、「中の中」が増え、「中の下＋下」が減少した。高度成長と格差縮小によって、「中」意識が拡大した時代である。しかしその後、「中の中」は減少して、「中の下＋下」は増加に転じる。オイルショック後の不況により、中流意識に翳りがみられるといわれた時代である。しかし九〇年代前半になると、再び「中の中」が増加、「中の下＋下」が減少に転じ、さらに「上+中の上」が初めてはっきりした増加傾向をみせる。バブル景気とその余熱のあった時代である。ところが九〇年代後半以降になると、再び「中の中」が減少、「中の下+下」が増加に転じ、また「上+中の上」は高水準を維持したあと、〇〇年代後半に急上昇した。この傾向をとらえて何人かの論者は、格差拡大が人々の意識にも二極化傾向をもたらしたと論じてきた[1]。

ところが震災のあった二〇一一年以降のグラフは、これ以前とは不連続な動きを示している。「上+中の上」の上昇傾向は変わらないが、唐突に「中の中」が増加し、「中の下+下」が減少するのである。この結果、「中」以上を意味する「上」「中の上」「中の中」の合計は、大幅に増えることになった。関連する動きは、意識調査の他のいくつかの項目にも認めることができる。たとえば同じ調査によると、現在の生活について「満足」と答える人の比率は、二一世紀に入ってから低迷を続けていたが、震災のあった一一年から明らかな上昇を示すようになり、一三年にはついに七〇%を越え、二〇一七年には七三・九%となり、回答を比較できる一九九二年以降で最高を記録した(二〇一八年は七四・七%)。そして人々の政府への要望をみると、「防災」が大幅に増えたのは当然として、逆に「高齢社会対策」「雇用・労働問題への対応」「環境保護」が大幅に減っている。

どうやら震災は、日本人の意識に次のような変化をもたらしたようである。あの未曾有の災害で、命を落としたり、家を失って、あるいは福島第一原発の事故が原因で避難生活を余儀なくされている人々に比べれば、自分たちはまだまだマシだ。自分を「下」だなどとは考えないようにしよう。老後の生活や雇用、環境、そして格差の問題などは、震災復興と防災に比べれば二の次だ、と。

とくに震災直後の一―二年間は、格差や貧困について論じることすらはばかられるような雰囲気があった。私の場合でも、講演や原稿の依頼はばったり途絶えたし、格差に関する本の執筆依頼も来なくなった。子どもの貧困研究で知られる社会政策学者の阿部彩も二〇一一年の著作で、「震災に関するこのような悲惨なニュースが続く現在、震災前と同じように『貧困』や『社会的排除』の話をすることは非常に困難になった。／私のようなこれらのテーマを専門とする研究者であっても、被災者以外の人々の『貧困』や『社会的排除』を訴えることは、少々はばかられる。『そんなこと、言っている場合かい！』とお叱りを受けそうな気がするからである」と書いている[2]。

このことが、おそらくは政権にも影響した。民主党政権の崩壊は、自民党と公明党による政権運営への露骨な妨害だけではなく、公約違反と内紛を繰り返した結果であり、避けられなかっただろう。しかし、格差に対する人々の意識のこうした変化も、民主党への国民の支持を失わせるひとつの要因だった。

格差と貧困の問題について、民主党政権はいくつかの功績を残した。まず政権発足まもない二〇〇九年一〇月二〇日、長妻昭厚生労働大臣（当時）は、「相対的貧困率の公表について」という文書で日本の二〇〇六年時点での貧困率が一五・七％であると公表し、記者会見で貧困率の改善に取り組むと宣言した。日本政府が、国際標準の指標である相対的貧困率の政策指針としての有効性を、初めて認めたのである。また、最低賃金を一〇〇〇円まで引上げることを目標にするという方針を定めたこと、児童手当（政権当時の名称は子ども手当）の大幅増額を実現したこと、高校教育の無償化を実現したこと、改正労働契約法によって有期雇用労働者の無期転換に道を開いたこと、「日雇い派遣」を原則禁止したこと、非正規労働者への雇用保険の適用を拡大したことなども民主党政権の功績であり、これらは基本的に自公政権にも受け継がれている。

しかし震災直後は、政権発足当時に比べると、格差や貧困の問題の、国民全体からみたときの優先順位が決定的に低下していた。ＪＧＳＳ調査によると、「政府は、裕福な家庭と貧しい家庭の収入の差を縮めるために、対策をとるべきだ」という意見に賛成と答えた人の比率は、二〇〇二年には四八・〇％、二〇〇三年は五四・九％だったが、格差の問題に関心が集まり始めた二〇〇五年に六二・〇％となり、以後二〇一〇年まで六〇％前後を維持していた。ところが震災後の二〇一二年には、五三・七％にまで低下した。**図表**

9・16でみたように、震災後の二〇一二年には民主党支持率が急落するのだが、下落の幅は、上のような貧富解消政策に賛成する人では比較的小さく（二一・〇%→一〇・一%）、反対する人で大きかった（一七・五%→五・七%）。

当時、バブル期に非正規労働者となったフリーター第一世代は四〇歳代となり、氷河期世代は三〇歳代になっていた。二〇〇八年のリーマン・ショック後の、「第二氷河期」も始まっていた。こうして震災へと社会の関心が集中するなか、新しい下層階級は拡大を続けたのである。

2　アンダークラスの出現

図表10・2は、二〇〇五年以後の新規高卒・大卒者の就職率と、卒業時にフリーター・無業者となった若者の数の推移である。リーマン・ショックから二年を経た二〇一〇年に、就職状況は急速に悪化する。進学者等を除いた就職率は、高卒者で五二・六%、大卒者で七一・六%となり、フリーター・無業者はそれぞれ七・五四万人、一一・七三万人となっ

図表10·2　高卒者·大卒者の就職率とフリーター·無業者数の推移

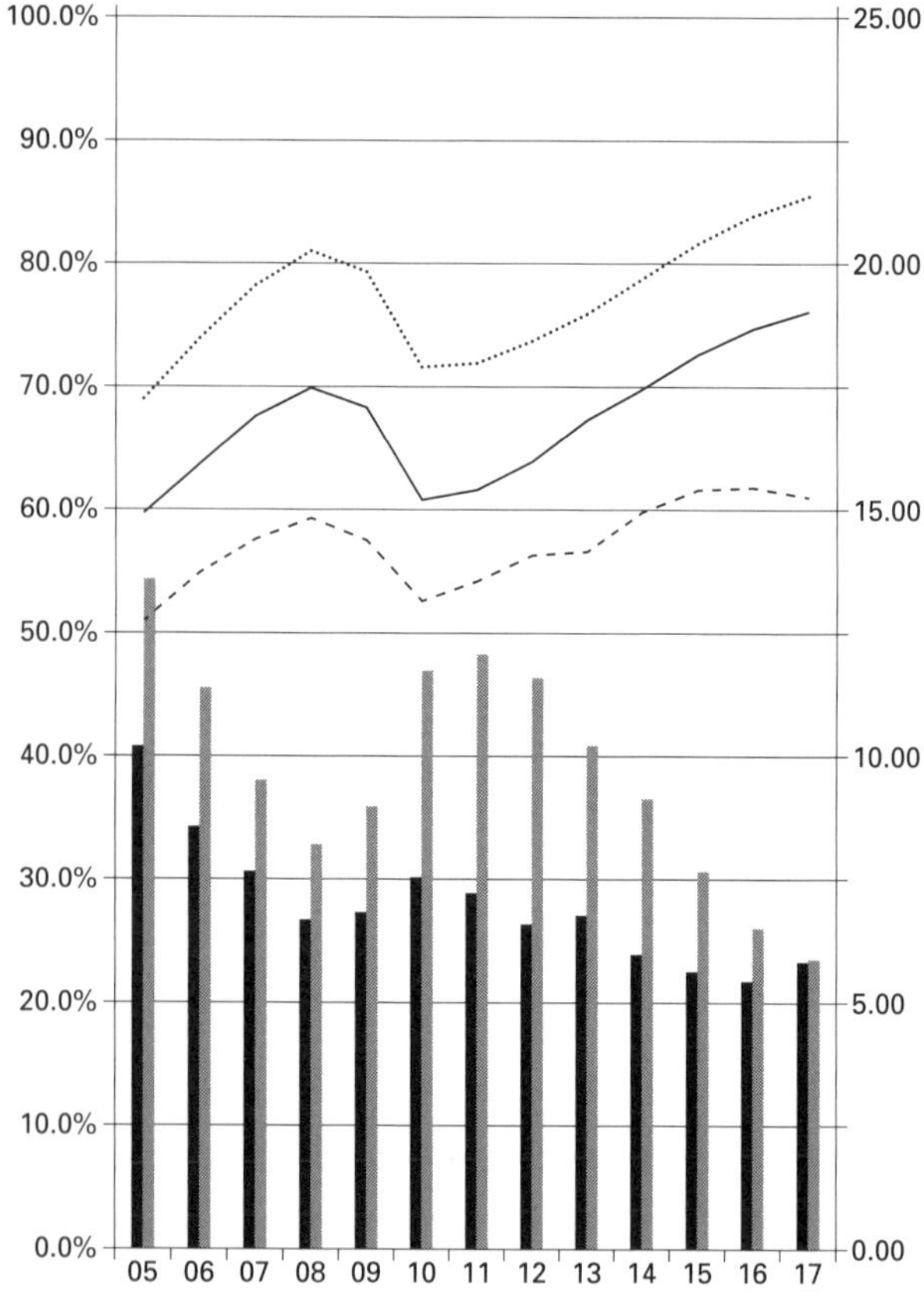

■ 高卒のフリーター·無業者数[右目盛·万人]
■ 大卒のフリーター·無業者数[右目盛·万人]
- - - 高卒者（大学·短大·高専·専門学校進学者を除く）の就職率
―― 大卒者の就職率
…… 大卒者（進学者·臨床研修医を除く）の就職率

出典：「学校基本調査」

た。この状態が四年ほど続き、さらに多くの若者たちが無業者、または非正規労働者となっていった。これが**図表9・4**と**9・5**でみた、いちばん若い世代の若者たちであり、初職の非正規雇用と無業者は二五％を超えている。その後は就職状況が好転し、二〇一七年には就職率が高卒者で六一・〇％、大卒者で八五・五％まで回復するが、それでも両方合わせて一二万人近くがフリーター・無業者となっている。こうして第9章で示した新しい下層階級は、毎年若者たちから補充されていった。

ここで、新しい下層階級の規模を推計してみよう。**図表10・3**は、労働者階級のうち非正規労働に従事している人（専門職・管理職を除く非正規雇用者、以下「非正規労働者」と呼ぶ）の数の推移をみたものである。九二年には、非正規労働者の総数は約九九二万人で、その六割以上が有配偶女性、つまりパート主婦で、独身男女は少なかった。ところがその後、独身の非正規労働者が激増する。一二年には男性で三・〇倍、女性で二・五倍にまで増加し、実数ではそれぞれ二四六万人、四〇二万人に達した。有配偶男性も、かなり増加し、二八一万人に達している。ここには、正社員としての普通のキャリアを経た後に、嘱託や契約社員などとして働く中高齢者も含まれるが、いずれにしても正規雇用の労働者階級（以下、「正規労働者」と呼ぶ）とは比べものにならない低賃金で働いていることに変わりはない。これらパート主婦以外の非正規労働者の総数は九二九万人、非正規労働者全体に

図表10·3　性別·配偶関係別にみた非正規労働者の人数

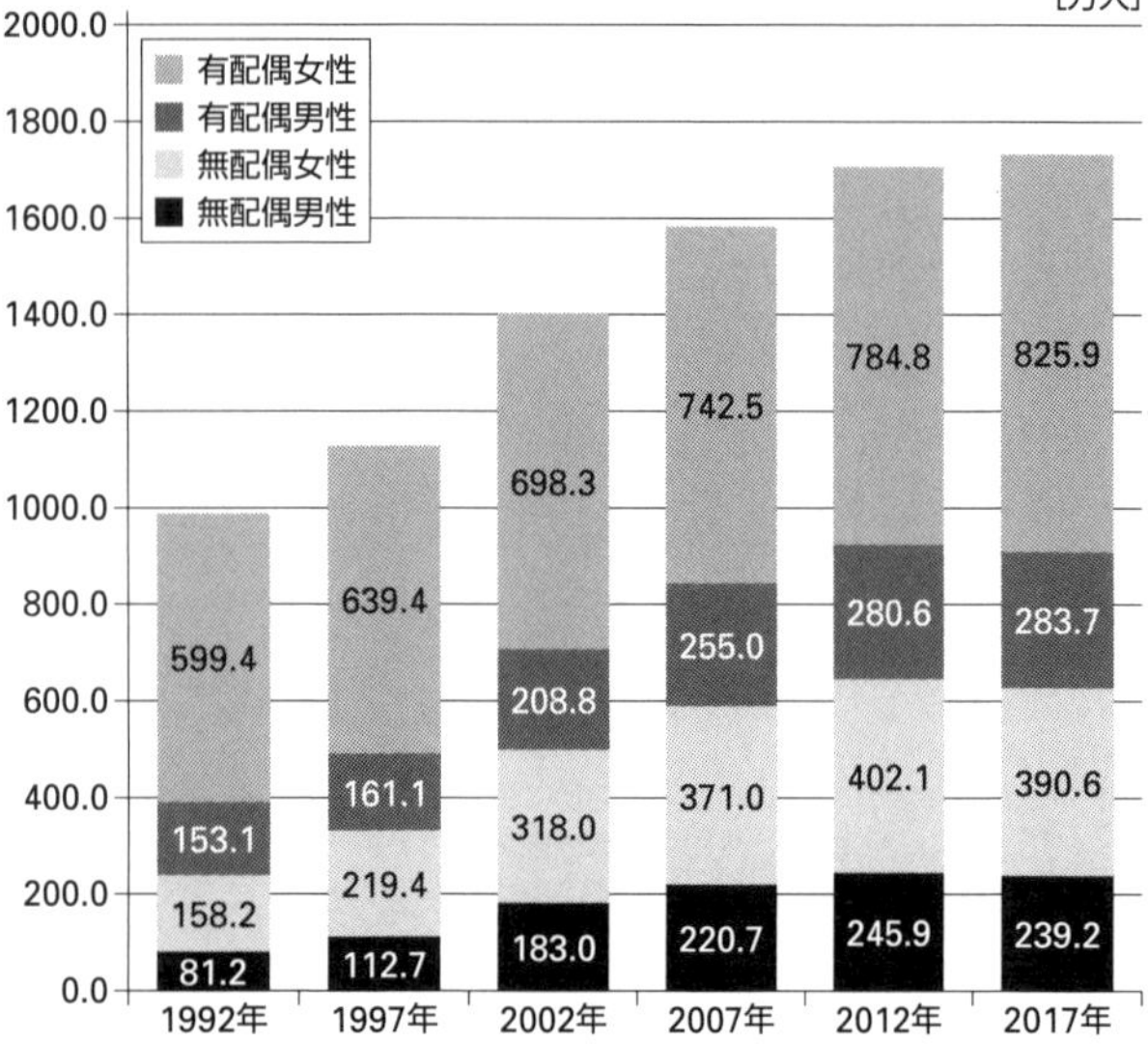

出典：「就業構造基本調査」より。
1992年から2002年は個票データから、2007年から2017年は
公表されている集計表から算出した。
［注］在学者、専門職・管理職は除く。職種不明の被雇用者を含む。
個票データの使用にあたっては、一橋大学経済研究所附属社会科学統計情報研究センター
から秘匿処理済みミクロデータの提供を受けた。

占める比率は五四・二％で、パート主婦を逆転した。二〇一七年になると、新卒者の就職状況が好転したこと、若年者の一部で非正規から正規への移行が起こったことから[3]、パート主婦以外の非正規労働者は微減して九一三万人となったが、依然として高水準で、非正規労働者に占める比率は五二・五％となっている。

第7章で示したよう

に、もともと日本の貧困層のひとつの典型は、独身女性たちだった。女性の賃金が低いことが、職業をもつにもかかわらず貧困から抜け出すことのできない女性ワーキングプアを生み出していたのである。ところが、非正規労働が男性にも拡大することによって独身ワーキングプアの裾野は広がり、さらに未婚化が進行することによって、女性を含めたその規模が拡大したのである。

　これら低賃金の非正規労働者を、家族で生活できる賃金を得ている正規労働者と、同一のグループとみなすことができるだろうか。

　両者の間には、まず大きな賃金格差がある。正規労働者の平均個人年収（男女計、以下同じ）が三七〇万円であるのに対して、非正規労働者は一六八万円にすぎない。パート主婦を除外しても二二七万円で、しかもこの数字は年金を受給しながら非正規で働く高齢者を含むので、五九歳以下に限れば一八六万円と低くなる。資本家階級は六〇四万円、新中間階級は四九九万円、旧中間階級は三〇三万円で、以上を合計した就業者全体の平均収入は三四九万円である。つまり、資本主義経済に位置する階級のうち、資本家階級、新中間階級、そして正規労働者の平均収入は、いずれも全体平均を上回っており、非正規労働者のみが全体平均を下回るのである。

　もっとも非正規労働者のなかには、極端に労働時間の短い人々もいるし、階級による労

図表10・4　各階級の個人収入・労働時間・時間あたり収入

	個人収入	週あたり労働時間	1時間あたり収入
資本家階級	569万円	48.4時間	2702円
新中間階級	502万円	44.0時間	2358円
正規労働者	374万円	44.8時間	1721円
非正規労働者	186万円	36.3時間	1058円
パート主婦	110万円	26.0時間	918円
旧中間階級	305万円	43.5時間	1768円
全体	359万円	40.9時間	1785円

出典：2015年SSM調査より算出。59歳以下。
［注］個人収入の平均値は財産収入等を含む。

働時間の違いも無視できない。そこで、次のような計算を行なってみよう。二〇一五年SSM調査には、労働時間についての設問がある。回答から得られた個人年収を労働時間で割って、労働時間一時間あたりの収入を算出する。[4] 年金生活者がいると結果が不正確になるので、五九歳以下に限定し、またパート主婦はその他の非正規労働者から区別しておこう。結果をまとめたのが、**図表10・4**である。[5]

時間あたり収入からみると、これらの人々は三つのグループに分けられる。時間あたり収入が全体平均を大きく上回る資本家階級と新中間階級、ほぼ平均に等しい正規労働者と旧中間階級、そして平均を大きく下回る非正規労働者とパート主婦である。

第2章で述べたように、現代の階級理論では、専門的な技能・資格や組織内の高い地位は、生産手段と同じように、搾取の基盤になりうるとされている。これらを有する人々は、平均的な労働者を大きく上回る時間あたり報酬を得ているが、これは彼ら・彼女らが、その特権的な立場を利用して、労働者階級を搾取しているからである。したがって資本家階級だけではなく、新中間階級のかなりの部分も、搾取する側に属しているということができる。しかし現実には、正規労働者の時間あたり収入は全体平均とほぼ等しいから、重い搾取を受けているとはいえない。それでは、資本家階級と新中間階級の高い収入は、どうして可能になっているのか。それは、主に非正規労働者を搾取することによって、と考える他はない。

　それだけではない。大企業の正規労働者は、多くの派遣社員やパート、そして業務請負を含む下請企業の低賃金の上で、相対的に高い賃金を得ている。多様な雇用形態の間の均等待遇が実現せず、正規雇用と非正規雇用の間に極端に賃金格差があるなかで、非正規雇用が拡大したことにより、すでに「大企業の正社員であること」は、搾取の基盤となりうる「地位」の一種に変質したとすらいうことができる。したがって大企業の正社員、とくに男性正社員であれば、たとえマニュアル労働者だとしても、非正規労働者を搾取している可能性がある。非正規雇用の労働者は、不安定な雇用のもと、極端な低賃金で働いている。正規労働者は、彼ら・彼女らの犠牲のおかげで苛烈な搾取を受けずに済み、それなりに安定した生活を送ることができるのである。

労働者階級は、これまで資本主義社会の最下層階級だと考えられてきた。しかし最近まで、労働者階級といえども大部分の男性たちは、それなりに安定した職業をもち、家計の中心になるのに必要最低限の収入を保障されてきた。女性が結婚後に就くことのできるのは、多くの場合はパート労働に限定されていたが、夫がこのように家計の中心になりうる収入を得ている限り、生活に大きな不安はなかった。こうして労働者階級も、結婚して家族を形成し、次世代を再生産することが可能だったのである。

これに対して新しく出現したこの下層階級は、低賃金のため家族を形成することが難しい。仮に結婚することができたとしても、子どもを産み育てることは難しい。つまり、結婚と出産・子育てによって、世代的に再生産することが困難な状態におかれている。**図表10・5**は、非正規労働者からパート主婦を区別して、各階級の配偶関係と子どもの有無をみたものである。非正規労働者の未婚率は、男性で六六・四％、女性で五六・一％と高い。子どものいる人の比率も、男性では二九・二％にすぎない。女性の場合は離死別を経て非正規労働者となっている人が四三・九％いることもあって、四七・七％に子どもがいるが、他に比べれば少ない。

このようにパート主婦以外の非正規労働者は、その極端な低賃金、家族形成と次世代を再生産することの困難といった点から考えて、労働者階級の最下層であるというにとどま

図表10-5 各階級の配偶関係と子どもの有無

【男性】	未婚	有配偶	離死別	子どもあり
資本家階級	20.0%	75.2%	4.8%	69.7%
新中間階級	19.9%	77.9%	2.2%	72.8%
正規労働者	33.1%	61.1%	5.7%	61.6%
非正規労働者	66.4%	25.7%	7.9%	29.2%
旧中間階級	19.6%	74.0%	6.4%	68.7%
全体	28.4%	67.0%	4.6%	64.8%
【女性】	**未婚**	**有配偶**	**離死別**	**子どもあり**
資本家階級	10.3%	83.8%	5.9%	82.1%
新中間階級	23.6%	68.0%	8.4%	68.5%
正規労働者	35.7%	52.6%	11.7%	55.8%
非正規労働者	56.1%	–	43.9%	47.7%
パート主婦	–	100.0%	–	91.1%
旧中間階級	15.9%	75.0%	9.1%	73.6%
全体	21.6%	68.3%	10.1%	71.3%

出典：2015年SSM調査より算出。59歳以下。

らず、伝統的な意味での「労働者階級」以下の存在とすらいうことができる。つまり、アンダークラスである。

アンダークラス（underclass）はかなり古くから使われている言葉だが、これを現代社会における新しい下層階級という意味で最初に使ったのは、スウェーデン出身の経済学者、グンナー・ミュルダールである（ただし彼はundr-classと、間にハイフンを入れていた）。彼によると技術革新と高等教育の普及により、労働需要は教育と訓練を受けた人々にばかり向けられるようになり、これらを受けていない人々は失業するか、あるいはきわめて低賃金の職に就くしかなくなっている。こうして生まれた「永久的な失業者、就職不可能者および不完全雇用者」を、ミュルダールはアンダークラスと呼んだのである[6]。のちにこの言葉は、大都市中心部に住む主に少数民族の貧困層を指す言葉として使われるようになった。しかし米国ジャーナリズムの世界、そして主に保守派の社会科学者の間では、彼ら・彼女らの文化的異質性や、無気力や退廃、福祉など社会支出負担の源泉としての側面がしばしば強調され、差別的なニュアンスをもつ言葉として流布するようになった。このためアンダークラスという用語を用いることに対しては、福祉制度を支持するリベラル派などからの批判が多い。

しかし階級や社会階層に関する研究者の間では、この用語を人種や民族とはひとまず切り離し、その経済的な状況に関する概念として使おうとする論者も多い。それは現実に、伝統的な労働者階級とはさまざまな意味で異なる貧困層が、現代の先進国の社会に共通に存在するからだろう。

新しい下層階級の出現は、多くの先進諸国で共通に指摘されている。国によって何種類かの用語が使われており、エスピン＝アンデルセンによると、こうした新しい下層階級、あるいはこれらの人々を最底辺とする階級構造は、デンマークでは「Ａチーム」「Ｂチーム」、ドイツでは「三分の二社会」、フランスでは「二つのスピードの社会」、英国と米国では「アンダークラス」と呼ばれている。[7] しかしこれらの用語のなかでも、この新しい下層階級をもっとも的確に表現しているのは「アンダークラス」だろう。直訳すれば「階級以下」となるこの言葉には、これまで考えられてきた下層階級よりも、さらに下に位置する人々が出現したという意味が込められている。

現代日本のアンダークラスは、**図表10・3**に示したように、二〇一七年時点で九一三万人、就業人口の一四・四％に達する。その規模は、一九九二年が三九三万人（六・一％）、一九九七年が四九三万人（七・六％）、二〇〇二年が七一〇万人（一一・三％）、二〇〇七年が八四七万人（一二・二％）、二〇一二年が九二九万人（一四・九％）で、実数、比率とも急増してきた。一七年は微減したが、正規労働者階級（二一九四万人、三四・五％）の四割を超え、旧中間階級（七五二万人、一一・八％）を大きく引き離した。それは、現代日本の階級構造の例外的な少数者ではない。すでに、階級構造の主要な構成要素のひとつである。

図表10·6 2015年の経済格差

［万円］

		個人年収	世帯年収
資本家階級		733.1	990.4
新中間階級	全体	599.3	806.8
	1-29人	415.1	583.3
	30-999人	554.0	754.8
	大企業·官公庁	674.0	901.1
労働者階級	全体	371.2	547.6
	1-29人	307.9	465.1
	30-999人	367.6	559.0
	大企業·官公庁	461.6	625.2
正規労働者		422.8	597.7
非正規労働者		262.9	440.6
旧中間階級		396.3	584.3

出典：2015年SSM調査データより算出。20-69歳、男性のみ。

3 アンダークラスの悲惨

アンダークラスの出現によって、日本の格差の構造はどのように変わっただろうか。これまでの各章と同じ形式で、男性の経済格差と貧困率をみたのが、**図表10・6**と**図表10・7**である。ただし農民層は就業人口の三%以下ときわめて小さくなってしまったことから、自営業者層と区別せずに旧中間階級と一括した。前章の**図表9・8**と**図表9・9**に示した二〇〇五年の数字と比較しながらみていこう。

四階級分類でみた場合、個人年収はすべての階級で減少している。減少幅は旧中間階級がもっとも大きく、二〇〇五年の四七九万円から二割以上も減少している。自営業の経営環境が悪化したことのほか、高齢化が進んだことが背景にあるものと考えられる。もっとも減少幅が小さいのは労働者階級で、このため新中間階級との格差はわずかに縮小したが、問題はその中身である。実は正規労働者の個人年収は、四〇四万円から四二三万円へと増加している。これに対して非正規労働者は二七三万円から二六三万円へと減少している。労働者階級内部の格差が拡大したのである。世帯年収の方は、個人年収ほど顕著ではないものの、資本家階級と正規労働者以外では減少している。

図表10・7 2015年の貧困率

[%]

		2005年	2015年	変化
全体		13.7	12.3	-1.4
資本家階級		4.1	4.3	0.2
新中間階級	全体	1.9	1.6	-0.3
	1-29人	6.3	5.6	-0.7
	30-999人	2.7	1.2	-1.5
	大企業・官公庁	0.0	1.0	1.0
労働者階級	全体	13.4	11.0	-2.4
	1-29人	22.3	15.1	-7.2
	30-999人	7.9	10.1	2.2
	大企業・官公庁	7.7	6.9	-0.8
正規労働者		8.7	6.9	-1.8
非正規労働者		29.2	19.8	-9.4
旧中間階級		15.3	19.0	3.7
無職		37.2	35.3	-1.9

出典：SSM調査データより算出。男性のみ。

貧困率は、全体では一三・七%から一二・三%へと、わずかに低下した[8]。厚生労働省の統計でも、この間の貧困率はほぼ横ばいだから、大きな変化がなかったことはたしかだろう。二〇〇五年と比較すると、旧中間階級の貧困率が四%近く上昇しているが、意外なことに非正規労働者の貧困率は一〇%近くも低下している。世帯年収は減少しているのに貧困率が低下したのは、一人暮らしが増えたからである。実はここには、高齢者が非正規労働者として働くケースが多くなり、そのかなりの部分が年金を受給していることが関係している。乏しい年金だけでは生活できないことから非正規で働き、これによって貧困に陥ることを回避する高齢者が増えたのである。

　このように、アンダークラスの内部は一枚岩ではない。前章でも示唆しておいたが、二〇〇五年時点の五〇歳以上と未満、つまり二〇一五年時点の六〇歳以上と未満とでは、その性質に大きな違いがある。下の世代には初職から非正規労働者だった人が多く、無配偶者の比率が高いが、上の世代には長年にわたって正社員として働き、普通に結婚して家庭を形成した後に、老後の生活の支えのために働く人々が多く含まれる。しかも上の世代の多くは、二〇一五年時点では年金受給者となっているから、経済的な安定度は高い。

　そこでまず、アンダークラスを五九歳以下と六〇歳以上に分け、五九歳以下のアンダークラスの特徴を他の階級との比較で明らかにしたあとで、六〇歳以上の高齢アンダークラスの特徴をみることにしよう。

　図表10・8は、それぞれの階級の人数・構成比から、経済状態、教育水準、これまでの経験、健康状態、そして政党支持まで、各種の指標や回答を比較したものである。アンダークラスを中心に、みていくこととしよう。

　先述のようにアンダークラスの規模は九一三万人、就業人口に占める構成比は一四・四

%で、旧中間階級を大きく上回る。女性比率は四二・八%で、五つの階級のうちでもっとも高い。週平均労働時間は三六・三時間と他に比べれば短いが、実際には全体の五〇・九%までが週四〇時間以上働いており、フルタイムと変わらない人が過半数である。

ちなみに職種は、男性ではマニュアル職が約六割、女性では事務、販売、サービス、マニュアル職がほぼ四分の一ずつである。二〇一五年ＳＳＭ調査の回答者には五九歳以下のアンダークラスが三三九人いたが、その職種を具体的にみると、一〇人以上になるのは販売店員（四七人）、総務・企画事務員（二〇人）、料理人（一八人）、給仕係（一八人）、清掃員（一五人）、スーパー等のレジスター係・キャッシャー（一三人）、倉庫夫・仲仕（一二人）、営業・販売事務員（一一人）、介護員・ヘルパー（一一人）、その他の労務作業者（一〇人）の一〇職種だった。ここまでには製造現場で働くマニュアル職が出てこないが、これはマニュアル職の職業分類が細かくてそれぞれの人数が少ないからで、九人以下になると「味噌・醤油・缶詰食品・乳製品製造工」「飲食料品製造作業者」「電気機械器具組立工・修理工」などが続々と出てくる。アンダークラスの職業は、販売店員と非正規の事務職に加えて、ビジネスや人々の生活を下支えする、さまざまなサービス職とマニュアル職であることがわかる。

個人の平均収入はわずか一八六万円で、正規労働者の約半分、新中間階級の三分の一を

新中間階級	正規労働者	アンダークラス （非正規労働者）	旧中間階級
1450万人	2194万人	913万人 （他にパート主婦 826万人）	571万人
22.8%	34.5%	14.4% （他にパート主婦 13.0%）	11.8%
33.4%	35.8%	42.8%	33.4%
43.4時間	44.5時間	36.3時間	40.6時間
499万円	370万円	186万円	303万円
798万円	630万円	343万円	587万円
18.0%	31.0%	66.4%	10.2%
79.4%	62.4%	25.7%	82.9%
2.6%	6.6%	7.9%	6.9%
22.5%	33.5%	56.1%	8.1%
68.2%	54.3%	-	77.5%
9.3%	12.2%	43.9%	14.4%
2.6%	7.0%	38.7%	17.2%
5.9%	14.5%	31.5%	11.1%
61.4%	30.5%	27.7%	27.2%
3.5%	5.1%	12.0%	8.3%
87.2%	88.0%	66.7%	76.0%
18.1%	14.9%	31.9%	15.8%
11.1%	15.0%	23.2%	18.4%
8.0%	7.2%	20.0%	8.7%
14.6%	18.8%	31.0%	14.7%
6.8人	7.7人	4.8人	7.5人
7.8人	8.6人	5.0人	9.0人
36.3%	35.6%	18.6%	32.5%
42.8%	26.5%	11.9%	31.0%
64.1%	52.6%	38.4%	53.4%
19.4%	29.0%	50.4%	25.9%

[注]「アンダークラス」は、20-59歳で、パート主婦（非正規雇用に従事する有配偶女性）以外の非正規雇用で働く労働者階級。アンダークラス以外は60歳から79歳までを含むので、配偶関係の数字は図表10・5と異なる。「健康状態がよくない人の比率」は「よくない」「あまりよくない」の合計。「自分を『人並みより上』と考える人の比率」は「上」と「中の上」の合計。「自分は幸せだと考える人の比率」は10点満点で幸福度を尋ねる設問で7点以上の人の比率。資本家階級と旧中間階級にも労働組合加入者が少数いるが、数字は割愛した。

図表10・8 5つの階級のプロフィール

		資本家階級
人数		219万人
全就業者に占める割合		3.5%
女性比率		36.7%
週平均労働時間		45.1時間
個人の平均収入		604万円（従業員30人以上では861万円）
世帯の平均収入		1060万円（従業員30人以上では1244万円）
配偶関係（男性・一部再掲）	未婚	12.9%
	有配偶	81.4%
	離死別	5.7%
配偶関係（女性・一部再掲）	未婚	7.0%
	有配偶	86.8%
	離死別	6.1%
貧困率		4.2%
資産ゼロの世帯の比率		3.5%
高等教育を受けた人の比率		42.3%
最終学校を中退した人の比率		4.5%
卒業後すぐに就職した人の比率		83.8%
学校でいじめにあったことのある人の比率		8.3%
健康状態がよくない人の比率		12.6%
うつ病その他の心の病気で診断・治療を受けた人の比率		7.5%
K6得点が9点以上の人の比率		11.9%
親しくし、頼りにしている家族・親族の数		8.5人
親しくし、頼りにしている友人・知人の数		20.7人
生活に満足している人の比率		45.1%
自分を「人並みより上」と考える人の比率		56.2%
自分は幸せだと考える人の比率		67.9%
将来の生活に「とても不安を感じる」人の比率		13.6%

出典：「人数」と「全就業者に占める割合」「女性比率」は「2017年就業構造基本調査」より算出で、対象は15歳以上。「卒業後すぐに就職した人の比率」「最終学校を中退した人の比率」「学校でいじめにあったことのある人の比率」「健康状態がよくない人の比率」「うつ病その他の心の病気で診断・治療を受けた人の比率」「K6得点が9点以上の人の比率」「親しくし、頼りにしている家族・親族の数」「将来の生活に『とても不安を感じる』人の比率」は2016年首都圏調査データより算出で、対象年齢は20-69歳。その他は「2015年SSM調査データ」より算出で、対象年齢は20-79歳。

少し上回る程度である。世帯収入でみても三四三万円と少なく、貧困率は三八・七％に達している。貧困率が**図表10・7**より大幅に高いのは、六〇歳以上アンダークラスの貧困率が一八・五％と低いこと、さらに男性より貧困率が高い女性を含んでいるからである。ちなみに女性だけだと貧困率は四八・五％に達する。資産ゼロの世帯の比率も、三一・五％に達している。

　すでに**図表10・5**でも示したが、きわだった特徴は男性で有配偶者が少なく、女性で離死別者が多いことである。男性の有配偶者はわずか二五・七％で、未婚者が六六・四％を占めている。アンダークラス男性が結婚して家族を形成することが、いかに困難かがよくわかる。女性では離死別者が四三・九％だが、この比率は年齢とともに上がり、二〇歳代では一一・五％だが、三〇歳代では三七・五％、四〇歳代では六〇・九％、五〇歳代では八〇・〇％に達する。若い世代を中心に未婚のままアンダークラスであり続けてきた女性が多い一方で、既婚女性が離死別を経て、大量にアンダークラスに流れ込んでくるのである。

　高等教育を受けた人の比率（入学後に退学した者を含む）は二七・七％と高くないが、正規労働者と大差はない。それより特徴的なことは、最終学校を中退した人が一二・〇％と多いこと、そして卒業後すぐに就職した人の比率が六六・七％と少なく、卒業から就職までに空白期間がある人が多いことである。また学校でいじめにあった経験をもつ人が三一・九%と多く、他の階級の二倍から四倍近くに上っていることも注目される。どうやらアンダークラスは、学校教育からの排除、そして学校から職業への移行の失敗から生み出されてくる部分が多いようである。

　貧困、そして安定した家族関係に恵まれていないことから容易に想像できるが、健康状態のよくない人が多い。健康状態がよくないと自覚している人の比率は二三・二%と、他の階級の二倍前後に上っている。想像以上だったのは、精神面で問題を抱える人が多いことである。うつ病などの心の病気で診断や治療を受けたことのある人は二〇・〇%に上っており、他の階級の約三倍である。Ｋ６得点というのは、「いらいらする」「絶望的な感じになる」「何をするのもおっくうな気持ちになる」「自分は何の価値もない人間のような気持ちになる」などの設問からなる、抑うつ傾向を測定するための尺度で、この得点が九点以上だとうつ病や不安障害の可能性が高いとされている。アンダークラスでは九点以上の比率が、なんと三一・〇%で、他の階級の二倍から三倍である。

　このように心の問題を抱える原因のひとつは、社会的に孤立しがちなことだろう。親しくし、頼りにしている家族・親族の数の平均値は四・八人で、他の階級の半分から三分の二程度である。同じように友人・知人の数も五・〇人と少なく、とくに男性はわずか三・

二人である（女性は六・〇人）。当然ながら生活に満足している人の比率は低く、わずか一八・六％にすぎない。自分を「人並みより上」と考えている人の比率に至ってはわずか一一・九％で、正規労働者の半分を大きく下回り、他の階級と比べれば三分の一から五分の一程度である。自分は幸せだと考える人の比率は三八・四％で、五つの階級で唯一、半数を下回っている。将来の生活に強い不安を抱く人も、過半数に上っている。

アンダークラス以外の四つの階級の間に、格差がないというのではない。収入には大きな格差があるし、これを背景に生活満足度や「人並みより上」という意識、将来への不安などにも、かなりの違いがある。しかしそれでも、アンダークラスとそれ以外の四つの階級の間の違いはきわだっている。それは、程度の違いはあってもそれぞれに安定した生活を送り、結婚して家族を形成することができ、文字通りかそれなりにかの違いはあっても、さほど強い不安もなく、満足した生活を送り、自分を幸せだと思うことのできる人々と、これができない人々の違いである。

アンダークラスとは別にもうひとつ、忘れてはならない人々の集群がある。それは、失業者・無業者である。失業者・無業者の多くには非正規雇用の経験があり、やがて非正規労働者となる可能性も高い。いわば、アンダークラスと隣り合わせの人々である。これらの人々は、どれくらいの規模になるだろうか。

図表10·9 男性失業者·無業者と無配偶女性の失業者·無業者
［20-59歳·万人］

	男性	女性			合計
		未婚	離死別	合計	
完全失業者	77	30	7	37	114
非労働力·その他	109	37	9	46	155
合計	186	67	16	83	269

出典:「労働力調査」(2017年)より。

近年、日本の失業率は下がり続けており、「労働力調査」によると二〇一八年の完全失業率は二・四％、完全失業者数は一六六万人だった。これに対して仕事をしているのでも失業しているのでもない非労働力人口は二七二一万人、このうち通学しているのでも家事に従事しているのでもない、「その他」に分類される人々は一一一七万人だった。これが無業者である。しかし無業者といっても、まだ就業状態が定まっていない一〇代の若者や、引退した高齢者は含めない方がいいだろう。また家事をしていない場合でも、既婚女性はアンダークラスと連続しているわけではないので、含めない方がいいだろう。そこで、二〇歳から五九歳までの男性と配偶者のいない女性について、失業者と無業者の数をまとめたのが、**図表10·9**である。無業者は男性一〇九万人、女性四六万人の計一五五万人で、失業者の一一四万人を大きく上回っている。両者を合計した二六九万人が、アンダークラスと隣り合わせの失業者・無業者である。

図表10·10は、失業者・無業者の特徴をみたものである。年

齢は幅広く分布しているが、四〇歳代以上が六割を占める。前職はアンダークラスが四割以上を占めており、アンダークラスとの連続性が強いことがわかる。正規労働者も二三・〇%と多いが、就業経験のない人が一八・〇%に上っていることも注目される。無職期間は一年以内と一―三年で過半数だが、一〇年以上が一四・八%など、かなり長い人も多い。以下の項目については、**図表10・8**と比較すると、これらの人々の特徴がよくわかる。学校でいじめにあった経験をもつ人は実に四三・三%で、アンダークラスをも大きく上回る。

図表10・10　失業者・無業者の実像

年齢	20歳代	18.7%
	30歳代	21.3%
	40歳代	29.0%
	50歳代	31.0%
前職	新中間階級	6.6%
	正規労働者	23.0%
	アンダークラス	41.0%
	その他・不明	11.5%
	就業経験なし	18.0%
無職期間	1年以内	27.9%
	1-3年	24.6%
	4-9年	26.2%
	10年以上	14.8%
	不明	6.6%
学校でいじめにあったことのある人の比率		43.3%
健康状態のよくない人の比率		46.7%
うつ病その他の心の病気で診断・治療を受けた人の比率		20.7%
K6得点が9点以上の人の比率		56.4%
将来の生活に「とても不安を感じる」人の比率		51.7%

出典:年齢は「労働力調査」による。
その他は2016年首都圏調査データより算出。
[注]「健康状態がよくない人の比率」は
「よくない」「あまりよくない」の合計。

図表10・11　高齢者の経済状態

	男性アンダークラス	無職男性	女性アンダークラス	パート主婦	単身無職女性	専業主婦
個人年収	293万円	263万円	193万円	137万円	157万円	96万円
うち年金	112万円	209万円	81万円	50万円	131万円	76万円
年金受給率	77.3%	89.5%	85.3%	66.5%	93.3%	83.9%
世帯年収	459万円	409万円	312万円	475万円	247万円	458万円
世帯の金融資産	825万円	1742万円	501万円	1383万円	1056万円	1832万円
1ヶ月あたり生活費	20.1万円	20.9万円	16.1万円	21.1万円	14.9万円	21.1万円

出典：2015年SSM調査データより算出。

健康状態のよくない人も四六・七％に上っており、K6得点が九点以上の人はなんと五六・四％である。その割には、うつ病などの診断・治療を受けたことのある人が二〇・七％とアンダークラス並みにとどまっているところをみると、心の病気を抱えたまま診断・治療を受けずにいる人が多いのだろう。将来の生活に強い不安を感じる人は、アンダークラスと同様に過半数に上っている。アンダークラスと同等か、それ以上に多くの問題を抱える人々である。

おそらく、主に病弱が原因で働くことのできない人々も含まれるが、これらの人々も広い意味でのアンダークラスだと考えるなら、その数は合計で一一八二万人ということになる。

最後に、六〇歳以上の高齢アンダークラスについてみておこう。**図表10・11**は、六〇歳以上高齢者のうち、経営者・自営業者でも専門職・管理職でも正規雇用者でもない人々について、その経済状態をみたものである。男性はアンダークラスと無職に、女性はアンダークラス、パート主婦、単身の無職女性、専業主婦の四つに分けて集計している。

男性アンダークラスは、平均で年間一一二万円の年金を受けとり、その上で非正規雇用の職によって百数十万円を稼ぎ、二九三万円の個人年収を確保している。これに対して無職男性は、二〇九万円の年金を受けとり、これを含めて二六三万円の年収を得ている。年金に一〇〇万円近くの差があるが、さらに差が大きいのは資産で、無職男性が一七四二万円もの金融資産を有しているのに対して、アンダークラス男性の金融資産は八二五万円にすぎない。つまり一定以上の年金と金融資産のある高齢男性は無職でいられるのに対して、そうでない高齢男性は非正規の職について生活費を確保しなければならないのである。年収はアンダークラスの方が多いのに、一ヶ月あたり生活費は無職男性の方が多いのは、貯金の取り崩しがあるからだろう。

女性にも、同様のことがいえる。女性アンダークラスは年金がわずか八一万円、金融資産も五〇一万円にすぎない。これでは生活できないから、非正規雇用の職に就いて一九三万円の個人年収を確保しているが、それでも一ヶ月あたりの生活費はわずか一六・一万円である。これに対して専業主婦は、自分の年金収入七六万円を含めて世帯収入が四五八万円あり、しかも金融資産は一八三二万円に達している。このため職をもたないまま安定した老後を過ごすことができるのだろう。パート主婦は、女性アンダークラスと専業主婦の中間に位置するといっていいが、一ヶ月あたりの生活費が二一・一万円で専業主婦と同額になっており、豊かな老後を過ごすためのパート労働という側面もあるのかもしれない。単身無職女性は、年金収入が一三一万円、金融資産が一〇五六万円あり、女性アンダークラスを大きく上回る。一ヶ月あたりの生活費は一四・九万円と女性アンダークラスをも下回るが、逆にいえば働かなくてもこの程度の生活ならできる、ということだろう。

このように高齢アンダークラスは、老後の生活を支えるに足りる年金と資産に欠けているために、就労を余儀なくされている人々である。しかし、五九歳以下のアンダークラスに比べれば、まだ恵まれているのかもしれない。なぜなら彼ら・彼女らの多くは、本人または死別した夫が正社員として長年働いていたために、少ないとはいえある程度までの年金と資産を有しているからである。しかし次の世代のアンダークラスには、そのような年金も資産もない場合が多いはずだ。彼ら・彼女らが高齢期を迎える二〇三〇年代、日本のアンダークラスは、第一に正規雇用で働いた経験のない、あるいは乏しい若者から高齢者まで、第二に退職後に非正規で働く高齢者という、二つの要素から構成される形で安定する。日本のアンダークラスは、その全貌を現すのである。

4 日本の階級社会に未来はあるか

アンダークラスを生み出し拡大させてきたこと、これが一九八〇年代から始まった日本の格差拡大過程がもたらした、最大かつ最悪の結果だといってよい。そしてこの過程で、日本経済は根本的に変質してしまったようである。

図表10・12は労働経済学者の石水喜夫が作成したグラフで、一九八〇年代後半から二〇一〇年代までの日本企業の利益率の上昇と実質賃金の関係をみたものである。両者の関係からみると、三つの時期が区別される。第Ⅰ期は一九八六年から九七年までで、企業の利益が増加すれば賃金も上昇するという、常識的な関係が成立している。ところが第Ⅱ期になるとこの関係が崩れ、利益が増えても賃金が上昇しなくなる。そして二〇一一年以降になると、なんと利益と賃金は逆相関するようになる。こうして日本経済は「ついに、賃金を削って利益を確保する、『第Ⅲ期』へと移行した[9]」のである。

利益を確保するために賃金を下げれば、当然ながら消費は低迷する。しかも被雇用者内部の格差も拡大しているから、貯金や投資に回す余裕のある高賃金の人々の取り分が増え、賃金のほぼ全額を消費に回すしかない、アンダークラスなど低賃金の人々の取り分は減っ

図表10・12　利益率上昇過程における実質賃金の推移

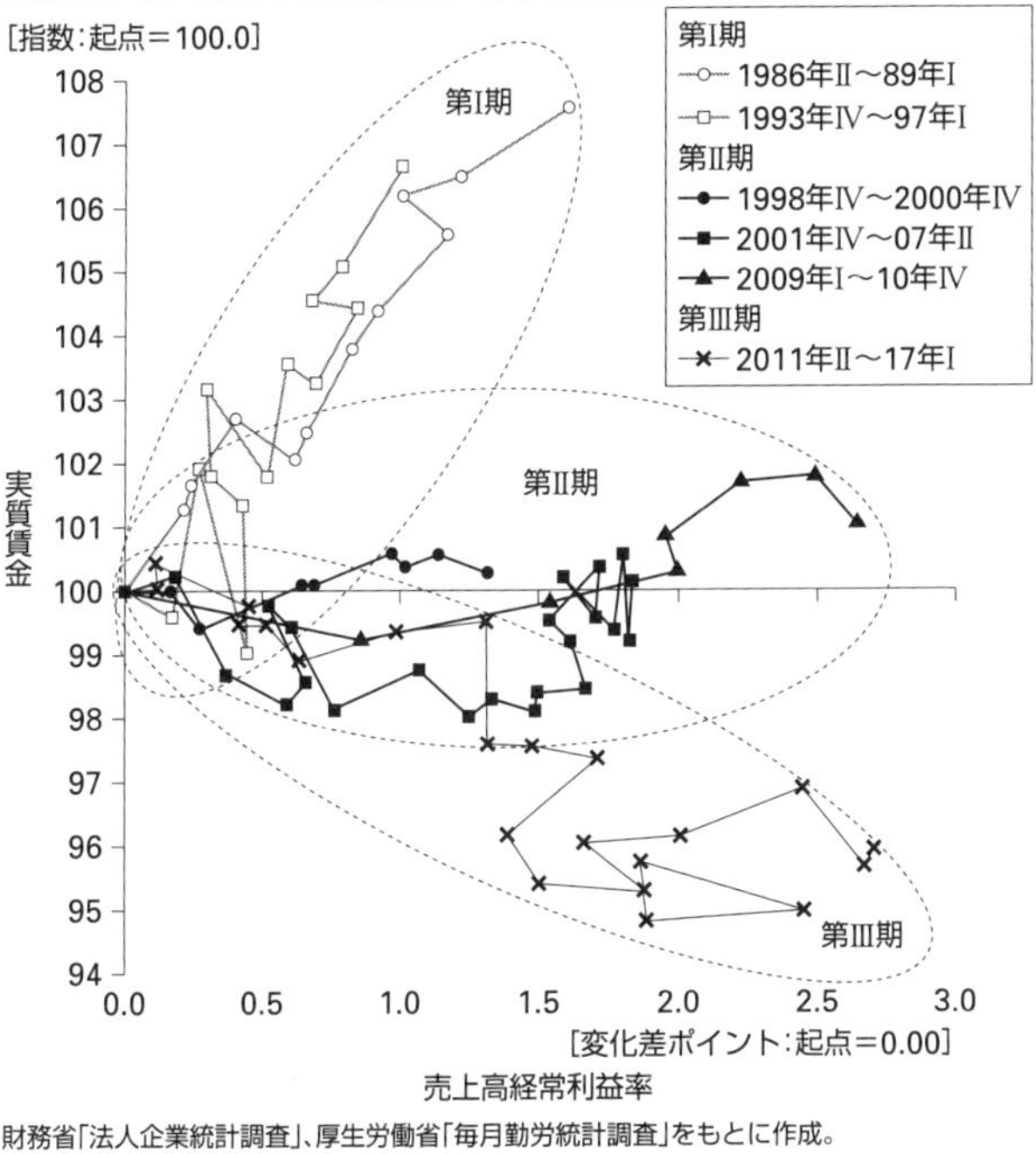

財務省「法人企業統計調査」、厚生労働省「毎月勤労統計調査」をもとに作成。
[注]【1】売上高経常利益率は経常利益を売上高で除した百分率で、
全産業（金融業、保険業を除く）、全規模の値である。
【2】実質賃金は現金給与総額を消費者物価指数（持ち家の帰属家賃を除く総合）で
除した指数で、調査産業計、事業所規模30人以上の値である。
【3】数値は四半期系列の季節調整値である。
【4】景気拡張期間と対照し、売上高経常利益率が上昇している過程をとった
（景気の谷以前にボトムがある場合は、ボトムの値から起算し、
期間は右上に示した（四半期はⅠ～Ⅳで示した））。
【5】売上高経常利益率は起点からの変化差として、
実質賃金は起点を100.0とした指数として示した。
【6】利益率の上昇に伴う実質賃金の推移を、
1.実質賃金が上昇した過程、2.実質賃金が概ね横ばいであった過程、
3.実質賃金が低下した過程、の3つに分類するとともに、
こうした過程が時系列に生じたことから、第Ⅰ期、第Ⅱ期、第Ⅲ期と順序づけを行った。
出典：石水喜夫「会社の行方」

ている。ますます消費は低迷する。また確保された利益は、株主に配当されるか、内部留保としてため込まれるが、いずれにしても消費に回されるのはわずかである。これでは景気がよくなるはずはない。

事態を改善するためには、政治を変える必要がある。なぜなら、政治というもののもっとも基本的な機能は、社会的資源を配分したり再配分したりすることだからである。政府は、税金や社会保険料などを集め、その使い道を決定する。集める前と集めたあと、そして集めた資金を使う前と使ったあとでは、格差の構造が変わる。格差を大きくすることもできれば小さくすることもでき、その結果は階級によって違ってくる。ここから、多くの政治的争点が浮上してくる。格差について語ることは、政治について語ることである。

だから、これまでしばしばみてきたように、格差に対する認識の仕方は、政治的立場と強く結びつく。本書で用いてきたような階級分類も、資本と労働の対立を社会の基本的な骨格とみなしているという意味で、それ自体が政治的性格を免れない。しかし同じ意味で、「一億総中流」という図式も、やはり政治的である。なぜならそれは、この社会はすべての人が豊かな生活を送る平等な社会なのだから、いまある政治のあり方を変える必要はないという認識と結びつくからである。

格差や貧困に注目が集まったということは、人々が、自分たちを含みこむ社会の構造そのものを問い始めたということである。序章でも述べたように、このことは日本人が社会科学的思考に目覚めたことを意味する。社会科学的な方法で格差についての事実を明らかにすれば、現実の政治がどのように機能しているかを明らかにし、そして今後どのように機能すべきかについて判断材料を与えることができる。次のステップは、さまざまな制度や政策は、どのように格差に影響するのか、われわれはどのような制度や政策を選択すべきなのかという、政策論だろう。

しかし今日の日本は、こうしたプロセスを通じて格差や貧困の問題が、とりわけアンダークラスの問題が、解決に向かうとは考えにくい状況にある。なぜなら、格差に対する認識があまりにも政党支持と明確に対応しすぎているからである。**図表10・13**は、格差を縮小し、貧困を解消するための所得再分配政策に対する賛否と、支持政党の関係をみたものである。一見してわかるように、人々は所得再分配を拒否する自民党支持者と、所得再分配を支持する他政党支持者に大きく二分される。支持政党なしは、中間的である。このとき政権党である自民党は、自らの支持層を裏切らないためにも、所得再分配の強化へと政策の舵を切ることはできない。たとえ公明党が求めたとしても、それは不可能だろう。

所得再分配政策を支持する傾向は、所属階級や所得などとも関係がある。高所得者は支持しない傾向が強く、低所得者は支持する傾向がある。資本家階級や新中間階級は支持し

図表10・13　所得再分配政策支持と支持政党

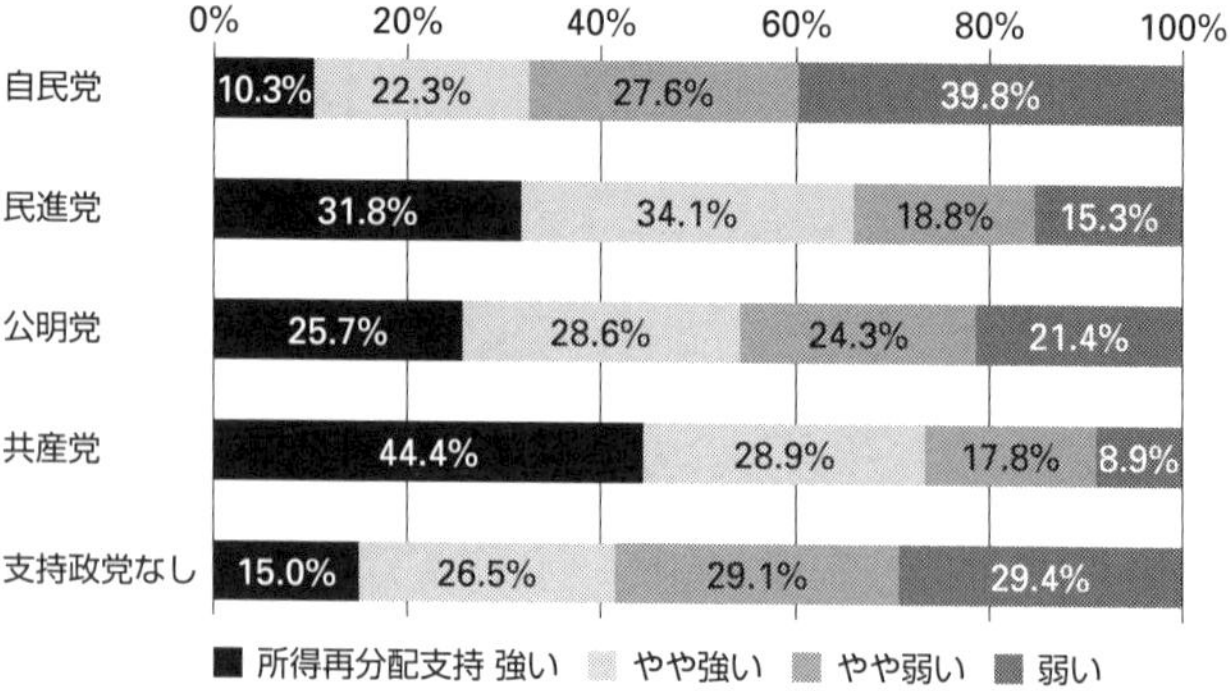

出典：2016年首都圏調査データより算出。
［注］政党名は調査当時のもの。
「政府は豊かな人からの税金を増やしてでも、恵まれない人への福祉を充実させるべきだ」「理由はともかく生活に困っている人がいたら、国が面倒をみるべきだ」という設問への回答をスコア化した。

ない傾向が強く、アンダークラスや旧中間階級は支持する傾向がある。しかし、こうした傾向は、支持政党との関係をみた場合ほど鮮明ではない。

　しかもこのように、所得再分配政策を支持する傾向と支持政党との関係が強くなったのは、比較的最近のことらしい。一九九五年から二〇一五年までのSSM調査データを比較分析した米田幸弘によると、かつて自民党支持率は、年齢（高齢になるほど高い）、職業（自営業者で高く、被雇用者で低い）、生活満足度（満足しているほど高い）などと、強く関連していた。ところが二〇一五年になると、これらの関係がどれも弱くなり、ただひとつ格差容認傾向（「今後、日本で格差が広がってもかまわない」）との関係だけが飛躍的に強くなっている。つまり二〇一五年までに、自民党はあらゆる年齢層と階層から、格差を容認する人々の支持を集める政党になってしまったらしいのである[10]。

格差縮小と貧困の解消が、支持政党を超えた共通の要求であるならば、与野党間の交渉を経て、そのための政策を実現することもできるだろう。ところがこのように自民党支持層が格差容認で固まっていては、それも難しい。

そうするうちに、フリーター第一世代は高齢期を迎え、氷河期世代がこれに続いていく。こうして二〇三〇年代には、日本のアンダークラスが全貌を現すことになるのである。

註

序章

（1）最近では「フィガロの結婚」は、皇帝ヨーゼフ二世が貴族たちの悪行をたしなめるために上演させたとの見解もあるが、ここでは触れないでおく。

（2）「衆議院予算委員会会議録」二〇〇二年二月二八日。

第1章

（1）橘木俊詔によると、大都市部の生活保護基準をもとに算出した二〇〇二年時点の日本の貧困率は一五・八％である（橘木俊詔『格差社会』）。これに対してOECDの試算によると、所得中央値を用いて算出した二〇〇三年時点の貧困率は一四・九％だった（OECD「拡大する不平等？　OECD諸国の所得分配と貧困（*Growing Unequal? Income Distribution and Poverty in OECD Countries*）」）。また経済学者の山田篤裕らの研究によると、所得中央値によって定義した貧困層と、生活保護基準によって定義した貧困層を比較すると、高齢者や一人世帯でやや不一致が多いものの、全体では両者の約九割が重なっており、一致度はかなり高い（山田篤裕・四方理人・田中聡一郎・駒村康平「貧困基準の重なり」）。

（2）Poulantzas, Nicos, *Les Classes Sociales dans le Capitalisme Aujourd'hui*, Wright, E. O., *Class, Crisis and the State.*, Wright, E. O., *Classes.*

（3）この階級カテゴリーの学説史的背景や、カテゴリー間の境界設定の根拠については、橋本健二『現代日本の階級構造』、同『階級社会――現代日本の格差を問う』、同「現代日本における階級構造の変容」を参照。

（4）二〇一五年ＳＳＭ調査データによると、経営者・役員・自営業者・家族従業者と被雇用者の年収は、企業規模二～四人ではそれぞれ二九七・二万円、二〇七・一万円と大差がないが、五～九人になると四二二・四万円、二二八・九万円と約二倍の差がみられるようになり、二九九人規模までは規模が大きくなるほど差が大きくなる。このことは五人規模を境に、経営者が労働者を搾取できる可能性が大きく高まることを示唆している。

（5）二〇一五年ＳＳＭ調査は、科学研究費特別推進研究事業（課題番号二五〇〇〇〇〇一）によるものである。データの使用にあたっては二〇一五年ＳＳＭ調査データ管理委員会の許可を得た。

（6）この調査は、科学研究費補助金（基盤研究Ａ　課題番号一五Ｈ〇一九七〇）の交付を受けて実施された。

（7）一九六五年に限っては、「雇人のある業主」と「雇人のない業主」の区別すらないため、六〇年と七〇年における両者の比率を男女別に算出し、その相乗平均を六五年における両者の比率と仮定して、資本家階級と旧中間階級の規模を推定した。

（8）使用したのは、一橋大学経済研究所附属社会科学統計情報センターで提供している就業構造基本調査の秘匿処理済ミクロデータである。

（9）ここで近年、「国勢調査」の信頼性が低下していることを指摘しておきたい。「国勢調査」では、不在などによって回答が得られなかった世帯については、近隣の住人に対する聞き取りによって、氏名、男女の別、世帯員の数についてのみ調査を行なうこととされている。当然、このような世帯については職業に関する回答が得られない。ところが近年、回答が得られない世帯の比率が激増しており、一九九五年にはわずか〇・五%だったのに対して、二〇〇〇年は一・七%、二〇〇五年は四・四%、二〇一〇年には八・八%となっている。とくに二〇一〇年の東京都では、実に二〇・一%にも達している（小池司朗・山内昌和「二〇一〇年の国勢調査における『不詳』の発生状況」）。また回答があった場合でも、職業に関する設問に回答しないケースが増加しており、二〇一五年では職業の無回答が五・一%、従業上の地位の無回答が三・八%あった（東京都では、それぞれ一一・四%、九・六%）。このため、**図表1・4**で示した操作化の方法のように、職業に無回答のケースを一律に除外すると、分類可能なケースが大幅に減り、労働者階級の比率が非現実的に低くなってしまう。そこで国勢調査から階級構成を推定する場合には、職種が不詳の被雇用者は労働者階級に分類することとした。もともと専門職・管理職と男性事務職の比率は高くないし、また職種に無回答のケースが専門職や管理職、男性事務職である可能性は低いと考えられるから、これによって一九五〇年から二〇一五年までの階級構成の変化は、一貫性のある形でとらえられるだろう。これに対して従業上の地位に無回答のケースは、そもそも分類が不可能なので、やむを得ず一律に除外しておいた。

(10) 雇用が不安定な若年労働者は、こうした調査に回答しない傾向がある。近年の新中間階級比率の上昇の少なくとも一部は、こうした無回答の増加によって母数が減少したことによるものと考えられる。

第2章

（1）当時の調査名は「社会医療及び所得再配分調査」だった。

（2）本書の初版では、一九五三年の『経済白書』に掲載されたローレンツ曲線からジニ係数を算出したが、今回は原報告書が入手できたため、ここから直接にジニ係数を算出している。

（3）石崎唯雄『日本の所得と富の分配』。石崎は全世帯と一般世帯のジニ係数のほか、財産所得と社会保障給付を考慮して補正したデータによるジニ係数など、いくつかの数値を示しているが、今回は全世帯・補正後の数値（第31表）を用いた。

（4）溝口敏行「戦後日本の所得分布と資産分布」。

（5）南亮進『日本の経済発展と所得分布』。

（6）調査では常用職員が、「主として知能労働に従事する常用の者であって、労務者でないものをいう」「事務者、技術者は共々職員として払われる」（原文のまま）とされているから、二つの期間の数字はある程度までは連続しているものと考えられる。

（7）なおSSM調査の収入に関する設問は、「過去一年間の収入」について尋ねるものとなっている。

（8）なお原資料とした『毎月勤労統計調査』では、正規雇用と非正規雇用がともに集計対象に含まれているため、一九八〇年以降の男女別賃金格差の拡大には、パート労働者の増加による部分が含まれる。このため、男女別賃金格差の動向をみる場合には、正社員のみを対象とする『賃金構造基本統計調査』の集計が用いられることも多い。しかし現実に、男女間賃金格差の多くは正社員とパートの賃金格差に起因しているのであり、女性パート労働者が大量に導入されるという変化を含んだ長期的推移をみる場合は、『毎月勤労統計調査』のこの数字の方が適切と考える。

第3章

(1) 東京都『東京百年史』第五巻、九五一頁。

(2) 経済安定本部『太平洋戦争による我国の被害総合報告書』（中村隆英・宮崎正康編『史料・太平洋戦争被害調査報告』所収）。

(3) ただし世田谷区は、独自の集計から死者は一一一人だったとしている（東京都世田谷区『せたがやの歴史』）。

(4) 足立区と葛飾区も、死亡率が〇・〇八％と低い。この二区は、現在では下町の一部とみなされることが多いが、戦前はごく一部を除き、市街化が進んでいない農村地域だった。

(5) 吉田裕『徴兵制』。

(6) 黒羽亮一『学校と社会の昭和史（下）』五四頁。

(7) 佐藤香「戦後社会にみる戦争の影響」一九三頁。

(8) 渡邊勉「誰が兵士になったのか（2）」一九―二五頁。

(9) ただし、このデータでは兄弟の所属階級が、死亡者の場合は死亡時点、生存者の場合は調査時点のものになる。したがって単純な比較ができない点には注意が必要である。

(10) 森永卓郎監修『物価の文化史事典』。

(11) 暉峻衆三『日本農業問題の展開（下）』六八頁。

(12) 暉峻衆三編『日本農業１００年のあゆみ』、橋本寿郎『現代日本経済史』など。

(13) 大川一司・野田孜・高松信清・山田三郎・熊崎実・塩野谷祐一・南亮進『長期経済統計８　物価』、谷沢弘毅『近代日本の所得分布と家族経済』。

(14) 法政大学大原社会問題研究所『日本労働年鑑特集版 太平洋戦争下の労働者状態』による。

(15) 経済安定本部『経済實相報告書（昭和二二年）』二九―三〇頁。

(16) 経済安定本部『経済現況報告（昭和二五年）』附表二一。

(17) 大蔵省財政史室編『昭和財政史第一九巻』。

(18) 一般に『経済白書』と呼ばれる報告書は、一九四七年は『経済實相報告書』、四八年は『経済情勢報告書』、四九年は『経済現況の分析』、五〇年は『経済現況報告』と題されていた。以下、複数年次の報告書を参照する場合には『経済白書』と総称する。

(19) 経済安定本部『経済實相報告書（昭和二二年）』一七頁。

(20) 経済企画庁『経済白書（昭和三〇年）』附表七一。

(21) 井上ひさし他『八月十五日、その時私は…』一三頁。

(22) 長谷川町子『サザエさん』第一巻、四二―四三頁。

(23) 同上九二―九三頁。

(24) 松平誠『ヤミ市　東京池袋』序章。なお本書も、こうした経緯をふまえて「ヤミ」というカタカナ表記を採用している。

(25) 佐藤忠男『日本映画史２　１９４１―１９５９』一七〇―七二頁。

(26) 鴨下信一『誰も「戦後」を覚えていない』四三頁。
(27) 渡辺清『砕かれた神――ある復員兵の手記』一〇五頁。
(28) 数字は、大河内一男『戦後社会の実態分析』二五三頁。
(29) 松平誠『ヤミ市　東京池袋』四一頁。
(30) 東京都『東京百年史』第六巻、八四三頁。
(31) 正村公宏「戦後における中小企業問題の発展過程」八二頁。原資料は、厚生省労政局調査。
(32) 宮崎正康・伊藤修「戦時・戦後の産業と企業」二一四頁。
(33) 正村公宏「戦後における中小企業問題の発展過程」。原資料は大阪商工会議所。
(34) 『昭和二七年　労働経済の分析』による。なお原資料は、**図表2・4**とは異なり、「失業保険保険料申告書による賃金統計」である。
(35) 経済安定本部『経済實相報告書（昭和二二年）』四四頁。
(36) 暉峻衆三編『日本農業１００年のあゆみ』二〇一頁。
(37) 三和良一・原朗編『近現代日本経済史要覧』。原資料は農林省。
(38) 農林省農林経済局統計調査部『第三七次農林統計表』『第四二次農林統計表』。
(39) ドーア『日本の農地改革』一七五頁。
(40) 川越俊彦「農地改革」一七一―七二頁。
(41) 週刊朝日編『戦後値段史年表』、森永卓郎監修『物価の文化史事典』と、最近の動向から算出した。
(42) 太宰治「斜陽」八七頁。

(43) 長部日出雄『邦画の昭和史』八四頁。
(44) 『労働統計調査年報（昭和二三年）』一五頁。
(45) 菅山真次「日本的雇用関係の形成」。
(46) 橋木俊詔『日本の経済格差』。資料は、石田光男から提供されたもの。
(47) 田中慎一郎『戦前労務管理の実態』。
(48) 二村一夫「戦後社会の起点における労働組合運動」。
(49) 日立製作所日立工場労働組合の資料による。引用は、菅山真次「日本的雇用関係の形成」二一三頁より。
(50) ここで示したような一年単位の移動表によって、戦後日本社会の形成過程を詳しく分析したものとして、橋本健二『はじまりの戦後日本』（河出ブックス）がある。
(51) 一九四六年以降になっても応召率はゼロになっていないが、これは本人の当時の年齢についての記憶違いか、あるいは戦後処理関係の仕事を兵役だったと理解していることによるものと思われる。
(52) 東京都『東京百年史』第六巻、七九頁。
(53) 労働調査論研究会編『戦後日本の労働調査』による。
(54) 原資料は東京大学社会科学研究所に『労働調査資料　調査No.19の4』として保存されている。テキストへの書き起こしは、私を中心とする研究グループで行なった。
(55) 表記は現代語に改め、読みやすいよう読点を追加した。括弧内は私による補足である。
(56) 小熊英二『〈民主〉と〈愛国〉』一七六頁および七九六頁。
(57) 鴨下信一『誰も「戦後」を覚えていない』五二頁。

(58)『朝日新聞』一九四六年三月二四日。
(59)『朝日新聞』一九四六年四月二四日。
(60)赤塚行雄編『青少年非行・犯罪史資料（1）』一八頁。
(61)『朝日新聞』一九四七年九月一日。

第4章

(1)中野好夫「もはや『戦後』ではない」。
(2)この年の白書によると、完全失業者数六〇万人、就業者数四二六七万人、したがって失業率は一・四%となるが、現在の統計では数字が修正され、失業率は二・一%とされている。
(3)東畑精一「農業人口の今日と明日」。
(4)労働省労働統計調査部『戦後労働経済史〈資料篇〉』一〇六―七頁。原資料は、「職業安定業務統計」。
(5)野田孜「農家の所得的地位」。
(6)梅村又次『戦後日本の労働力』第2章Ⅱ。
(7)失業対策審議会「潜在失業に関する調査報告書」、引用は山下不二男『日本労働経済概説』四三頁より。
(8)一九五七年、生活保護を受けながら療養生活を送っていた朝日茂氏が、生活保護基準では憲法二五条で保障された「健康で文化的な最低限度の生活」が送れないとして厚生大臣を被告として提訴したもの。最終的には敗訴したが、後の生活保護基準に影響を与えたとされる。
(9)なお一九七五年までのＳＳＭ調査は調査対象が男性に限られているため、女性のみの世帯は分析に含まれない。また回収率が必ずしも高くないこと、この種の質問紙調査では収入を低めに回答する回答者が少なくないことなどの測定上の限界もある。したがって、ＳＳＭ調査データによる貧困分析では、貧困率の高さそのものよりも、階級・階層による違いに注目すべきである。またもう一点、調査対象から七〇歳以上の高齢者が除外されているため、高齢者のみからなる貧困世帯が貧困率に含まれない点が問題になる。男性全体に占める七〇歳以上の比率は一九五五年時点では二・五%にすぎないので、考慮の必要はないと考えられるが、この比率は一九六五年が三・一%、一九七五年が四・一%、一九八五年が五・六%、一九九五年が七・三%と、次第に無視しえないものになっていく。したがって、ＳＳＭ調査データから算出された貧困率は、年齢層を限定して高齢化の影響をある程度まで除去したあとの貧困率と考えるべきであろう。

(10) 厚生省『厚生白書（昭和三二年）』より。ただし、教育扶助等の加算分は含まれてない。

(11) 有澤廣巳編『日本の生活水準』。

(12) 労働科学研究所『日本の生活水準』。

(13) データ化作業は、科学研究費補助金（研究代表者・橋本健二　課題番号二二三三〇一六六）によって行なわれた。

(14) 兵藤釗『日本における労使関係の展開』。

(15) アベグレン『日本の経営』。

(16) 孫田良平「戦時労働論への疑問」。

(17) 菅山真次『「就社」社会の誕生』。

(18) 紀田順一郎『昭和シネマ館』三六頁。

(19) 週刊朝日編『戦後値段史年表』、労働省労働統計調査部『戦後労働経済史・資料編』より。

(20) 紀田順一郎『昭和シネマ館』四八頁。ただし紀田のこのような評価には、異論がないわけでもない。というのはこの映画には、この時期の新中間階級の経済基盤の脆さが、克明に描かれているからである。これは高橋治によって初めて指摘されたことだが、兄嫁は、料理屋での飲食の支払いやケーキ代などの分担について、紀子と細々したやりとりをする（「小津監督作品をどう見るか」）。そもそも子どもたちが、ふてくされてパンを粗末に扱ったのは、鉄道模型のレールを買うだけの余裕が家にないからなのである。その生活水準も、兄に加えて紀子の収入があるからこそ可能になっているのであって、紀子が結婚して家を出れば不可能になる。紀子自身このことを知っていて、「私がお嫁に行っちゃったら、うちの方どうなるのかしら」と口にする。そして紀子の結婚とともに、両親は家を出て大和の実兄の家へ身を寄せざるを得なくなり、紀子は「すいません、私のために」と頭を下げるのである。新中間階級が真に離陸を遂げるのは、高度経済成長期を迎えてからのことだった。

(21) 「就業構造基本調査」による企業規模三〇人以上の平均。男性ホワイトカラーは製造業のみ。

(22) 「新しき庶民〝ダンチ族〟」『週刊朝日』一九五八年七月二〇日号。

(23) 森永卓郎監修『物価の文化史事典』より。

(24) 労働省労働統計調査部『戦後労働経済史〈資料篇〉』二八九頁。原資料は、「初任給調査」。

(25) 難波功士『族の系譜学』一一七―八頁。

(26) 『毎日新聞』一九五六年一二月一〇日。

(27) 竹内洋『日本人の出世観』。

(28) その中心人物は松下圭一で、主要論文は『戦後政治の歴史と思想』に収められている。

(29) 藤田省三「現在革命思想における若干の問題」。

(30) 島田利英「日本の階級構成」。

(31) 田沼肇「日本における『中間層』問題」。

(32) 大橋隆憲「社会階級構成表の意義と限界」。

(33) 尾高邦雄「日本社会の階層的構造」。

第5章

(1) 労働省労働統計調査部『戦後労働経済史〈資料篇〉』一〇六―七頁。原資料は、「職業安定業務統計」。

(2) 山下不二男『日本労働経済概説』一八九頁。原資料は「新規学卒者初任給調査」。

(3) 「労働力調査」による。

(4) 氏原正治郎『日本労働問題研究』。

(5) SSM調査のサンプル数は小さいため、**図表5・4**にみられるように小零細企業の新中間階級の収入が大企業を追い抜いたとまでいえるかどうかは疑問である。ただし、官庁統計からみてもホワイトカラーの規模間賃金格差が小さかったのは事実で、また「賃金構造基本統計調査」によると建設業に勤める大卒ホワイトカラーの平均賃金は、一〇〇〇人以上で四・五二万円、一〇―二九人で四・八七万円だったから、部分的な逆転があったのも間違いない。

(6)「毎月勤労統計調査」より。規模三〇人以上の全産業。

(7) 出稼ぎについては次章で詳述する。

(8) 時期は一〇年ずれるが、一九六五年SSM調査データによると、調査対象者の存命中の自分を含めた平均兄弟数は、資本家階級出身者二・六人、新中間階級出身者二・四人、労働者階級出身者二・四人、自営業者層出身者二・四人、農民層出身者二・六人だった。

(9) 中安定子『労働力流出と農業構造（中安定子論文集Ⅰ）』一二七―一三一頁。

(10) 浦山桐郎「考える少女」一五八―五九頁。

(11) 日大全学共闘会議「日大闘争の意義と任務」三八九頁。

(12) 秋山勝行『全学連は何を考えるか』一二一―一二二頁。

(13) 見田宗介『まなざしの地獄』。なお堀川惠子は、石川義博医師による永山則夫の精神鑑定書と、そのもとになった録音テープ、そして独自の取材をもとに、永山が犯罪に至った原因は家族に対する憎悪であり、その動機は家族に対する「当てつけ」だったとして、貧困や社会に対する憎悪ではないと主張している（『永山則夫 封印された鑑定記録』）。もちろん、社会に対する意識的な憎悪が、犯行の直接の動機であったはずはない。しかし家族を憎悪するに至った家庭環境と、犯行を防ぐことのできなかった生活環境や労働環境が、貧困と関連していたことは否定できない事実だろう。

(14) 永山則夫『無知の涙』五七、六七頁。

(15) フォイヤー「世代闘争」。

第6章

（1）松下竜一『狼煙を見よ』、東アジア反日武装戦線〝狼〟「腹腹時計」「〝狼〟通信第一号」。
（2）世界価値観調査データの使用にあたっては、世界価値観調査協会事務局よりデータの提供を受けた。
（3）村上泰亮「新中間階層の現実性」。
（4）分析結果は、今田高俊・原純輔「社会的地位の一貫性と非一貫性」にまとめられている。
（5）富永健一「社会階層構造の現状」。
（6）村上泰亮『新中間大衆の時代』。
（7）吉川徹「『中』意識の静かな変容」、『現代日本の「社会の心」』。
（8）神林博史「中流意識と日本社会」。
（9）富永健一「社会階層と社会移動の趨勢分析」。
（10）東京新聞編集局編著『東京歌物語』。
（11）羽田新「戦後出稼ぎの推移と現状」。
（12）大川健嗣『戦後日本資本主義と農業』。
（13）渡辺栄・羽田新編『出稼ぎ労働と農村の生活』。
（14）山下雄三『出稼ぎの社会学』より引用。
（15）渡辺栄・羽田新編『出稼ぎの総合的研究』。
（16）渡辺栄・羽田新編『出稼ぎの総合的研究』。
（17）『農業白書付属統計表（昭和六〇年度）』より。

(18) この二つの事件については、本多勝一『子どもたちの復讐』を参照。

(19) 大橋隆憲編著『日本の階級構成』。大橋が自説を修正するに至った経緯については、橋本健二『現代日本の階級構造』を参照。

(20) 大橋隆憲編著『日本の階級構成』一六〇―六一頁。

(21) 宮本憲一『社会資本論』および「貧困化論をめぐる理論的諸問題」。

(22) 岩田正美『戦後社会福祉の展開と大都市最底辺』三一六―一七頁。

(23) 山口二郎『ポスト戦後政治への対抗軸』。

第7章

(1) 代表的なものとして、石川眞澄「選挙前の深い保守化」。

(2) 一九八五年からは女性が調査対象に含まれるようになったが、一九七五年以前との比較のため、集計の対象は男性のみとした。

(3) 一九八五年ＳＳＭ調査には同居家族数についての設問がないため、いくつかの設問への回答から推定した。ここでは本人、妻、高校生以下の子どもの数の合計を同居家族数とみなし、一八歳以上の同居の子どもがいる場合（設問上、人数は不明）には、さらに一を加えている。

(4) 『中小企業白書（昭和六三年版）』。

(5) 米倉誠一郎「共通幻想としての日本型システムの出現と終焉」。

(6) 『職業安定業務統計』。

（7）これに先立って、ジニ係数にもとづいて経済格差が拡大を始めていることを最初に論じたのは、武藤博道他編『成熟型消費社会』（一九八二年）と思われるが、あまり注目された形跡がない。
（8）『女性自身』一九八八年一月三日号。
（9）ちなみに社説の本文には「格差社会」という言葉が使われていない。「新しい階級社会」という言葉をあまりに刺激的と考えた誰かが、このようなタイトルをつけたものだろう。
（10）盛山和夫・直井優・佐藤嘉倫・都築一治・小島秀夫「現代日本の階層構造とその趨勢」。
（11）橋本健二「階級社会としての日本社会」。この時点では私は、被雇用の専門・管理・事務職が労働者階級と区別される階級であると断言することを避けて、新中間層という用語を用いていた。またここでの分析は、本書第2章および9章と違って、二〇―六九歳の全年齢を対象としたものである。
（12）尾嶋史章「教育機会の趨勢分析」。

第8章

（1）朝日新聞大阪本社「阪神・淡路大震災誌」編集委員会『阪神・淡路大震災誌――1995年兵庫県南部地震』。
（2）消防庁「阪神・淡路大震災について（確定報）」二〇〇六年、神戸市「阪神・淡路大震災　被災状況及び復興への取り組み状況」。
（3）いのうえせつこ『地震は貧困に襲いかかる』。
（4）池田清「被災地は再生したのか」より。

(5) ウィメンズネット・こうべ編『女たちが語る阪神大震災』二頁。

(6) いのうえせつこ『地震は貧困に襲いかかる』一〇四頁。

(7) 企業規模三〇人以上、全産業の平均で「毎月勤労統計調査」による。

(8) 企業社会について論じた熊沢の著作は多いが、以上の論点がもっとも凝縮された形で論じられているのは「企業社会と女性労働」である。

(9) 馬場宏二「現代世界と日本会社主義」、『新資本主義論』。

(10) このホワイトカラーとブルーカラーに断絶がないという馬場の主張は、日本の製造業ではブルーカラーがホワイトカラー化しているという、小池和男の「知的熟練」論からヒントを得たものと思われる。しかし今日までに行なわれた多くの実証研究により、小池の説はほぼ否定されており、また小池の説には、もともと実証的根拠がないという指摘もある。これらについては、野村正實『知的熟練論批判』を参照。ちなみに馬場の主張は、小池の説と比較してもホワイトカラーとブルーカラーの連続性をかなり誇張したものである。

(11) 玄田有史『ジョブ・クリエイション』による。

(12) 大竹文雄・齊藤誠「所得不平等化の背景とその政策的含意」、大竹文雄「九〇年代の所得格差」。

(13) 厚生労働省「所得再分配調査報告書（平成一四年）」、内閣府『経済財政白書（平成一八年）』などによる。

(14) 太田清「日本における個人間の所得・賃金格差」など。

(15) 大竹文雄『格差と希望』。

（16）「高校新卒者の採用に関するアンケート」による。引用は小杉礼子「変わる若者労働市場」より。

（17）玄田有史『ジョブ・クリエイション』。

第9章

（1）加藤自身は、犯行の動機を仕事や職場への不満ではなく、自分の作成した掲示板内のスレッドを荒らされたことだと説明しているが（加藤智大『解』）、その背景に派遣労働があったことは明らかと思われる。上告を棄却した最高裁判決も、「派遣社員として職を転々とする中で社会への不満を募らせるとともに孤独感を深めていた」ことを犯行の背景として認定している。

（2）二〇一五年SSM調査データを用いているので、以下の分析には、少数ながら二〇一〇年代に入ってから職に就いた若者が含まれる。

（3）初職がパート主婦である人、つまり結婚まで就業を経験せず、結婚後に非正規労働者となった人がごく少数いるが、これも含めて集計している。

（4）**図表1・4**に示した操作的定義のとおり、専門職・管理職については非正規雇用でも新中間階級に含めている。

（5）SSM調査の世帯収入に関する設問への回答率は、プライバシー意識の高まりを反映して低下が著しく、一九五五年には九六・五%だったのに対して、九五年には七八・七%、二〇〇五年には六三・六%にまで下落した。設問の形式が異なるので正確な比較はできないが、回答率が九八・九%だった〇二年の就業構造基本調査では一〇〇〇万円以上が一八・二%だったのに対し、〇五年のSSM調査では九五〇万円以上が一七・八%、一〇五〇万円以上が一二・二%で、とくに高所得者の回答率が低いことがうかがえる。このため貧困線を等価所得中央値の二分の一とすると、男性の貧困率は一〇・八%、男女計でも一二・四%となり、OECDの推計値である一四・九%などと比べて、大幅に低くなってしまう。そこで今回、〇五年についての分析では貧困線を、〇二年就業構造基本調査個票データの二〇―六九歳サンプルから算出した等価所得中央値の二分の一である一六〇・六万円においた。これは〇五年SSM調査データから算出した等価所得中央値の五三・五%にあたる。結果的に〇五年の貧困率は、〇二年就業構造基本調査個票データによる推計値の一五・四%（男性一三・三%、女性一七・三%）に対して、一五・九%（男性一三・七%、女性一八・〇%）となった。ただしこれは、あくまでも五五年から〇五年まで一貫して、SSM調査データを用いた貧困率の分析を提示するためやむを得ずとった方法であり、遠い過去にさかのぼってデータが利用可能になれば、就業構造基本調査など、官庁が行なうより回収率の高い調査データを用いることが望ましい。

（6）ここでの分析は三五―五四歳を対象としている。これに対して佐藤は四〇歳時の所属階級をもとに分析しているため、新中間階級の閉鎖性の高まりを一〇年早い段階で検出したのだろう。

（7）「事業所統計調査」「事業所・企業統計調査」。

（8）同上。

（9）一九五五年の旧中間階級比率は三五・五%ときわめて高いが、これは第3章で詳述したように、職を失って新たに商売を始めたり、近親者を頼って農業に従事したりした人々が多かったことによるものだろう。

（10）「衆議院本会議議事録」二〇〇六年一月二三日。

（11）「参議院予算委員会会議録」二〇〇六年二月一日。

（12）日本版総合社会調査（JGSS調査）は、大阪商業大学JGSS研究センター（文部科学大臣認定日本版総合的社会調査共同研究拠点）が、東京大学社会科学研究所の協力を受けて実施している研究プロジェクトである。JGSS二〇〇〇〜二〇〇八は学術フロンティア推進拠点、JGSS二〇一〇〜二〇一二は共同研究拠点の推進事業と大阪商業大学の支援を受けている。データの使用にあたっては、東京大学社会科学研究所附属社会調査・データアーカイブ研究センターからデータの提供を受けた。

（13）イングルハート『カルチャーシフトと政治変動』。

（14）田中愛治「『政党支持なし』層の意識と政治不信」。

（15）片瀬一男・海野道郎「無党派層は政治にどう関わるのか」。

第10章

（1）代表的なものとして、三浦展『下流社会 第2章』がある。

（2）阿部彩『弱者の居場所がない社会』。

（3）一五歳から二四歳までの在学者を除く男性非正規雇用者は、二〇〇三年の六三万人をピークに減少をはじめ、二〇一八年は三八万人となっている。また二〇〇八年には二五歳から三四歳までの男性非正規雇用者が一〇一万人いたが、二〇一八年の三五歳から四四歳までの男性非正規雇用者は六五万人となっている。ただし、この一〇歳上の世代の男性非正規雇用者は六一万人と六〇万人でほとんど変化していない（いずれも「労働力調査」より）。

(4) 調査では年間の稼働日数がわからないので、年間五〇週働くと仮定して計算した。

(5) 年収は財産収入や贈与・相続などを含むため、単純に計算すると一時間あたり収入が極端に大きいケースが出てくる。このため時間あたり収入が五万円を超えるケースは除外した。

(6) ミュルダール『豊かさへの挑戦』。

(7) エスピン＝アンデルセン『ポスト工業経済の社会的基礎』。

(8) 貧困線は二〇〇五年と同じく一六〇・六万円とした。

(9) 石水喜夫「会社の行方」。

(10) 米田幸弘「自民党支持層の趨勢的変化」。

参考文献

赤塚行雄編『青少年非行・犯罪史資料（全三巻）』刊々堂出版社、一九八二年
秋山勝行・青木忠『全学連は何を考えるか』自由国民社、一九六八年
朝日新聞大阪本社「阪神・淡路大震災誌」編集委員会『阪神・淡路大震災誌――１９９５年兵庫県南部地震』朝日新聞社、一九九六年
阿部彩『弱者の居場所がない社会』講談社、二〇一一年
アベグレン、ジェームス・C『日本の経営』日本経済新聞社、一九五八年
有澤廣巳編『日本の生活水準』東京大学出版会、一九五四年
池田清「被災地は再生したのか」『世界』二〇〇五年二月号
石川眞澄「選挙前の深い保守化」『世界』一九八六年七月号
石崎唯雄『日本の所得と富の分配』東洋経済新報社、一九八三年
石水喜夫「会社の行方」吉見俊哉編『平成史講義』筑摩書房、二〇一九年
いのうえせつこ『地震は貧困に襲いかかる』花伝社、二〇〇八年
井上ひさし他『八月十五日、その時私は…』青銅社、一九八三年
今田高俊・原純輔「社会的地位の一貫性と非一貫性」富永健一編『日本の階層構造』東京大学出版会、一九七九年
岩田正美『戦後社会福祉の展開と大都市最底辺』ミネルヴァ書房、一九九五年
イングルハート、ロナルド『カルチャーシフトと政治変動』東洋経済新報社、一九九三年

ウィメンズネット・こうべ編『女たちが語る阪神大震災』木馬書館、一九九六年
氏原正治郎『日本労働問題研究』東京大学出版会、一九六六年
梅村又次『戦後日本の労働力』岩波書店、一九六四年
梅村又次・赤坂敬子・南亮進・高松信清・新居玄武・伊藤繁『長期経済統計2　労働力』東洋経済新報社、一九八八年
浦山桐郎「考える少女」本多英昭編『吉永小百合――美しい暦』芳賀書店、一九八三年
エスピン゠アンデルセン『ポスト工業経済の社会的基礎』桜井書店、二〇〇〇年
ＯＥＣＤ教育調査団『日本の教育政策』朝日新聞社、一九七六年
大川一司・野田孜・高松信清・山田三郎・熊崎実・塩野谷祐一・南亮進『長期経済統計8　物価』東洋経済新報社、一九六七年
大川健嗣『戦後日本資本主義と農業』御茶の水書房、一九七九年
大河内一男『戦後社会の實態分析』日本評論社、一九五〇年
小熊英二『〈民主〉と〈愛国〉』新曜社、二〇〇二年
小沢雅子『新「階層消費」の時代』日本経済新聞社、一九八五年
尾嶋史章「教育機会の趨勢分析」菊池城司編『教育と社会移動（現代日本の階層構造3）』東京大学出版会、一九九〇年
尾高邦雄「日本社会の階層的構造」民主社会主義研究会議『日本における民主社会主義の課題』民主社会主義研究会議、一九六〇年
大蔵省財政史室編『昭和財政史　第一九巻』東洋経済新報社、一九七八年

太田清「日本における個人間の所得・賃金格差」『労働調査』二〇〇五年一〇月号
大竹文雄・齊藤誠「所得不平等化の背景とその政策的含意」『季刊社会保障研究』第35巻第1号、一九九九年
大竹文雄「九〇年代の所得格差」『日本労働研究雑誌』二〇〇〇年七月号
大竹文雄『格差と希望』筑摩書房、二〇〇八年
大橋隆憲「社会階級構成表の意義と限界」『京大経済学部創立40周年記念経済学論集』有斐閣、一九五九年
大橋隆憲編著『日本の階級構成』岩波書店、一九七一年
長部日出雄『邦画の昭和史』新潮社、二〇〇七年
片瀬一男・海野道郎「無党派層は政治にどう関わるのか」海野道郎編『公平感と政治意識（日本の階層システム2）』東京大学出版会、二〇〇〇年
加藤智大『解』批評社、二〇一二年
鴨下信一『誰も「戦後」を覚えていない』文藝春秋、二〇〇五年
川越俊彦「農地改革」香西泰・寺西重郎編『戦後日本の経済改革』東京大学出版会、一九九三年
神林博史「中流意識と日本社会」、盛山和夫・片瀬一男・神林博史・三輪哲編著『日本の社会階層とそのメカニズム』白桃書房、二〇一一年。
紀田順一郎『昭和シネマ館』小学館、二〇〇八年
吉川徹「『中』意識の静かな変容」『社会学評論』五〇巻二号、一九九九年
吉川徹『現代日本の「社会の心」』有斐閣、二〇一四年

木下律子『妻たちの企業戦争』世界思想社、一九八八年（原著一九八三年）
熊沢誠「企業社会と女性労働」『日本労働社会学会年報』第６号、一九九五年
黒羽亮一『学校と社会の昭和史（下）』第一法規、一九九四年
玄田有史『ジョブ・クリエイション』日本経済新聞社、二〇〇四年
経済安定本部『太平洋戦争による我国の被害総合報告書』一九四九年（中村隆英・宮崎正康編『史料・太平洋戦争被害調査報告』東京大学出版会、一九九五年所収）
小池司朗・山内昌和「二〇一〇年の国勢調査における『不詳』の発生状況」『人口問題研究』七〇巻三号
小杉亮子『東大闘争の語り』新曜社、二〇一八年
小杉礼子「変わる若者労働市場」矢島正見・耳塚寛明編著『変わる若者と職業世界』学文社、二〇〇一年
佐藤香「戦後社会にみる戦争の影響」、橋本健二編著『家族と格差の戦後史』青弓社、二〇一〇年
佐藤忠男『日本映画史２　１９４１―１９５９（増補版）』岩波書店、二〇〇六年
佐藤俊樹『不平等社会日本』中央公論社、二〇〇〇年
島田利英「日本の階級構成」『前衛』一九五七年一一月号
週刊朝日編『戦後値段史年表』朝日新聞社、一九九五年
城山三郎『素直な戦士たち』新潮社、一九七八年
菅山真次「日本的雇用関係の形成」山崎広明・橘川武郎編『「日本的」経営の連続と断絶（日本経営史４）』岩波書店、一九九五年

菅山真次『「就社」社会の誕生』名古屋大学出版会、二〇一一年
盛山和夫・直井優・佐藤嘉倫・都築一治・小島秀夫「現代日本の階層構造とその趨勢」直井優・盛山和夫編『社会階層の構造と過程（現代日本の階層構造1）』東京大学出版会、一九九〇年
高橋治「小津監督作品をどう見るか（上・下）」『朝日新聞』一九八一年二月一九日、二〇日
竹内洋『日本人の出世観』学文社、一九七八年
太宰治「斜陽」『斜陽 人間失格 桜桃 走れメロス 外七篇』文藝春秋、二〇〇〇年
橘木俊詔『日本の経済格差――所得と資産から考える』岩波書店、一九九八年
田中愛治「『政党支持なし』層の意識構造と政治不信」『選挙研究』第七巻、一九九二年
田中慎一郎『戦前労務管理の実態』日本労働協会、一九八四年
田沼肇「日本における『中間層』問題」『中央公論』一九五七年一二月号
暉峻衆三『日本農業問題の展開（下）』東京大学出版会、一九八四年
暉峻衆三編『日本農業１００年のあゆみ』有斐閣、一九九六年
東京新聞編集局編著『東京歌物語』東京新聞、二〇〇九年
東京都『東京百年史』ぎょうせい、一九七九年
東京都世田谷区『せたがやの歴史』東京都世田谷区、一九七六年
東畑精一「農業人口の今日と明日」有沢広巳・宇野弘蔵・向坂逸郎編『世界経済と日本経済』岩波書店、一九五六年
ドーア、ロナルド『日本の農地改革』岩波書店、一九六五年（原著一九五九年）
富永健一「社会階層構造の現状」『朝日新聞』一九七七年六月二七日夕刊

富永健一「社会階層と社会移動の趨勢分析」富永健一編『日本の階層構造』東京大学出版会、一九七九年
中野好夫「もはや『戦後』ではない」『文藝春秋』一九五六年二月号
中村隆英・宮崎正康編『史料・太平洋戦争被害調査報告』東京大学出版会、一九九五年
中安定子『労働力流出と農業構造（中安定子論文集Ⅰ）』農林統計協会、一九九五年
永山則夫『無知の涙 増補新版』河出書房新社、一九九〇年
難波功士『族の系譜学』青弓社、二〇〇七年
日大全学共闘会議「日大闘争の意義と任務」（一九六八年）高沢皓司・蔵田計成編『新左翼理論全史』新泉社、一九八四年
二村一夫「戦後社会の起点における労働組合運動」『戦後改革と現代社会の形成（シリーズ日本近現代史4）』岩波書店、一九九四年
農林省農林経済局統計調査部『第三七次農林統計表』農林統計協会、一九六一年
農林省農林経済局統計調査部『第四二次農林統計表』農林統計協会、一九六六年
野田孜「農家の所得的地位」大川一司編『過剰就業と日本農業』春秋社、一九六〇年
野村正實『知的熟練論批判』ミネルヴァ書房、二〇〇一年
橋本健二「階級社会としての日本社会」直井優・盛山和夫編『社会階層の構造と過程（現代日本の階層構造1）』東京大学出版会、一九九〇年
橋本健二『現代日本の階級構造』東信堂、一九九九年
橋本健二『階級社会――現代日本の格差を問う』講談社、二〇〇六年

橋本健二「現代日本における階級構造の変容」『季刊経済理論』第五六巻第一号、二〇一九年
橋本寿朗『現代日本経済史』岩波書店、二〇〇〇年
長谷川町子『サザエさん』全四五巻、朝日新聞社、一九九四年
羽田新「戦後出稼ぎの推移と現状」『明治学院大学社会学・社会福祉学研究』一二四巻、二〇〇七年
馬場宏二「現代世界と日本会社主義」東京大学社会科学研究所編『現代日本社会1 課題と視角』東京大学出版会、一九九一年
馬場宏二『新資本主義論』名古屋大学出版会、一九九七年
東アジア反日武装戦線〝狼〟「腹腹時計」毎日新聞社編『連合赤軍・〝狼〟たちの時代』毎日新聞社、一九九九年
東アジア反日武装戦線〝狼〟「〝狼〟通信第一号」『インパクション』三四号、一九八五年
兵藤釗『日本における労使関係の展開』東京大学出版会、一九七一年
フォイヤー、L・S「世代闘争」、副田義也編『現代のエスプリ86 青年』至文堂、一九七四年
藤田省三「現在革命思想における若干の問題」『中央公論』一九五七年二月号
法政大学大原社会問題研究所『日本労働年鑑特集版 太平洋戦争下の労働者状態』東洋経済新報社、一九六四年
本多勝一『子どもたちの復讐（本多勝一集22）』朝日新聞社、一九九六年
堀川惠子『永山則夫　封印された鑑定記録』講談社、二〇一七年（原著二〇一三年）
孫田良平「戦時労働論への疑問」『日本労働協会雑誌』第七巻第七号、一九六五年
正村公宏「戦後における中小企業問題の発展過程」『講座・日本資本主義発達史論』第Ⅳ巻、日本評論

社、一九六九年
松下圭一『戦後政治の歴史と思想』筑摩書房、一九九四年
松下竜一『狼煙を見よ』河出書房新社、一九八七年
松平誠『ヤミ市　東京池袋』ドメス出版、一九八五年
三浦展『下流社会　第2章』光文社、二〇〇七年
溝口敏行「戦後日本の所得分布と資産分布」『経済研究』二五巻四号
見田宗介『まなざしの地獄』河出書房新社、二〇〇八年
南亮進『日本の経済発展と所得分布』岩波書店、一九九六年
宮崎正康・伊藤修「戦時・戦後の産業と企業」中村隆英編『「計画化」と「民主化」（日本経済史7）』岩波書店、一九八九年
宮本憲一『社会資本論』有斐閣、一九六七年
宮本憲一「貧困化論をめぐる理論的諸問題」島恭彦・宇高基輔・大橋隆憲・宇佐美誠次郎編『戦後日本資本主義の階級構成（新マルクス経済学講座6）』一九七六年
三和良一・原朗編『近現代日本経済史要覧・補訂版』東京大学出版会、二〇一〇年
ミュルダール、グンナー『豊かさへの挑戦』竹内書店、一九六四年
武藤博道・日本経済研究センター編『成熟型消費社会』日本経済新聞社、一九八二年
村上泰亮「新中間階層の現実性」『朝日新聞』一九七七年五月二〇日夕刊
村上泰亮『新中間大衆の時代』中央公論社、一九八四年
森永卓郎監修『物価の文化史事典』展望社、二〇〇八年

谷沢弘毅『近代日本の所得分布と家族経済』日本図書センター、二〇〇四年
山口二郎『ポスト戦後政治への対抗軸』岩波書店、二〇〇七年
山下不二男『日本労働経済概説』日本労働協会、一九八一年
山下雄三『出稼ぎの社会学』国書刊行会、一九七八年
山田昌弘『希望格差社会』筑摩書房、二〇〇四年
吉田裕『徴兵制』学習の友社、一九八一年
米倉誠一郎「共通幻想としての日本型システムの出現と終焉」森川英正・米倉誠一郎編『高度成長を超えて（日本経営史5）』岩波書店、一九九五年
米田幸弘「自民党支持層の趨勢的変化」石田淳編『２０１５年ＳＳＭ調査報告書8　意識Ｉ』、２０１５年ＳＳＭ調査研究会（http://www.l.u-tokyo.ac.jp/2015SSM-PJ/report8.html）
労働科学研究所『日本の生活水準』労働科学研究所、一九六〇年
労働省労働統計調査部『戦後労働経済史〈資料篇〉』労働法令協会、一九六六年
労働調査論研究会編『戦後日本の労働調査』東京大学出版会、一九七〇年
渡辺和博・神足裕司『金魂巻』主婦の友社、一九八四年
渡辺清『砕かれた神――ある復員兵の手記』朝日新聞社、一九八三年
渡辺栄・羽田新編『出稼ぎ労働と農村の生活』東京大学出版会、一九七七年
渡辺栄・羽田新編『出稼ぎの総合的研究』東京大学出版会、一九八七年
渡邊勉「誰が兵士になったのか（2）」『関西学院大学社会学部紀要』一一九号、二〇一四年
OECD, *Growing Unequal? Income Distribution and Poverty in OECD Countries*, 2008.

Poulantzas, Nicos, *Les Classes Sociales dans le Capitalisme Aujourd'hui*, 1974, Seuil. Fernbach, D. (tr.), *Classes in Contemporary Capitalism*, 1978, Verso.
Wright, E. O., *Class, Crisis and the State*, Verso, 1978.
Wright, E. O., *Classes*, Verso, 1985.

＊官庁の白書や定期的に公表されている統計類については、省略した。

本文図表作成　神保由香

本書は、『「格差」の戦後史——階級社会 日本の履歴書』初版（二〇〇九年一〇月刊）を増補改訂の上、改題したものです。

河出新書 016

〈格《かく》差《さ》〉と〈階《かい》級《きゅう》〉の戦《せん》後《ご》史《し》

二〇二〇年一月二〇日　初版印刷
二〇二〇年一月三〇日　初版発行

著　者　橋《はし》本《もと》健《けん》二《じ》
発行者　小野寺優
発行所　株式会社河出書房新社
〒一五一―〇〇五一　東京都渋谷区千駄ヶ谷二―三二―二
電話　〇三―三四〇四―一二〇一［営業］／〇三―三四〇四―八六一一［編集］
http://www.kawade.co.jp/

マーク　tupera tupera
装　幀　木庭貴信（オクターヴ）
印刷・製本　中央精版印刷株式会社

Printed in Japan　ISBN978-4-309-63117-2

歴史という教養

片山杜秀
Katayama Morihide

正解が見えない時代、
この国を滅ぼさないための
ほんとうの教養とは——?
ビジネスパーソンも、大学生も必読!
博覧強記の思想史家が説く、
これからの「温故知新」のすすめ。

ISBN978-4-309-63103-5

河出新書
003